陆路交通隧道-滑坡体系变形机理和控制技术

马惠民　吴红刚　杨　涛　编著

国家重点研发计划(2018YFC1504901)

中铁科研院(科研)字(2017-KJ008-Z008-XB)

铁道部科技研究开发计划重点课题(2010G018-C-3)　资助

甘肃省交通建设科研项目(200813)

国家自然科学基金项目(51178402)

科学出版社

北　京

内 容 简 介

　　本书以实用为目的，旨在提炼和推广新理论、新方法、新技术，总结与介绍成熟的工程经验、工程实践与工程运用。既重视理论的阐述与推理，更强调方法的掌握与运用。内容包括：山岭地区典型隧道-滑坡病害工程实例；基于"坡体结构、灾变诱发因素和隧道与滑坡的空间组合关系"的隧道-滑坡体系分类；隧道-滑坡体系各类型的受力模式及其变形机理；不同穿越工况下的隧道结构荷载的理论解；适用于隧道工程安全性和滑坡稳定性的点安全系数和工程地质综合分析的统一评价方法；坡体病害地段立体绕避选线及反向开挖建造等关键技术。本书紧密结合当前山岭地区交通建设中遇到的隧道-滑坡工程实践，资料丰富、内容翔实、方法新颖，对隧道-滑坡的研究及工程优化具有一定的参考价值。

　　本书可供地质灾害防治工程、隧道工程的技术人员以及高等院校相关专业师生参考。

图书在版编目（CIP）数据

　　陆路交通隧道-滑坡体系变形机理和控制技术/马惠民，吴红刚，杨涛编著. —北京：科学出版社，2020.10

　　ISBN 978-7-03-064093-2

　　Ⅰ. ①陆… Ⅱ. ①马… ②吴… ③杨… Ⅲ. ①隧道施工-滑坡体-变形-施工管理-研究 Ⅳ. ①U455.1

　　中国版本图书馆 CIP 数据核字 (2020) 第 014918 号

责任编辑：杨向萍　宋无汗 / 责任校对：杨　赛
责任印制：师艳茹 / 封面设计：迷底书装

科 学 出 版 社 出版

北京东黄城根北街 16 号
邮政编码：100717
http://www.sciencep.com

河北鹏润印刷有限公司 印刷

科学出版社发行　各地新华书店经销

*

2020 年 10 月第 一 版　开本：720×1000　B5
2020 年 10 月第一次印刷　印张：16 1/4
字数：328 000

定价：135.00 元
（如有印装质量问题，我社负责调换）

序

滑坡是一种危害极大的灾害,隧道衬砌开裂变形等病害亦是困扰山岭隧道工程顺利运营的突出问题。早在 20 世纪中叶,我国山区铁路(宝天铁路、宝成铁路和鹰厦铁路等)建设时期,隧道-滑坡的稳定性问题就已初步显现,为此,我国在滑坡防治和隧道病害整治方面进行了大量的工程实践和研究。长期以来,中铁西北科学研究院有限公司老、中、青几代科技人员对此进行了持续深入的研究,积累了丰富的经验。

当前我国迎来了新一轮大规模工程建设的高潮,越来越多的交通和国防隧道工程在中西部山区建造。这些地区地形和地质条件复杂,公路和铁路隧道往往穿过地质不良地段,不可避免地要受到滑坡等地质灾害的影响,给隧道工程建设和安全运维造成了严重威胁。隧道-滑坡事故的危害触目惊心,隧道-滑坡体系的灾变机理和控制技术问题已成为岩土工程、隧道工程和防灾减灾工程研究的重要课题。

鉴于上述情况,作者结合自己多年的科研和实践经验,经过不断的总结、提炼与优化,著成该书。纵阅全书,其突出特点和可借鉴之处主要有:

(1) 基于协同分析理念,从"坡体结构、灾变诱发因素和隧道与滑坡的空间组合关系"方面综合考虑,构建了隧道-滑坡体系。

(2) 揭示了隧道-滑坡体系各类型的受力模式及其变形机理,建立了最小安全下穿距离等典型模式的计算理论。

(3) 建立了适用于隧道工程安全性和滑坡稳定性的点安全系数统一评价方法。

(4) 提出了坡体病害地段立体绕避选线原则,并开创了反向开挖建造技术,丰富了隧道-滑坡体系的变形控制技术。

目前,陆路交通基础建设工程都可能涉及隧道-滑坡的设计或病害整治问题。该书内容不仅具有很高的实用价值,也为改进和提高相关的学术理论和工程技术水平提供了宝贵的参考资料,特为之作序。

王恭先

2018 年 12 月 22 日

前　　言

　　隧道作为交通运输线路上的工程结构物，具有重大的社会、经济效益。特别是，在山岭地区，可克服地形或高程障碍，改善线形，缩短里程，节省时间，减少对植被的破坏；在城市，可减少地面用地，对疏导交通起到积极的作用；在江河、海峡和港湾等地区，可不影响水路通航，提高舒适性，增加隐蔽性且不受气候影响。因此，在庞大的交通体系中，隧道工程占据着举足轻重的地位。我国是世界上地质灾害高发的国家之一，山区地质灾害频发，对隧道工程的安全修建和顺利运营构成了巨大的威胁，其中滑坡对隧道的影响问题越来越突出，引起岩土与地下工程工作者们的重视。虽然在线路选线时采用"地质选线"的方法尽可能地将其绕避，但是线路平顺性、舒适性要求的越来越高以及工程造价的控制等因素，导致不得不在极有可能存在滑坡等不良地质问题的地段修建隧道。已投入运营的隧道也可能由于自然或人为因素导致边坡岩土体蠕滑等而产生病害。同时在隧道-滑坡病害的防治实践中，对隧道-滑坡的作用机理认识不足或有误、对隧道的防护设计针对性差或设计工程不足、施工方法工艺不当或养护维修不及时、管理不到位等原因，常导致隧道-滑坡病害治理工程失败或失效，有些大型病害工点甚至遭遇隧道结构多次修护、多次破坏的窘境。然而，对于这些失败的治理工程，人们往往不能在第一时间作出正确的评价、认识其作用过程和失效的原因，总是在病害已经发生、隧道已经产生破坏的情况下才认识到治理工程和稳定性评价的不合理性。其中，缺乏隧道-滑坡体系相关的变形机理与控制技术是首要因素。

　　为了系统地总结隧道-滑坡变形理论、工程治理经验、施工工艺，中铁西北科学院有限公司与西南交通大学合作，从大量的隧道-滑坡工程实例和有关资料中，选出具有典型代表意义的实例对隧道-滑坡体系进行分类，运用隧道工程安全性和滑坡稳定性的点安全系数统一评价方法揭示了隧道-滑坡体系各类型的受力模式及其变形机理，结合宝兰客运专线的实践成果提出了坡体病害地段立体绕避选线原则并开创了反向开挖建造技术，丰富了隧道-滑坡体系的变形控制技术。研究成果集结为《陆路交通隧道-滑坡体系变形机理和控制技术》一书。其目的在于使今后的工作能借鉴以往的有益经验和防止类似教训的重现。希望本书对于这一领域的工作者，特别是青年技术人员，在提高隧道-滑坡工程防治水平和滑坡地段隧道设计施工方面有所裨益，为推动我国滑坡地段隧道的设计施工工作起到积极的作用。

本书为专门介绍隧道-滑坡工程的专著,具有以下特点:①在综合分析的基础上通过不同类型的工程实例给技术人员提供具体参考,应用广泛,避免了理论性、概括性多而实例少的弊病;②相关理论来自工程实践又运用到工程治理中,具有较强的科学性和实用性;③在总结之前研究成果的基础上,介绍了近几年新的研究和实践成果及成功的实例,可以反映目前国内的最新水平。

本书共 6 章,第 1 章为绪论;第 2 章是基于大量工程实例的隧道-滑坡体系分类及地质模型;第 3 章是基于工程地质综合分析原理和点安全系数法的隧道-滑坡体系的变形机理分析;第 4 章为隧道-滑坡体系力学计算模型及方法;第 5 章介绍隧道-滑坡防治工程中的主、被动控制技术以及滑坡地段隧道反向开挖等施工工艺;第 6 章着重介绍高速公路、铁路建设中的典型案例以及相关理论在隧道-滑坡防治中的应用。

本书第 1 章由马惠民撰写;第 2 章由吴红刚、牌立芳、赵金撰写;第 3 章由吴红刚、杨涛、马惠民撰写;第 4 章由吴红刚、庞伟军、王飞撰写;第 5 章由吴红刚、马惠民、赵金撰写;第 6 章由马惠民、杨涛、吴红刚撰写。

本书由马惠民研究员、吴红刚高级工程师组织撰写,张俊德教授级高级工程师、王永翔高级工程师、杨昊天和董占林进行了核阅,王恭先研究员主审。

在本书的撰写过程中,得到中铁西北科学研究院总工程师熊治文、滑坡专家徐邦栋的指导和支持。书中引用了中铁西北科学研究院和国内外许多学者的研究成果和资料。陈小云、艾挥、杜升涛、吴道勇、王飞、李玉瑞等为成书做了大量艰苦细致的文字和绘图工作。在此对所有有关人员和支持本书出版的学者表示衷心的感谢!

由于作者水平有限,书中难免有不足之处,敬请读者批评指正。

目　　录

第1章 绪 论

1.1 陆路交通中运营、在建长大隧道发展概况

我国隧道技术的真正发展始于 20 世纪末，随着一批长大山岭隧道的建成通车，取得宝贵研究成果的同时开启了地下工程领域建设的新篇章。进入 21 世纪，陆路交通网逐渐向西部崇山峻岭穿越，向离岸深水延伸，向城市发展[1]。隧道修筑规模的不断扩大主要体现在隧道数量、长度、断面面积和隧道群的增加。我国隧道以年均 350km 的速度递增[2,3]。截至 2016 年底，运营铁路隧道达到 14120km，其中高速铁路及城际铁路隧道约 4080km，占 28.9%，长度 10km 以上的特长隧道约 102 座，总长约 1411km，约占运营隧道总长的 10%，长度 20km 以上的隧道共有 9 座，总长约 218km；公路隧道达 14039.7km，其中特长公路隧道 815 座，总长 3622.7km，长隧道 3520 座，总长 6045.5km。

目前，中国已成为世界上隧道工程建设规模最大、数量最多和难度最高的国家。这不仅体现在隧道的长度、埋深和断面尺寸上，建设难度和技术创新也达到了空前的高度，各种新材料、新工艺等不断涌现[1]。随着我国陆路交通路网不断向崇山峻岭、离岸深水延伸，越来越多的隧道工程将修建在高海拔、强风沙、高温高寒环境和高应力、强岩溶区域，包括越江跨海等水下隧道，亟需解决隧道建设中的新材料、新方法和新技术以及运营隧道中出现的新问题。为了对未来几十年隧道工程建设的持续发展和已建隧道的安全运营提供重要的技术支撑，现从结构形式、设计理论、施工技术、运营监控及维修养护等角度，对隧道建设和运营中的关键技术问题进行综述[1-4]。

1. 结构形式

隧道支护结构及断面型式的多样化呈现是隧道技术进展的重要方面[1]。以新奥法(new Austrian tunneling method, NATM)为理论基础的复合式衬砌、以挪威法(Norwegian method of tunneling, NTM)为基础的单层衬砌结构以及配合盾构法修筑的装配式衬砌是当前公路隧道的主流型式。而近年来由于线形修正、防蚀、防撞等特殊要求，盾构工法双层衬砌开始进入工程技术人员的视野；双洞分离式方案一直是隧道(尤其是高速公路隧道)的主流布局方式，但当受地形条件限制、地质条件适当、路线总体线形要求特殊的桥隧相连等情况出现时，

连拱隧道与小净距隧道则应运而生。金(华)-丽(水)-温(州)高速公路的建成是我国连拱隧道在防排水工艺、中墙型式、修建技术、设计理论等方面技术发展的一次飞跃，为我国后期连拱隧道的推广应用奠定了基础。随着京福高速公路上小净距隧道的大量修建及紫坪铺隧道的建成通车，小净距隧道在中岩墙加固、施工方法、荷载理论等方面也取得了长足的进步。除此之外，交叉分岔隧道、螺旋隧道等新型结构形式也相继出现并带来了一系列新的技术问题。

2. 设计理论

以钻爆开挖为主的矿山法是隧道发展的先导，伴随着施工工艺及岩体力学的发展，具有深远影响的新奥法基础理论被提出[1]。但实践表明，以锚喷支护实践和岩体力学理论为基础的新奥法并不适用于所有岩体环境，应结合具体情况做进一步的探索研究。挪威法是这一建设理论的进一步发展，但以 Q 系统为基础的围岩分级结合高性能材料构成隧道支护体系的挪威法，如何与我国的实际情况相结合并在隧道中推广应用，一直是困扰工程界的一个难题[1]。进入 21 世纪以来，随着工程建设规模的逐渐扩大，以新奥法与挪威法为基础理论的隧道设计与施工理念已不能满足日益复杂的隧道工程建设要求，以压力拱理论和新奥法为基础的新意法(new Italian tunneling method, NITM)随之产生，逐渐推广。基础理论发展的同时带来了隧道设计理论与方法的革新，设计方法同样经历了由工程类比法、收敛-约束法、荷载-结构法、地层-结构法到信息化动态设计法的变迁。但由于地下工程围岩的复杂多变性，各种设计理论与方法均有各自的适用性与局限性，难以全面适应特殊复杂的地下工程环境，因此，如何将已有的建设、设计理论与我国隧道工程的具体特点进行有机融合，创建一套适合我国国情的"隧道修建法"理论体系与设计方法，是我国业界学者、专家面临的重大问题之一[1]。

3. 施工技术

目前，隧道施工方法主要有钻爆法、掘进机法(tunnel boring machine, TBM)等。我国山岭隧道普遍以新奥法的指导思想采用钻爆法进行施工。钻爆法施工长期主导我国隧道工程施工技术，推进了我国设备的信息化和自动化进程。针对开挖和支护流水线作业，先后自主研制了液压凿岩台车、挖装机、自动机械化喷射混凝土设备、拱架安装机、移动栈桥、模板台车等一系列装备，极大提高了工作效率。在大量工程实践中，不断创新了单护盾 TBM 和敞开式 TBM 技术，解决了 TBM 在软弱地层掘进与市区沉降控制技术中的难题，形成了超浅埋、大宽度、小净距矩形顶管技术与盾构始发、到达零覆土技术。随着我国 TBM 研发、生产水平的提高，在今后的山岭公路隧道中，TBM 将逐步增多，大断面隧道的施工势必也将用 TBM 与钻爆法相结合的施工方法[1]。

4. 隧道病害

由于所处地质环境的复杂性，隧道会出现病害并呈现出多样性的特点。《铁路工务技术手册：隧道》中将隧道病害分为隧道漏水、衬砌腐蚀、衬砌裂损、隧道冻害、洞门损坏、整体道床裂损和附属结构物损坏 7 种病害。

众多隧道病害数据表明，衬砌结构破损和渗漏水是影响隧道安全的主要因素。渗漏水和衬砌结构破损病害维护与加固的问题越来越突出，实际上隧道各种病害经常同时存在且相互作用，因此整个隧道安全状态的评价不应建立在单一病害调研和检测的基础上，而应基于隧道内各种病害的全面调研和检测。

5. 维修养护

隧道长期营运过程中的结构安全性问题、病害问题是世界各国未来将面临的棘手难题，修建伊始就应引入"少维修"的概念，使结构物具有符合使用要求的耐久性。确保隧道营运安全，实现并延长隧道结构使用寿命，成为未来地下工程工作者的主要任务[1]。

目前关于结构耐久性问题的研究主要集中在材料自身性能方面，而针对隧道工程耐久性问题的研究是由于近年来既有地下工程营运期间各类问题的凸显及跨江越海工程和近海隧道的大量修建才逐渐兴起，重点开展了因地下水长期侵蚀(包含海水中的氯离子侵蚀)引起的锚杆失效、钢筋锈蚀、混凝土腐蚀劣化等问题的研究，并由此对引发的衬砌结构实际承载力下降进行了有益的探索。为有效治理公路隧道因病害引发的营运期结构安全性问题，亟需开展隧道病害检测及健康评估、快速无损检测技术的研究，并将模糊评判、灰色理论及神经网络等各种数学手段引入各种病害引起的结构健康度评估中，以实现针对高速公路隧道结构安全与健康状态监测、数据采集与处理、评价及预警系统的全套新技术。

6. 隧道工程防灾减灾

隧道地质灾害主要包括突水突泥、大变形、岩爆。当下突水突泥灾害源的定位定量预报技术取得了较大突破，尤其是含水构造静储量的估算。灾害预测预警尝试建立以微震为载体的多元信息综合预报预警系统，以实现对灾害源补给水量和涌水量的预测预警。针对大规模突水突泥灾害的治理，涌现出了一系列新型注浆材料及配套工艺、装备，初步解决了高压大流量动水封堵与富水破碎岩体加固的技术难题，如江西吉莲高速莲花隧道大规模破碎带突水突泥的治理。大变形问题在乌鞘岭隧道中极为突出[4]，在兰渝铁路、沪蓉西高速等诸多工程中也有出现，具有变形速率快、总变形量大和持续时间长等显著特点。实际施工中主要从开挖工法、支护措施等方面进行解决，如采用深孔锚杆、钢管混凝土等，但尚未从根本上解决该问题。岩爆灾害在锦屏引水隧洞施工中极为强烈，当时主要采用导洞释放应力、掌子面洒水等措施进行预防，监测预警主要依赖微震技术，对应力型岩爆具有一定效果。整体来讲，岩爆灾害的防治仍处于被动状态。

1.2　隧道-滑坡工程研究进展

1. 隧道-滑坡关键技术问题

在城市化的高速发展过程中，各种自然灾害的发生强度及频率也随着人类自身对环境的破坏而加剧。我国约 70%的国土面积为山地地形，在穿越山区的铁路和公路建设中，需要建设大量的隧道。从分布区域上看，在我国北部多山地区、东南及西南丘陵地区和更复杂的西部高原地区都需要修建隧道来加快各城市间的交通规模建设[1-4]。但是这些地区地形和地质条件复杂，公路和铁路隧道往往穿过地质不良地段，不可避免地要受到滑坡等地质灾害的影响，这给工程顺利建设和安全运营造成了严重威胁[5]。例如，2011 年重庆奉溪路孙家崖隧道在暴雨导致的大坪滑坡的影响下，在开挖过程中不断出现掉石掉块现象，隧道出现整体下沉，隧道左线进口连续 10 天日沉降量达 10mm，沉降累计达140mm，导致地面多处开裂，省道路面下陷，致使施工停止，交通中断。2016年 1 月 18 日清晨 6 点 17 分，我国兰新高速铁路某隧道洞内 DK120+390～+930段产生变形。灾害发生后该段线路停止运营，调查发现隧道 DK119+750～DK121+350段上方存在古老滑坡群(图 1-1)。该滑坡群沿线路宽约 1.6km，垂直线路长约1.8km。2016 年 7 月 2 日晚 23 时 30 分，重庆奉溪高速公路 K13+110 段杨家湾隧道右线坡体发生滑坡(图 1-2)，洞内衬砌新增明显的纵向裂缝，裂缝最大长度达 10m，最大宽度达 2mm，严重影响隧道衬砌结构安全，导致奉溪高速右线断道，不得不进行抢险加固。类似的典型实例还有甘肃武罐路楼房山隧道、马桑坝隧道、重庆万梁路金竹林隧道、青海 G214 鄂拉山隧道等。

隧道修建过程中，不可避免地会扰动山坡地带，即使在隧道建设之初滑坡体还没有发育形成，但由于隧道工程的施工扰动和后期降雨、地震等的诱发，原来稳定的斜坡也有可能形成滑坡体，从而构成新的"隧道-滑坡体系"。在长期的工程运营阶段，工程结构物系统的病害发展机理仍然属于"隧道-滑坡体系"研究范畴。与隧道-滑坡体系的灾变演化机制有关的问题可以分为两大类：

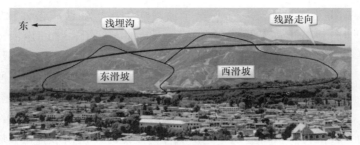

(a) 滑坡全貌

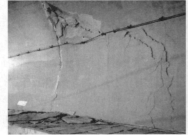

(b) DK120+868边墙剥落

(c) DK120+903接触网吊柱混凝土掉块

图 1-1　兰新高速铁路某隧道滑坡

图 1-2　重庆奉溪高速公路杨家湾隧道滑坡

隧道开挖诱发的滑坡灾害问题，滑坡变形造成的隧道病害问题。国内外关于滑坡或隧道的研究成果很多，目前已有不少学者开始关注隧道-滑坡体系这一工程问题。他们多根据各自的工程实践经验和研究，归纳滑坡地段隧道变形的地质模型和变形机理，将隧道变形与滑坡灾害结合起来进行系统研究，并取得了一定研究成果。

1) 隧道开挖诱发的滑坡灾害问题

地质力学分析方法是此类问题研究的基础。山田刚二等[6]对因隧道开挖引起的斜坡滑动进行了分析，初步总结了该类病害产生的地质条件和影响因素。赵华宏等[7]对竹岭隧道西洞口滑坡的成因机制加以剖析，推断出滑动面形态。陈双庆[8]研究了古田隧道在施工过程中诱发洞身—古滑坡复活，造成隧道偏压、初期支护严重变形等问题。吴红刚等[9]提出了通过隧道与滑坡的空间位置关系控制病害的性质和规模。根据隧道与滑动面的空间位置关系将隧道-滑坡体系分为平行、正交和斜交三大体系类型。赵志刚等[10]以奉(节)巫(溪)高速公路孙家崖隧道为工程依托，探讨隧道穿越滑坡体时隧道施工对滑坡体的影响机制与处治技术。Özgür 等[11]分析了土耳其地中海地区的 Anamur Kaledran 由于隧道开挖引发的岩质滑坡，阐述了岩石滑坡与隧道开挖的相关性。

现场监测作为可靠的一手资料获取手段，在国内外重大工程实践中得到运用。Stanić 等[12]研究了公路隧道开挖引发的深层滑体变形，通过隧道施工现场量测数据，并采用计算机模拟了隧道开挖过程中周围岩体塑性区的发展过程，表明坡体具有渐进破坏特征。Shimizu 等[13]使用一种新型的基于网络的 GPS 位移监测系统监测隧道施工现场的边坡稳定性，可在网站上实时连续地提供斜坡的三维位移。朱苦竹等[14]以云南元磨高速公路小曼萨河隧道为背景，结合隧道监测工作中发现的各种病害，揭示滑坡与隧道相互作用的机理。崔宏伟等[15]通过有限元模型和实测位移对比得到塑性应变突变点和围岩变形的极限位移。Luis 等[16]以西班牙在建高速铁路 Teso 隧道开挖造成的坡体变形为研究对象，基于 25 个钻孔的数据建立了滑坡的地质模型，并集成到 GIS 数据库中，依据不同时间的数字高程模型和遥感图像分析坡体的滑动。Bandini 等[17]以 Val di Sambro 隧道为例，通过集成各种测试方法获取了隧道开挖之前和开挖期间的大量监测数据来分析与隧道建设相关的滑坡运动特征。Ruggeri 等[18]基于监测系统和隧道掌子面的详细调查，研究了意大利某国道建设过程中，采用深部排水系统有效解决坡体稳定性和隧道结构安全的问题。

数值计算方法在隧道开挖诱发滑坡灾害的研究过程中扮演了重要角色。王安福等[19]以柴家坡隧道为计算原型，分析了隧道开挖对坡体稳定性的影响。郑明新[20]依据数值计算探讨了隧道开挖后，斜坡内应力调整与滑坡复活之间的关系。范建海等[21]采用弹塑性有限元和强度折减法以及 ANSYS 软件，对十漫高速公路李师关隧道建设过程中的两次滑坡进行了计算，表明隧道洞口刷坡坡率不宜过大。高世军等[22]以竹林坪隧道为背景，采用系数传递法和 FLAC 数值分析方法分析了隧道施工对滑坡稳定性的影响。Koizumi 等[23]提出日本许多滑坡是因隧道开挖而引起的，因此进行了一系列数值模拟确定隧道在斜坡中的位置，以尽量减少风险。王永刚等[24]采用强度折减有限元法与极限平衡法对武罐高速公路阳坡里隧道穿越滑坡段的开挖加固效应进行了分析研究。Barla 等[25]以意大利两个大型双隧道开挖导致深层滑坡复活案例为基础，采用数值计算方法量化隧道开挖期间的坡体稳定性问题。叶生春等[26]采用 ANSYS 软件对青海牙同高速公路朵给山隧道全长穿越古滑坡堆积体典型断面进行施工模拟,在确定施工不利断面的基础上就滑动带的受力特征进行了分析。

2) 滑坡变形造成的隧道病害问题

作为这类问题的传统研究手段,地质力学综合分析、模型试验和现场监测 20世纪后半期以来从未间断,并取得了显著成效。马惠民[27]通过对山区铁路干线许多隧道变形实例的调查分析,系统论述了坡体病害地段隧道变形类型、地质结构模式、相互作用机理。张鲁新等[28]以东荣河滑坡为例,分析了蠕动型滑坡成因和造成隧道变形开裂的机理。潘卫东等[29]根据滑坡引起隧道变形开裂特征分析了单滑面和多滑面滑坡中隧道的变形规律,给出了预测隧道评估位移及变形量的方法。陶志平等[30-31]建立了分析滑坡与隧道变形相互关系的 4 类地质力学模型,并通过室内地质力学模型试验,研究了滑带土浸水软化及发生蠕变时坡体变形与隧道的相互作用关系。Bhardwaj[32]为确保印度国道 76 的隧道能持续安全运营和适当修缮,进行了广泛的调查,查明了加剧病害发生发展的原因。成永刚等[33]分析滑坡区隧道的主要病害特征和滑坡与隧道病害的相互关系,提出了安全、经济的防治方案。吴红刚等[34-36]以隧道-滑坡正交、平行和斜交体系为研究对象,通过三组模型试验,采用隧道开挖、滑坡后部加载、坡脚开挖等方式迫使滑坡体向下滑动,在隧道周围分别布置微型土压力盒对隧道的应力进行监测和分析研究。Vassallo等[37]探讨了意大利巴西利卡塔地区坡体运动对铁路隧道的影响以及隧道周围的滑坡位移分布情况,在 2005~2015 年的监测期间,发现滑坡坡面发生了缓慢但连续的位移,作用在隧道上的土压力随时间增加,并通过激光扫描评价了隧道当前变形状态。

数值计算方法以其便捷高效的特点,得到了研究者的青睐。毛坚强等[38]应用接触问题的有限元算法研究了滑坡隧道间的相互作用机理及受力变形规律。陶志平等[39]为向蠕动型滑坡隧道的病害防治提供决策依据,通过调查分析提出了隧道变形预测的灰色等维新息模型。刘天哲等[40]以西汉高速良心隧道为例,采用 FLAC 3D 有限差分分析程序对坡体病害地段的隧道变形机理进行了模拟分析。

学者和工程师们依托实体工程对隧道与滑坡相互作用的灾变机理有了较深入的认识,取得了大量的研究成果,对滑坡地段隧道的施工和治理具有重要的指导意义。但是,目前由于缺乏系统的模型概化和计算理论,摆在隧道和岩土工程师面前最关键的问题,是如何确定无法绕避潜在坡体病害地段的隧道工程与滑坡的空间最小安全距离和作用于隧道结构上的荷载。这直接关系到隧道工程选址、潜在坡体病害地段隧道工程设计施工的安全性和控制技术的合理性。解决这一关键问题需要将隧道-滑坡作为一个相互耦合作用的体系,搞清滑坡与隧道的相互影响，明确安全距离和荷载标准，简化作用模型，发展计算理论。对此，本书在总结已有研究成果的基础上，进行了较详细的分析。

2. 隧道-滑坡工程研究历程

早在 20 世纪中叶，我国山区铁路(宝天铁路、宝成铁路和鹰厦铁路等)建设时期，隧道洞口的稳定问题就初步显现。由于当时路基病害表现突出，而隧道建设数量较少、病害并不明显。直至 90 年代，以成昆铁路多处长大隧道进出口发生变形为代表，山区铁路隧道变形和坡体稳定性问题逐步得到重视，铁道部曾列题"坡体病害地段隧道变形机理及其防治技术"[41]等科研项目进行研究。依托这些项目，国内张鲁新等[28]对滑坡和隧道的位置关系进行了分类，探讨了不同位置情况下隧道与滑坡的相互作用关系；马惠民[27]通过对我国山区铁路干线隧道的变形实例调查，提出了滑坡病害与隧道变形的 5 种地质结构模型，对坡体病害和隧道变形相互作用的机理及其防治技术进行了较为详细和系统的研究；毛坚强等[38]应用接触问题的有限元算法对滑坡-隧道间的相互作用机理及受力变形规律开展了研究；陶志平等[30-31]通过模型试验，研究了滑坡地段坡体变形与隧道的相互作用机理、围岩和衬砌压力的变化规律以及滑坡和隧道的变形特征。随着我国高速铁路和客运专线的快速发展，滑坡地段修建隧道的工程安全性再一次引起人们的关注，中国铁路总公司依托宝兰客运专线建设项目[42]，列题"长大隧道穿越大型滑坡的工程安全性分析与监控技术研究"进行深入研究，以期为大规模的山区高速铁路建设提供坚实的技术储备。

20 世纪 90 年代后期，我国山区高速公路建设迅猛发展，桥隧比例显著增加，出现了大量的隧道进出口段坡体稳定性问题。各地建设部门和设计生产单位给予了充分重视，先后开展了武罐高速公路典型滑坡对隧道的危害机制及防治技术研究等工作[43]。期间吴红刚等[5,9]采用资料调研、理论分析、数值仿真试验、地质力学模型试验和现场测试相结合的研究方法，建立了"隧道-滑坡体系"的理论框架，分析了体系的类型和变形破坏模式，以隧道-滑坡平行体系为重点，研究了其变形机理和控制技术等问题。此处所述的"隧道-滑坡体系"泛指在滑坡体内及周边一定影响范围内建设和运营的各种隧道工程及其所在区段的地质病害体[5,9]。

进入 21 世纪，我国交通事业快速发展，大规模的高速铁路、公路开工建设。坡体病害地段的隧道工程选线通常主要遵循平面绕避思路，但随着高速铁路和高速公路对线路的平顺性要求越来越高，平面绕避已经无法很好地满足选线要求。近些年，结合高铁、客运专线和高等级公路设计实践，长大隧道选线过程中的立体绕避滑坡的方案孕育而生。然而，随之而来的一个新问题是针对隧道穿越滑体、隧道穿越滑动带和隧道位于滑面以下三种典型模式，如何确定合理的下穿距离以及隧道穿越滑动带时的荷载大小，最大程度地满足线路标准和经济舒适，保证隧道工程的顺利建设与安全运营，成为当下亟需解决的关键难题之一。基于此，课题组[44-46]专门开展了复杂环境下长大隧道修建关键技术研究——隧道-滑坡体系的变形机理与控制技术深化研究的工作[47]。吴红刚等[34-36, 44-46]从隧道-滑坡体系定义出发，以大量工程实例为依托，结合理论分析、模型试验和数值计算等多元手段，对隧道-滑坡体系的变形机理有了更加深刻的了解，并对常见的控制措施进行优化升级，提出了一套系统性和理论性强、可靠性高的控制技术。

3. 亟待解决的问题

由于隧道-滑坡体系分类众多，影响因素复杂，加之研究技术的限制，众多难题亟待解决，总结如下。

(1) 采用先进技术持久深入地进行各类型的变形特征和机理研究，防治技术方面继续研究埋入式抗滑桩、多排桩受力分配以及预加固的途径等，积累丰富的试验数据和工程经验，从而尽早完善隧道-滑坡体系变形机理和控制成套技术，使之更好地为我国工程建设提供指导和建议[5]。

(2) 我国西部山区隧道的建设和运营，多数位于强震区域，地震工况下隧道-滑坡体系的稳定性研究显得尤为重要，在后期应重视地震、地壳不稳定地区或河流强烈下切地区的隧道-滑坡体系的稳定性和应对策略研究[5]。

(3) 隧道-滑坡体系地质体现场应力、应变和渗流多维多场复合测试，设计隧道-滑坡体系典型地质体非冗余监测网络设计及多源数据融合、互补和去冗余处理方法，提高监测效率和数据的实用性，实现数据优化。

(4) 地质力学模型试验中的影响因素很多，如工程所在区域的条件、工程现场各方的配合、试验方案的制订、试验设备的精度、试验人员知识水平以及试验相似材料配比等。为了尽可能减少上述因素对试验和测试结果的影响，使试验数据更为可靠，具体工作中应该不断积累经验，确保更好地把握控制性因素，以利于测试、试验的设计和实施[5]。

1.3 本书内容及特点

本书以大量的工程实例为依托，结合工程技术人员的实践经验和目前的研究成果，从以下四个方面来进行论述。

　　(1) 通过对大量滑坡导致的施工和运营隧道病害进行归纳、总结，建立了"隧道-滑坡体系"的概念，创新性地从"坡体结构、灾变诱发因素和隧道与滑坡的空间组合关系"几方面综合考虑，构建了以平行体系、正交体系和斜交体系为核心的较为完备的分类体系，并建立地质力学模型[5]。

　　(2) 提出了隧道-滑坡体系的受力模式及其机理，获得了"隧道穿越滑动带、隧道位于滑面以下、隧道穿越滑体"工况下隧道结构荷载和变形的理论解，建立了隧道位于滑面以下最小安全距离的计算理论，提出了适用于隧道工程安全性和滑坡稳定性的点安全系数和工程地质综合分析的统一评价方法。

　　(3) 在现有隧道-滑坡治理和加固措施的基础上，提出主、被动组合加固技术理念，并将其划分为主动式加固技术、被动式加固技术。主动式加固理念从治理原则上讲是通过支挡结构来治理滑坡，减小或消除隧道结构上承受的滑坡推力，以确保隧道安全；而被动加固理念恰好相反，通过分析滑坡段隧道的受力和变形特征，探索性地提出以隧道砌体、支撑桩和锚索构成的协同受力结构体系，保证隧道的正常运营，但不限制滑坡整体的变形，采取只保全隧道结构，而不治理整个滑坡的原则。

　　(4) 运用地质力学模型试验和现场监测相结合的方法，综合地质勘察信息和正反向开挖的适应条件、控制参数，对滑坡地段隧道的施工技术优化改进，提出基于反向开挖和综合施工工艺调整的滑坡地段隧道施工新技术，能够为滑坡地段隧道的施工提供参考。

参 考 文 献

[1] 《中国公路学报》编辑部. 中国公路交通学术研究综述·2012[J]. 中国公路学报, 2012, 25(3):2-50.

[2] 蒋树屏. 中国公路隧道数据统计[J]. 隧道建设(中英文), 2017, 37(5):643-644.

[3] 赵勇, 田四明. 中国铁路隧道数据统计[J]. 隧道建设(中英文), 2017, 37(5):641-642.

[4] 马建, 孙守增, 赵文义,等. 中国隧道工程学术研究综述·2015[J]. 中国公路学报, 2015, 28(5):1-65.

[5] 吴红刚. 隧道-滑坡体系的变形机理及控制技术研究[D]. 北京: 中国铁道科学研究院, 2012.

[6] 山田刚二, 等. 滑坡和斜坡崩坍及其防治[M].《滑坡和斜坡崩坍及其防治》翻译组, 译. 北京: 科学出版社, 1980.

[7] 赵华宏, 张胜. 竹岭隧道西洞口滑坡成因及治理方案[J]. 水文地质工程地质, 2003, 30(6):55-57.

[8] 陈双庆. 古田隧道山体滑坡病害处理设计[J]. 石家庄铁道大学学报(自然科学版), 2004, 17(S1):25-27.

[9] 吴红刚, 吴道勇, 马惠民,等. 隧道-滑坡体系类型和隧道受力变形模式研究[C]. 第十二次全国岩石力学与工程学术大会会议, 南京, 2012.

[10] 赵志刚, 李德武, 张志军, 等. 高速公路隧道穿越滑坡段变形机制与处治技术[J]. 铁道科学与工程学报, 2013, 10(3):47-52.

[11] Özgür Satıcı, Güngör G. Effects of paleo-rock landslide and heavy rainfalls to tunnel excavation[C]. World Tunnel Congress, Dubrovnik, Croatia, 2015.

[12] Stanić B, Stojković B, Szavits-Nossan V. Landslide induced by tunnel excavation[C]. Fourteenth International Conference on Soil Mechanics and Foundation Engineering, Hamburg, 1997.

[13] Shimizu N, Tayama S, Hirano H, et al. Monitoring the ground stability of highway tunnels constructed in a landslide area using a web-based GPS displacement monitoring system[J]. Tunnelling & Underground Space Technology, 2006, 21(3):266-267.

[14] 朱苦竹, 朱合华. 滑坡与隧道相互作用机理实例分析[J]. 地下空间与工程学报, 2006, 2(5):809-812.

[15] 崔宏伟, 李德武. 滑坡地段浅埋隧道极限位移研究及围岩稳定性评价[J]. 兰州交通大学学报, 2011, 30(3):5-10.

[16] Luis M D, Daniel A, Carlos L, et al. Monitoring and analysis of large landslides: a case study of Teso Tunnel (N Spain)[C]. Egu General Assembly Conference, Vienna, Austria, 2014.

[17] Bandini A, Berry P, Boldini D. Tunnelling-induced landslides: The Val di Sambro tunnel case study[J]. Engineering Geology, 2015, 196:71-87.

[18] Ruggeri P, Fruzzetti V, Vita A, et al. Deep-seated landslide triggered by tunnel excavation[M]//Stefano A, Leonardo C, Luciano P, et al. Landslides and Engineered Slopes. Experience, Theory and Practice. Boca Raton: CRC Press, 2016.

[19] 王安福, 马惠民. 襄渝线柴家坡隧道变形机理的数值模拟分析[C]. 兰州滑坡泥石流学术研讨会, 兰州, 1998.

[20] 郑明新. 滑坡作用与隧道变形相关问题的探讨[C]. 国际隧道研讨会暨公路建设技术交流大会, 北京, 2002.

[21] 范建海, 张涛, 郭刚, 等. 李师关隧道洞口滑坡发生机理与防治措施研究[J]. 地下空间与工程学报, 2006, 2(B08):1445-1450.

[22] 高世军, 刘小军. 隧道洞身滑坡稳定性分析及处治措施[J]. 地下空间与工程学报, 2009, 5(4):730-734.

[23] Koizumi Y, Lee J, Date K, et al. Numerical analysis of landslide behavior induced by tunnel excavation[C]. European Rock Mechanics Symposium, Lausanne, Switzerland, 2010.

[24] 王永刚, 丁文其, 唐学军. 阳坡里隧道纵穿滑坡体段变形破坏机制与加固效应研究[J]. 岩土力学, 2012, 33(7):227-233.

[25] Barla G, Debernardi D, Perino A. Lessons learned from deep-seated landslides activated by tunnel excavation[J]. Geomechanik Und Tunnelbau, 2015, 8(5):394-401.

[26] 叶生春, 秦洲, 刘燕鹏. 隧道施工对古滑坡体稳定性的影响分析[J]. 公路, 2016, (4): 256-260.

[27] 马惠民. 坡体病害与隧道变形问题[J]. 岩石力学与工程学报, 2003, 22(S2):2719-2724.

[28] 张鲁新, 周德培, 等. 蠕动滑坡成因及隧道变形机理的分析[J]. 岩石力学与工程学报,

1999, 18(2) :217-217.

[29] 潘卫东, 张鲁新, 朱元林, 等. 坡体病害地段利用隧道变形规律预测山体灾害的方法[J]. 岩石力学与工程学报, 2001, 20(4):502-507.

[30] 陶志平. 滑坡地段隧道变形机理及灾害预测和治理研究[D]. 成都: 西南交通大学, 2003.

[31] 陶志平, 周德培. 滑坡地段隧道变形机理的模型试验研究[J]. 工程地质学报, 2003, 11(3):323-327.

[32] Bhardwaj G S. Landslide sensitivity assessment of existing twin tunnels: A case study of national highway-76 between Udaipur-Pindwara, Rajasthan, India[J]. Scientia Horticulturae, 2014, 3(4):201-210.

[33] 成永刚, 王全才, 范安军. 隧道区滑坡防治方案研究[J]. 地质灾害与环境保护, 2014, 25(4):30-36.

[34] 吴红刚, 陈小云, 艾挥. 隧道-滑坡正交体系受力模式的试验研究[J]. 铁道工程学报, 2016, 33(3):1-5.

[35] 吴红刚, 陈小云, 艾挥. 隧道-滑坡斜交体系变形机理的模型试验研究[J]. 铁道工程学报, 2016, 33(9):19-23.

[36] 吴红刚, 陈小云, 艾挥. 隧道-滑坡平行体系变形机理的模型试验研究[J]. 铁道工程学报, 2016, 33(11) :87-91.

[37] Vassallo R, Mishra M, Santarsiero G, et al. Interaction of a railway tunnel with a deep slow landslide in clay shales[C]. Italian Workshop on Landslides, 2016.

[38] 毛坚强, 周德培. 滑坡-隧道相互作用受力变形规律的研究[J]. 西南交通大学学报, 2002, 37(4) :371-376.

[39] 陶志平, 周德培. 蠕动型滑坡隧道的变形规律及灾害预测[J]. 西南交通大学学报, 2007, 42(2):163-168.

[40] 刘天哲, 李红卫, 王宇. 坡体病害地段的隧道变形机理分析[C]. 全国土力学及岩土工程学术会议, 兰州, 2011.

[41] 铁道部科学研究院西北分院. 坡体病害地段隧道变形机理及其防治技术[R]. 兰州: 铁道部科学研究院西北分院, 1998.

[42] 兰新铁路甘肃有限公司, 中铁西北科学研究院有限公司, 等. 长大隧道穿越大型滑坡的工程安全性分析与监控技术研究[R]. 兰州: 中铁西北科学研究院有限公司, 2015.

[43] 甘肃长达路业有限责任公司, 中铁西北科学研究院有限公司, 等. 武罐高速公路典型滑坡对隧道危害机制及防治技术研究[R]. 兰州: 中铁西北科学研究院有限公司, 2013.

[44] 陈小云. 隧道横向下穿滑坡的受力机制及安全距离研究[D]. 北京: 中国铁道科学研究院, 2017.

[45] 赵金. 隧道-滑坡体系受力模式与变形机理研究[D]. 兰州: 兰州交通大学, 2019.

[46] 康健. 滑坡区隧道洞身围岩变形试验研究[D]. 成都: 西南交通大学, 2019.

[47] 中铁西北科学研究院有限公司, 西南交通大学, 等. 隧道-滑坡体系的变形机理与控制技术深化研究[R]. 兰州: 中铁西北科学研究院有限公司, 2019.

第 2 章　隧道-滑坡体系分类及地质模型

随着我国西部大开发战略的持续推进，西部经济发展对交通运输提出了更高的要求，大量的高速公路及铁路穿越山区也成为必然。由于山区地形地质条件的复杂性以及地震等自然灾害频繁发生的特点，这类地区时常发生滑坡等地质灾害。在这些地区修建公路或铁路时，不得不以隧道的形式穿过滑坡等不良地质地段，同时已投入运营的隧道也可能由于边坡岩土体蠕滑等原因而产生病害。隧道建设和运营过程中的隧道和坡体变形具有紧密的相互作用关系，对于变形机制的研究应该遵循一个协同的原则，避免顾此失彼[1]。为此建立"隧道-滑坡体系"概念，旨在从根本上认识"隧道-滑坡"的相互作用和变形机制问题，为实际工程中采取合理防护措施提供较为准确的理论依据。

"隧道-滑坡体系"泛指各种在滑坡体内及周边一定影响范围内建设和运营的各种隧道工程及其所在区段的地质病害体[1]。该体系建立的主要意图在于既考虑隧道和滑坡各自的变形发展特征，又考虑两者的相互作用，将其作为一个体系综合分析变形机制和控制技术。

2.1　长大线路隧道-滑坡典型实例分析

在山区修建高速铁路、公路时，不可避免地会遇到滑坡，一般在选线时采用尽量绕避的原则通过，但是随着对线路平顺性的要求越来越高和经济等方面的考虑，不得不以隧道的形式通过滑坡，即产生大量的隧道-滑坡工程，如武罐高速公路和宝兰客运专线等。其中隧道进出口段是工程地质薄弱的地方，隧道开挖扰动坡体，很容易诱发滑坡、崩塌等地质灾害，引发的隧道-滑坡工程问题最多。同时运营线路自然因素等的影响导致隧道所在区段老滑坡复活或新滑坡形成，出现大量滑坡引起的隧道变形开裂、错断等病害，严重影响了交通的运行，如成昆铁路、襄渝铁路和贵昆铁路等。

2.1.1　武罐高速公路

武都至罐子沟高速公路是"国家高速公路网"——兰州至海口高速公路在甘肃省的重要组成路段，是国家南北纵向公路的主通道。武都至罐子沟高速公路全长 133.614km，根据项目在国家及区域路网中的功能、地位和作用，全路段采用设计速度为 80km/h 的高速公路标准建设。路线起点为武都区两水镇西坪村，终点为甘川交界处的罐子沟，处于东经 104°47′至 105°30′，北纬 32°26′至 35°20′之间。以洛塘为界分为两段：武都至洛塘段和洛塘至将军石段。武都至洛塘段起点两水镇，途经武都区、汉王、桔柑、三河、玉皇、琵琶等乡镇，终点洛塘镇。洛塘至将军石段起点 K85+659.471，位于陇南市武都区洛塘镇王坝村，路线平行省道 S206 线延伸，沿洛塘河、大团鱼河河谷从顺河桥和傍山(越山梁)隧道自北向南而下，跨白龙江后，偏东南方向进青峪沟，在余家湾上跨 G212 线后继续前进，穿越峡沟里山梁后至终点陇南市文县将军石(甘川界)(K132+440)，与四川省规划的兰海国家高速公路四川段将军石至广元高速公路顺接，主要控制点有洛塘镇、枫相院、余家湾、清峪沟，终点甘川界将军石。路线所经主要河流为洛塘河、大团鱼河、白龙江。所属行政区域为陇南市武都区、文县及四川省青川县。设特大桥 16 座，大桥 46 座，中桥 2 座，隧道 28 座，棚洞 2 座，互通式立体交叉 2 处，服务区 1 处。区内主要有经姚渡—文县碧口的 G212 线、江洛镇至武都的 G205 线和大岸庙—洛塘—姚渡的 S206 线，交通极为不便。

1. 沿线隧道-滑坡分布概况

受路线高程与平面位置特殊要求限制，武罐高速公路建设战线长、规模大、工程类型复杂。特别是山区公路，不可避免地会大量深挖、高填与修建大量的桥梁、隧道工程。区内构造极为发育，历史上曾发生过十几次七级以上强烈地震，岩土结构已十分松散，崩塌、滑坡及危岩体等病害在线路沿线广泛分布。沿线调查的各类滑坡 54 处，崩塌错落 47 处，还有很多规模不一的危岩体病害。从组成滑坡的岩土性质上讲，北部以黄土类滑坡为主，南部则主要发育沿基岩顶面的堆积层滑坡。

北段麻崖子隧道以北，黄土类滑坡以大中型为主，滑体厚度从几米到几十米，其中规模较大的黄土滑坡是包家坝特大型深层黄土滑坡。该段黄土类滑坡距离线路较远或者已采用绕避措施，对线路影响不大；仅 K44+490~K44+530、K51+710~K51+865、K53+090~K53+120、K53+155~K53+200 等几处黄土滑坡对线路有一定影响，设计中采用了刷方减载、排水、支挡防护等措施进行处理。

南段麻崖子隧道以南，多发育第四系松散堆积层滑坡、基岩顺层或切层滑坡，滑坡规模巨大，以大中型滑坡为主，以玄湾子大型深层基岩滑坡为典型代表。该段滑坡数量多、规模大，很多滑坡在线路选线时无法绕避，对公路隧道产生严重的影响，其中洛塘南隧道南端洞口滑坡、圆台子隧道-滑坡、阳坡里隧道-滑坡、麻柳隧道-滑坡、枫相 2 号隧道南端出口滑坡、马桑坝隧道-滑坡、楼房山隧道-滑坡等对隧道进出口安全稳定产生巨大影响。表 2-1 列举了沿线主要隧道-滑坡的基本情况。

表 2-1 武罐高速公路沿线主要隧道-滑坡分布及特征一览表[1,2]

序号	起讫桩号	名称	滑坡类型	主要特征及危害	与路线关系及防治措施
H1	YK86+790～YK86+890	洛塘南隧道南端洞口滑坡	堆积体滑坡	滑坡微地貌明显,滑动方向与路线方向一致,长约100m,宽约 120m。滑坡体主要由砂质板岩组成,岩体破碎,产状凌乱,呈碎石镶嵌状,沿裂隙充填泥质物,胶结差,挤压紧密	滑坡目前稳定,对工程有一定影响,开挖注意安全,采取地表注浆、锚索框架和排水措施
H2	YK89+800～YK89+960 (ZK89+800～ZK89+990)	圆台子隧道-滑坡	堆积体滑坡	滑坡后壁特征较明显,坡体主要由碎石、巨石及土组成,成分为千枚岩、板岩等,厚26.0m,粒径以 6～20cm 居多,巨石零星分布于滑坡体表部	上行线右侧100m～下行线左侧 20m,目前稳定,对工程有一定影响,尽量减少扰动
H3	YK92+200～YK92+294 (ZK92+200～ZK92+290)	阳坡里隧道南端洞口滑坡	堆积层滑坡	滑坡体主要由板岩、千枚岩、片岩块、碎石、土组成,中密～稍密,局部有架空现象,凌乱堆积,厚16～21m,块碎石粒径 10～20cm 占 30%～40%,>20cm 占 40%～50%,坡度上缓下陡	上行线右侧100m～下行线左侧 20m,易失稳,对工程有较大影响,布设锚索、注浆和排水系统
H4	ZK95+670～ZK95+790	麻柳隧道南端洞口滑坡	松散堆积体滑坡	滑坡台地和滑坡后壁明显,滑坡滑动方向与路线走向一致,滑坡宽120m,长130m,厚度25m。受松动岩体挤压,路线右侧 60m 变质砂岩破碎。滑坡前缘陡峻,稳定性差	右侧 30m～左侧 90m,开挖容易引起失稳,对工程有较大影响,布设锚索、注浆和排水系统
H5	ZK97+800～ZK99+300	草坪古滑坡	顺层岩石滑坡	分布于苦荞沟对岸山坡,发育规模大,坡面分布巨石(2m×2.5m×3m)。据调查,该滑坡 1976 年发生滑动时,滑坡后缘曾出现裂缝,现地面坡度40°～50°,处于稳定状态	左侧 250m,线路以隧道方式通过滑坡对面山体,滑坡对路线无影响

续表

序号	起讫桩号	名称	滑坡类型	主要特征及危害	与路线关系及防治措施
H6	ZK99+900～ZK100+300	桃树梁滑坡	顺层岩石滑坡	滑坡两侧及滑坡中部沟道发育,中部沟道深5m左右,沟底无基岩裸露,沟道内巨石分布较多,最大直径3m左右,滑坡组成物主要为块石、碎石土,坡脚河道内巨石分布较多,最大直径20m左右	左侧160m～右侧200m,线路以隧道方式通过滑坡对面山体,滑坡对路线无影响
H7	YK108+050～YK108+320 (ZK108+050～ZK108+320)	枫相2号隧道南端出口滑坡	堆积层滑坡	滑坡微地貌明显,剪出带岩层破碎,呈碎裂结构,上部为坡积块石、碎石土,下部为板岩。滑坡滑动方向与岩层倾向一致,宽大于200m,长大于150m。该滑坡曾多次在雨后发生滑动,堵塞大姚公路交通。滑坡规模巨大,前缘坡陡,稳定性差	上行线右侧200m～下行线左侧200m,易失稳,对工程有较大影响,布设锚索、注浆和排水系统
H8	YK110+480～+600	马桑坝1号滑坡	顺层岩石滑坡	滑坡圈椅形地貌明显,滑坡组成物主要为块石、碎石土,坡脚有巨石分布	右侧150～200m,距离路线远,对隧道无明显影响
H9	ZK110+950～ZK111+100	马桑坝2号滑坡	顺层岩石滑坡	滑坡圈椅形地貌明显,滑坡组成物主要为块石、碎石土,坡脚有巨石分布	右侧100～120m,离路线远,对隧道无明显影响
H10	YK112+250～YK112+310	马桑坝隧道-滑坡	顺层岩石滑坡	滑坡后壁明显,前缘陡峻,滑动方向SW15°,前缘岩体破碎,多倾倒、变形,滑坡宽150m,长80m,垂直岸坡深度5～10m。滑坡地势陡峻,在5·12大地震中坡面岩块松动发生滚石	右侧40m～左侧80m,开挖容易引起失稳,对工程有较大影响,布设锚索及排水系统
H11	ZK115+600～ZK116+100	强家湾隧道-滑坡	堆积层滑坡	分布于大团鱼河左岸,规模大,滑坡组成物主要为块石、碎石土,坡脚有巨石分布,最大直径3m左右	位于隧道侧边,主滑方向与隧道轴线平行,影响较小
H12	ZK120+500～ZK120+800	宋家山隧道-滑坡	切层岩石滑坡	位于隧道北面山坡,组成物主要为块石、碎石土,坡面分布孤石	位于隧道上方,对隧道影响较小
H13	ZK126+500～+600	ZK126+500～+600左侧滑坡	堆积层滑坡	分布于大团鱼河右岸,滑坡组成物主要为块石、碎石土,坡脚有巨石分布,在S206线右侧坡脚出露泉眼	目前滑坡整体处于稳定状态,郭嘉山隧道从滑坡右侧绕避

续表

序号	起讫桩号	名称	滑坡类型	主要特征及危害	与路线关系及防治措施
H14	ZK127+100～+410	柏树梁滑坡	堆积层滑坡	滑坡堆积层上部主要为块石、碎石土，坡面分布孤石，目前滑坡整体处于稳定状态。滑坡厚度小于60m	对郭嘉山隧道影响较小
H15	ZK127+610～+810	郭家山隧道-滑坡	堆积层滑坡	滑坡堆积层上部主要为块石、碎石土，坡面分布孤石，目前滑坡整体处于稳定状态。山坡分布地表裂缝，系山坡蠕滑形成，滑坡厚度小于60m	对郭家山隧道有一定影响
H16	ZK131+670～ZK132+020	楼房山隧道-滑坡	堆积层滑坡	滑坡台地不明显，圈椅状后缘明显，可分为上下两段，堆积层厚5～20m，滑坡体物质以块石、碎石土为主	目前处于稳定状态，隧道开挖过程应加强支护

2. 各类型隧道-滑坡的坡体结构特征

沿线滑坡坡体结构的建立原则：①岩性组合分析原则，分析滑坡的坡体岩性，依据土或岩石不同的主体岩性分类建立坡体结构；②结构面控制原则，对于同类主体岩性的滑坡，依据其优势结构面和主控结构面分类建立坡体结构；③临空面相关原则，坡体结构面和临空面组合将导致滑坡具有不同的稳定性和破坏模式，在建立坡体结构时必须考虑二者的关系。根据武罐高速公路沿线隧道-滑坡病害的具体特征，将沿线隧道-滑坡的坡体结构类型划分为以下四类：堆积层-顺倾基座式坡体结构、堆积层-反倾基座式坡体结构、陡倾顺层坡体结构和陡倾切层坡体结构。

1) 堆积层-顺倾基座式坡体结构

堆积层-顺倾基座式坡体结构是指基座为顺倾层状的基岩，上覆一定厚度的各种成因形成的松散堆积体(黄土层、第四系松散堆积体或软弱破碎岩体)，且松散堆积体底部存在软弱带或地下水。该类滑坡多是在老滑坡体上形成的，开挖等工程影响改变老滑坡的稳定状态和岩土体力学性质，可能诱发老滑坡不同程度的复活，因此其稳定性均较差。武罐高速公路沿线该类病害的典型工点较多，如圆台子隧道-滑坡、阳坡里隧道-滑坡(图 2-1)和麻柳隧道-滑坡等。潜在的破坏模式为隧道开挖致使坡体上部松散堆积体沿基岩顶面滑动，这也是山区公路建设中比较常见的一种。

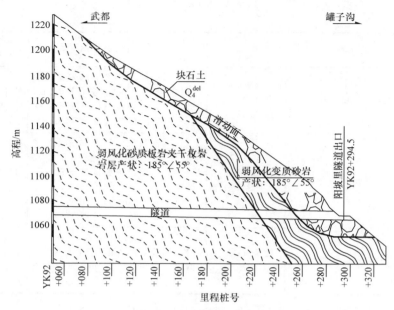

图 2-1　堆积层-顺倾基座式坡体结构(阳坡里隧道-滑坡)

阳坡里隧道-滑坡位于阳坡里隧道南端出口段,分布起讫桩号 YK92+ 200～YK92+294(ZK92+200～ZK92+290)上行线右侧 100m～下行线左侧 20m。滑坡为一凹型斜坡体,滑坡中部分布一小冲沟,深 1m 左右。滑坡南北向长约 250m,东西向宽 225m。前缘坡度 40°左右,上缓下陡,前缘坡度 47°左右,中上部 34°。滑坡台地不明显,滑坡后缘弧形边界明显。滑动方向 SW1°,滑体厚度 16～21m,滑坡体物质以板岩与变砂岩的块石、碎石土为主,结构松散,局部架空,属于大型堆积层滑坡。滑坡堆积体下伏砂质板岩和变砂岩,属于区域变质岩,层间裂隙和节理发育。滑面(带)位于强风化的砂质板岩夹千枚岩和覆盖层之间,呈弧形凹面型,滑动方向基本与岩层倾向一致。滑坡的形成主要有两个方面的因素:一是砂质板岩变砂岩风化破碎,形成厚层坡积块碎石土;二是降水入渗结构松散的堆积层,加剧岩体风化,浸润坡积层与基岩之间的碎石土形成软弱带,在重力牵引或工程作用下可产生滑动。虽然目前滑坡整体处于稳定状态,但由于隧道轴向、滑动方向、岩层倾向三者基本一致,隧道开挖断面大且两洞门相距较小,因此隧道仰坡开挖对滑坡扰动很大,滑坡体很有可能发生滑动。

2) 堆积层-反倾基座式坡体结构

堆积层-反倾基座式坡体结构是指滑坡下伏基座为反倾层状的岩石,上覆一定厚度各种成因形成的松散堆积体(黄土层、第四系松散堆积体),且松散堆积体底部存在残积层或地下水。该类滑坡多是在老滑坡体上形成的,开挖等工程影响改变老滑坡的稳定状态和岩土体力学性质,大多数工点可能诱发老滑坡不同程度的复活，因此其稳定性较差。因其滑动面与岩层面相切，一般情况下基岩上部风化严重，形成一定厚度的残积层，潜在的破坏模式为覆盖层沿基岩风化界面产生滑动。武罐高速公路沿线该类病害中最为典型的是楼房山隧道-滑坡(图 2-2)和郭嘉山隧道-滑坡。

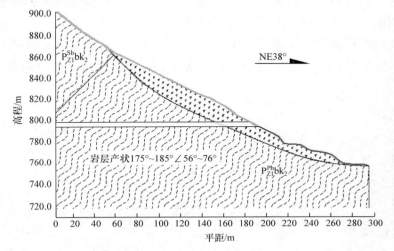

图 2-2 堆积层-反倾基座式坡体结构(楼房山隧道-滑坡)

楼房山隧道-滑坡位于猴家沟左岸峡沟里山坡，区内相对高差较大，属于侵蚀构造中的山地貌单元。滑坡区地层岩性主要为第四系坡积块(碎)石土、下古生界碧口群砂质板岩夹千枚岩、变砂岩。滑体为第四系坡积碎石土，厚 5～20m，大小混杂，棱角明显，分选性极差，干燥-潮湿，结构松散，分布于山顶平台及缓坡地带。滑床为砂质板岩夹千枚岩，属于区域变质岩，层间裂隙和节理发育，岩层产状 175°～185°∠56°～76°，岩体较破碎-破碎，千枚岩岩性较软，遇水易软化，抗风化能力差，砂质板岩易沿板理劈开成薄板状，坡面零星分布巨石。滑面(带)位于覆盖层与强风化的千枚岩和板岩之间，呈凹面型。滑坡的形成主要有两个方面的因素：一是千枚岩、板岩风化，形成厚层残坡积块碎石土；二是降水入渗结构松散的块碎石土底部，加剧了岩体风化破碎，坡积层与基岩之间的碎石土形成软弱带，在重力牵引作用下产生滑动。滑坡目前处于基本稳定状态，稳定性较低。隧道开挖对滑坡扰动较大，隧道从滑坡一侧后缘斜穿，从另一侧前缘穿出，使滑坡体内形成较大的临空区域，岩土体受扰动而强度大大降低，可能造成滑坡蠕动，对隧道安全有极大威胁。

3) 陡倾顺层坡体结构

陡倾顺层坡体结构由软硬相间、互层或间层状的片岩、板岩或其他岩类组成，一般发育在构造作用比较轻微或不十分强烈的地段，山体具单斜构造特点，岩层倾向临空，倾角一般大于 40°，岩体虽被多组结构面(包括节理、断层等)切割，但从宏观上看，仍保持着良好的层序和相当的完整性，各组结构面产状稳定，且延展性较好。滑坡破坏范围就是被层面与节理面分割的、可能与整个山体脱离的一部分岩体。由于岩层倾角较大，此类坡体结构易产生的破坏类型主要是陡倾的层面控制滑坡后壁(图 2-3)，被节理切割的岩体沿一组缓倾的节理面滑移产生平面型滑移或楔形体破坏，岩层软弱时还可能产生滑移-溃曲型破坏。

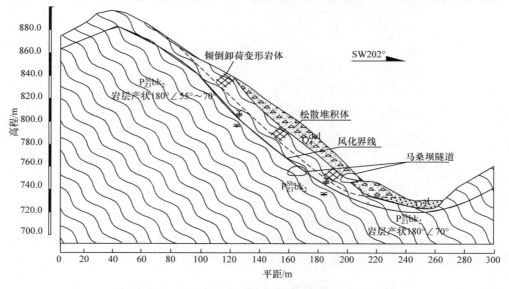

图 2-3　陡倾顺层坡体结构(马桑坝隧道-滑坡)

　　典型工点为马桑坝隧道-滑坡。该滑坡位于大团鱼河中游、S206 公路 K96+070 左侧山坡，为一单面斜坡体，滑坡堆积体长约 80m，宽 150m，轴部最长，两侧稍短，滑坡垂直岸坡深度 5～10m，滑动方向 SW15°。滑坡地貌不明显，但滑坡后壁明显，滑坡地势陡峻，前缘岩体破碎，坡度约为 52°，后缘坡度为 40°。滑坡体物质上部以块(碎)石土为主，下伏陡倾角顺层板岩，风化严重，属于中型基岩顺层滑坡。滑坡滑体土类型比较简单，上部为滑坡堆积块石、碎石土，含土量高，结构松散，具有架空现象，地表植被发育，富含腐殖质，中部为受挤压变形的强风化岩层，底部为板岩。滑面(带)为强风化的砂质板岩层间裂隙，呈平面型。另外，强风化的砂质板岩和覆盖层之间也可能为滑面(带)，滑动方向基本与岩层倾向一致(图 2-4)。该滑坡有两层可能的滑动面，表层为松散堆积物沿基岩顶面，在右侧隧道开挖影响下极可能产生滑动；深层滑面为板岩风化界面，强风化带节理发育，岩体破碎，中风化带岩体完整性相对较好，左侧隧道开挖引起岩体进一步发生应力松弛，而在强弱风化带处产生滑动。

图 2-4　马桑坝顺层岩石滑坡

4) 陡倾切层坡体结构

陡倾切层坡体结构由软硬相间、互层或间层状的片岩、板岩或其他岩类组成，一般发育在构造作用比较轻微或不十分强烈的地段，山体具单斜构造特点和阶梯状外貌特征，岩层倾向坡内，倾角一般大于 40°，岩体被多组结构面(包括节理、断层等)切割，尤其是弯张性结构面异常发育(图 2-5)。宋家山隧道-滑坡在进行调查时已经产生了倾倒变形，表层堆积体滑动，危及线路安全。

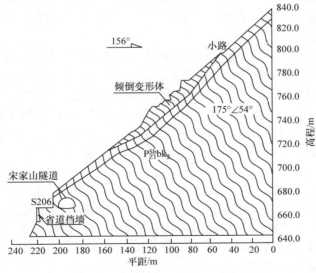

图 2-5　陡倾切层坡体结构(宋家山隧道-滑坡)

典型工点为宋家山隧道-滑坡，位于 YK119+150～YK119+400(右线桩号为准)路段,宋家山隧道进口的仰坡部位。斜坡地形较为陡峻,平均坡度为30°～35°,斜坡岩体主要由碧口群的变质板岩构成,中厚层状夹薄层状,层面平直,走向与坡面近于平行,陡倾坡内,倾角50°～70°,构成典型的陡倾切层岩体滑坡。除层面外,坡体中还发育一组NNW向,倾NEE,倾角30°～40°的顺坡节理以及另一组与之近于垂直的NE向陡倾节理。受两组节理切割,边坡岩体完整性差。边坡的变形破坏机制主要有两种类型:一种是浅表层的弯曲-倾倒,另一种是沿顺坡节理的滑塌破坏,前者起主要的控制作用。该坡体属于典型的陡倾切层岩石滑坡,加之顺坡裂隙发育,因此,在地质历史时期,边坡的浅表部一定范围发生了向坡外的倾倒变形。现场调查表明,坡体岩层倾倒的厚度在5～10m,冲沟部位残留体较薄,山脊部位较厚;倾倒岩体呈架空状态,并形成"叠瓦状",极易在洞口施工条件下产生累进性的崩塌或滑动,影响进洞施工的安全。

2.1.2　宝兰客运专线

宝(鸡)兰(州)客运专线位于规划的徐州至兰州客运专线的西段,是国家铁路"四纵四横"客运专线网的重要组成部分。宝(鸡)兰(州)客运专线由陕西省宝鸡南站引出,途经甘肃省天水市、秦安县、通渭县、定西市、榆中县后进入兰州盆地至终点兰州市,并接入兰州枢纽。沿线地貌单元为关中盆地区、南陇山与西秦岭北缘过渡带中山区、天礼盆地低山丘陵区、黄土高原沟壑、梁峁区及黄河河谷兰州盆地区,地形地貌复杂,地层、岩性多变,断裂构造较发育,且处于高地震烈度区。滑坡、崩塌、泥石流等不良地质极为发育,严重制约线路方案的比选工作。

线路正线建筑长度400.496km,其中陕西省境内 45.74km,甘肃省境内354.756km。全线正线隧道78座,总长272.080km,其中长度10km以上的隧道6座,总长74.427km,朱家山隧道为全线最长隧道,长度14.972km;全线正线桥梁105座,总长104.167km,社棠渭河特大桥为全线最长桥,长度11.387km。正线桥隧总长376.247km,占线路总长的93.95%,全线设车站7处,其中始发站1处、中间站6处,线路运营长度400.886km。

1. 沿线滑坡情况

山区高速铁路不可避免地会大量深挖、高填与修建大量的桥梁、隧道工程,工程复杂而艰巨,又因山区的地质作用一般较强烈,地层条件复杂,地质构造影响强烈。在这样的情况下,铁路客运专线修建中的开挖改变了天然山体的稳定条件,岩层的软弱结构面被切断而形成各种不利组合,开挖面在大气与水的作用下发生岩体强度的降低等,都会形成对开挖边坡稳定十分不利的因素,从而为滑坡发生奠定基础。

据统计，沿线规模较大、距线路较近的滑坡有 210 余处，主要以黄土滑坡最为典型，主要集中在宝鸡附近、胡店至柿树林段、葡萄园至通渭马营镇段和兰州南雷坛河一带的黄土梁峁沟壑区；东岔至伯阳段为渭河大断裂(F1-1)等构造引起的基岩滑坡。

(1) 宝鸡南至清姜河段线路，短隧道群横穿渭河盆地西部的黄土残塬沟壑区，沟谷两岸不良地质发育，主要有胡店溜坍体、窑村错落体、石坝河滑坡群等，分布的黄土滑坡、崩塌和错落堆积体线路均已绕避，对工程无影响(图 2-6)[3]。

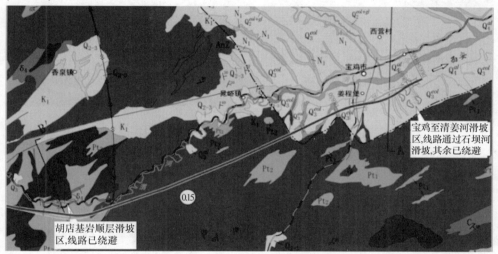

图 2-6　宝鸡南至清姜河段滑坡概况[3]

(2) 基岩滑坡主要分布于既有陇海线柿树林至元龙段渭河两岸，受渭河大断裂(F1-1)及凤阁岭-建河断层(F1-3)等断裂构造影响，渭河两岸岩体破碎，渭河北岸较南岸更为严重。由于形成历史久远，滑坡遭遇多期次滑动，分割为很多次级滑体，后期铁路开挖或其他人为活动使一些古滑坡遭遇复活，并诱发了一些新滑坡体。宝兰客运专线走行于渭河南岸的低中山区，多已绕避断裂构造及不良地质体(图 2-7)。

(3) 元龙至天水段为天礼盆地黄土覆盖的低山丘陵区，地层结构多为黄土覆盖第三系泥岩，且受渭河大断裂(F1-1)的影响，沟谷切割较深，泉水等地下水发育，第三系泥岩浸水软化后引起上覆黄土沿富水的软弱结构面滑动，因此该段滑坡规模较大、滑体厚且成群分布(图 2-8)。

(4) 天水至通渭县马营镇段主要为黄土下伏第三系泥岩风化层滑坡，为黄土高原沟壑、梁峁区，虽然黄土厚度不大，但下伏上第三系泥岩，浸水软化后引起上覆黄土沿软弱结构面滑动[4]，因此该段黄土沟谷切割不深，滑坡却很发育，具有明显继承性、广泛性和多期性，直接影响线路方案的选择(图 2-9)。

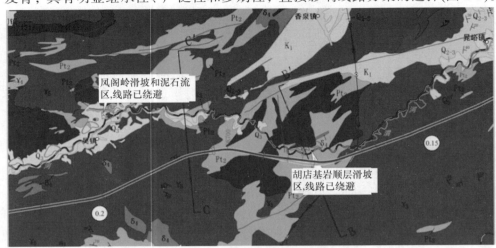

图 2-7　柿树林至元龙段滑坡概况[3]

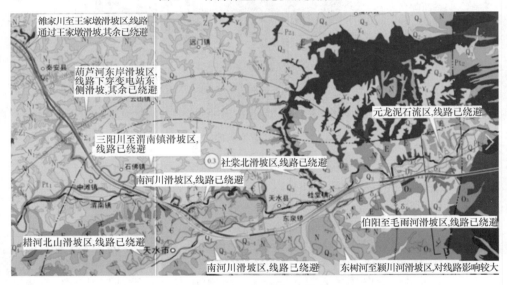

图 2-8　元龙至天水段滑坡概况[3]

2. 沿线隧道-滑坡分布概况

1) 耤河南岸隧道-滑坡区

耤河南岸黄土梁峁区滑坡发育，主要有九峪沟滑坡群、董家沟滑坡群、二十里铺滑坡群、高家湾滑坡群等 4 处滑坡密集区域[5]。滑坡与线路的关系见表 2-2。

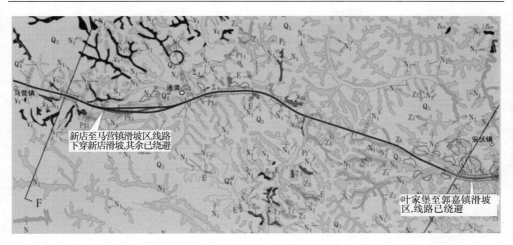

图 2-9　天水至通渭县马营镇段滑坡概况[3]

表 2-2　滑坡与线路关系

名称	滑坡规模及对线路影响
九峪沟滑坡群	由大中型和巨型黄土滑坡组成，距线路方案 500m 以外，对工程无影响
董家沟滑坡群	由两个巨型岩基滑坡及小型黄土滑坡组成，距线路方案 50～200m 以外，对工程无影响
二十里铺滑坡群	由二十里铺滑坡和罗家沟东侧滑坡组成 CK 方案，从二十里铺滑坡后缘以隧道通过，基本不受影响
高家湾滑坡群	由中型、大型黄土滑坡组成，线路 WCK 方案以隧道下穿，受滑坡影响

2) 耤河北岸隧道-滑坡区

天水北山南麓东侧从靳家庄开始，向西经阳坡里、邓家庄、肖家庄、孙家坪、县家河、阎家河、红旗山至周家山一带，黄土覆盖层滑坡和第三系参与的巨型滑坡非常发育，滑坡轴向长度从北山山脊至耤河岸边约 1.5km，宽度连绵 10km 左右，几乎无完整山梁可供选线利用，地质条件很差[5]。线路 CK 方案从地质条件稍好、滑坡边界相对较为清晰的县家河滑坡群下穿通过(图 2-10)。

图 2-10　渭河隧道耤河北山阎家河滑坡全貌

以渭河隧道为例介绍沿线滑坡具体分布形态，并说明各滑坡对隧道建设的影响程度。渭河隧道穿越耤河两岸黄土梁峁区，该段黄土滑坡较为发育，主要集中在二十里铺及耤河北山，现对各滑坡进行分区并详述其特征。

(1) 董家沟滑坡：位于隧道进口 DK770+840～+900 左侧 30～100m 之外的董家沟内。该滑坡为巨型黄土滑坡，滑坡主轴长 380～500m，宽 500～600m，厚度 30～50m。滑坡主轴平行线路滑向董家沟沟心。

(2) 二十里铺 1 号滑坡[6]：位于隧道洞身浅埋段(DK770+940～DK771+170)顶部。该滑坡为中型黄土滑坡，滑坡主轴长约 250m，宽约 240m，厚度 8～12m。隧道浅埋段洞身从滑坡中部通过，滑带土切隧道拱部，对洞身有一定影响，由于滑坡体上的黄土松散堆积，隧道拱顶距离地面不到 10m。

(3) 二十里铺 2 号滑坡[6]：位于隧道洞身浅埋段(DK771+750～DK771+915)顶部。该滑坡由两个小型黄土滑坡组成，相对并滑向沟心，滑坡主轴长约 250m，宽约 165m，厚度 8～12m。隧道浅埋段洞身从滑坡中上部通过，隧道拱部埋深于滑带土之下 30～35m，为高位滑坡，对隧道洞身无影响。

(4) 二十里铺 3 号滑坡[6]：位于隧道洞身浅埋段(DK772+320～DK772+480)顶部。该滑坡为中型高位黄土滑坡，滑坡主轴长约 230m，宽约 160m，滑体厚度 10～15m。隧道洞身穿越滑坡后缘，隧道拱部埋深于滑带土之下 20～25m，对隧道洞身无影响。

(5) 罗家沟沟口滑坡[6]：位于隧道浅埋段 DK772+580～DK772+700 左侧 35～80m 之外的董家沟内，对隧道洞身无影响。若采用明挖施工，建议对边坡进行挡护，避免因开挖断面大而危及滑坡。经地质调查，罗家沟内(上游)两岸滑坡发育，多为巨型黄土滑坡，因此罗家沟为轻微泥石流沟。若在 DK772+600～DK773+050 隧道浅埋段采用明挖施工，应避免雨季施工以减少可能发生泥石流的影响。

(6) 耤河北山滑坡群[6]：从耤河红旗山至渭河峡口延伸长度 9～10km 称为"耤河北山滑坡群"，主要包括水眼寨滑坡、阳坡里滑坡、邓家庄滑坡、肖家庄滑坡、孙家坪滑坡、县家河滑坡、阎家河滑坡、周家山滑坡及红旗山滑坡等。各滑坡主轴 1.5～1.8km 不等，滑体厚度 30～50m，局部可达 70m，均为多期、多次、巨厚深层滑坡。

其中，阎家河滑坡 DK776+000～DK776+420 段为滑坡前缘覆盖于耤河阶地上的滑坡堆积体，堆积体底面距离拱顶 5～10m 不等，对隧道洞身有一定影响；DK776+420～DK778+020 段为滑体，滑面距离隧道洞身埋深 50～280m 不等，对隧道工程影响较小。周家山滑坡 DK778+260～DK779+030 段为高位黄土滑坡，对隧道工程无影响；DK776+000～DK776+420 段滑坡堆积体距离隧道洞身 5～10m，且耤河阶地底部卵砾石土富含地下水，施工时应做好排水措施并及时衬砌，避免围岩变形对滑坡稳定性产生影响。

(7) 麻家坪滑坡群：位于秦麦隧道洞身 DK778+260～DK779+030 段顶部。滑坡体物质成分为黏质黄土，主轴长约 300m，宽约 180m，厚度 15～25m，隧道浅埋段洞身从滑坡后缘通过，隧道拱部埋深于滑带土之下 150～200m，为高位滑坡，对隧道洞身无影响。

(8) 刘家庄滑坡群：位于秦麦隧道洞身 DK779+500～DK780+050 段黄土梁两侧的支沟内，隧道洞身位于滑坡群后壁残留的黄土梁内，对隧道洞身无影响。由于黄土冲沟下切较深，沟谷两岸形成数个规模相对较小并滑向沟心的黄土滑坡，一般主轴长 50～100m，滑体厚度 10～20m，因此沟内不宜设置斜井的辅助设置，不建议作为隧道弃渣场地。

3) 南河川隧道-滑坡区

南河川隧道-滑坡区滑坡多为黄土沿基岩面形成的大中型和巨型滑坡。滑坡集中区域主要有麻家坪滑坡群、南河川渭河滑坡群、董家咀滑坡、樊家湾滑坡、刘家庄滑坡、王家滩南侧滑坡、导流山滑坡群、石崖隧道滑坡等。线路 CK 贯通方案以北山隧道从连续、稳定的山嘴穿出，避开了左右两侧的大型滑坡，工程地质条件相对较好。

4) 葫芦河左岸隧道-滑坡区

葫芦河左岸隧道-滑坡区主要有涧沟滑坡群、上龙池滑坡群、庙嘴沟滑坡群、黄家大沟滑坡群、郑川滑坡群等。滑坡与线路的关系如表 2-3 所示。

表 2-3　葫芦河左岸隧道-滑坡区规模及对线路影响

名称	滑坡区规模及对线路影响
涧沟滑坡群	由大中型和巨型黄土滑坡组成，距线路方案 120m 以外，对工程无影响
上龙池滑坡群	由大中型和巨型黄土滑坡组成，CK 方案隧道下穿滑坡，基本无影响
庙嘴沟滑坡群	由大中型和巨型黄土滑坡组成，CK 方案隧道在此下穿滑坡且埋深较大，基本不受影响
黄家大沟滑坡群	由中型、大型黄土滑坡组成，CK 方案隧道在此下穿滑坡且埋深较大，基本不受影响
郑川滑坡群	大中型黄土滑坡组成，其中变电所滑坡在隧道洞顶浅埋处，隧道出口穿越李家崖滑坡，对线路有一定影响

5) 雒家川-王家墩滑坡区

雒家川-王家墩滑坡区主要有葫芦河峡谷右岸滑坡群、雒家川-王家墩滑坡群等。滑坡与线路的关系如表 2-4 所示。

表 2-4   雒家川-王家墩滑坡区规模及对线路影响

名称	滑坡区规模及对线路影响
葫芦河峡谷右岸滑坡群	由大中型和巨型黄土滑坡组成，各方案均已经绕避，对工程基本无影响
雒家川-王家墩滑坡群	由雒家堡子、张家坡、王家墩等大型、巨型滑坡组成，尤其王家墩滑坡对工程影响较大，隧道在 CK811+480~CK813+560 通过滑坡体，其中 CK811+480~CK812+500 隧道路肩位于滑坡堆积体内，CK812+260~CK812+500 隧道路肩线距滑坡面 10~15m，CK812+500~CK812+600 隧道路肩线距滑坡面 15~40m，CK812+600~CK813+560 隧道路肩线距滑坡面大于 40m

6) 郭嘉隧道-滑坡

郭嘉隧道位于秦安县郭嘉镇西北。隧道起讫里程 IDK827+930~IDK833+065，隧道全长 5135m，为双线隧道，最大埋深 140m。

隧道 IDK828+190~IDK828+525、IDK828+570~IDK829+685、IDK828+900~IDK829+240、IDK830+650~IDK830+900 段顶部为滑坡体，滑坡体以黏质黄土为主，夹第三系泥岩残积物。其中，IDK828+190~IDK828+525 处滑坡主滑面距洞身约 5m，距隧道进口约 230m，距进口横洞约 40m。

7) 峡口隧道-滑坡

峡口隧道位于通渭县城附近。隧道起讫里程 DK861+192.4~DK863+280，全长 2087.6m，为双线隧道，最大埋深 160m。

隧道在 DK862+850~DK863+160 段洞身顶部发育滑坡体，滑坡体以砂质黄土为主，夹棕红色泥岩残积物。该滑坡为黄土沿基岩面滑动，滑体厚 5~15m，滑面距离拱顶为风化花岗岩，厚度约 1m，对隧道拱顶稳定性存在影响。该段施工时应短进尺、弱爆破，及时支护，衬砌紧跟，避免拱顶风化花岗岩坍塌影响顶部黄土滑坡的稳定性。隧道出口左侧 30m 处为滑坡体前缘，设计施工时应控制施工开挖范围，避免对滑坡体前缘的扰动，影响滑坡稳定状态。

2.2   隧道-滑坡体系的类型划分

由工程实例可知，滑坡与隧道的相对位置或滑坡体结构不同时，隧道变形特征与破坏方式存在较大的差异。一般来说，坡体结构是病害发生的基础，隧道与滑坡的空间位置关系控制病害的性质和规模，隧道与滑动面相对位置关系决定滑坡与隧道相互作用模式和变形特征。根据滑坡滑动方向与隧道轴线方向的夹角、隧道与滑面的相对位置、滑坡体的结构特征等主要影响因素对隧道-滑坡进行分类[1]。

(1) 根据滑面数，隧道-滑坡可分为单滑面和多滑面。

(2) 根据滑坡主滑方向和隧道轴线的夹角分类，隧道-滑坡体系可分为三种形式：①隧道-滑坡平行体系；②隧道-滑坡正交体系；③隧道-滑坡斜交体系。

(3) 由于隧道与滑面的相对位置决定了滑坡变形特征及隧道受力模式，并最终决定病害防治工程措施，因此根据隧道与滑面的相对位置，隧道-滑坡体系可分为与滑面相交、穿越滑体、位于滑体外三种类型。根据隧道与滑带的作用区域，每种类型又细分为隧道位于滑坡体主滑段、牵引段和抗滑段三种情况。

2.2.1　隧道-滑坡平行体系

隧道-滑坡平行体系指滑坡主滑方向平行或近似平行(–20°～20°)于隧道轴线[1]，如图 2-11 所示。隧道与滑面的相对位置有三种情况：一是隧道与滑面相交[图 2-11(a)]；二是隧道位于滑面以下[图 2-11(b)]；三是隧道从滑体两侧通过[图 2-11(c)]。其中，隧道与滑面相交[图 2-11(a)]同样有隧道穿越抗滑段、主滑段和牵引段三种情况。

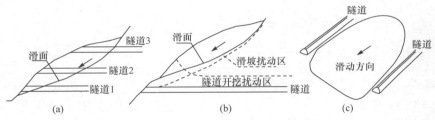

图 2-11　滑坡滑动方向与隧道轴线平行

2.2.2　隧道-滑坡正交体系

隧道-滑坡正交体系指滑坡主滑方向与隧道轴线方向垂直或近似垂直[1](70°～120°)。从平面上看，隧道-滑坡正交体系有隧道穿越滑体和隧道位于滑体外两种情况(图 2-12)。而隧道穿越滑坡平面时，根据滑坡的坡体结构特征分为单滑面、多滑面以及隧道从滑面下穿越等情况，同时还存在断面上隧道位于滑坡不同位置的各种情况，其受力变形模式均有区别，详述如下。

平面上隧道穿越滑坡时，根据滑坡的坡体结构特征分为单滑面和多滑面两种情形。单滑面时，根据隧道与滑面的相对位置可分为滑体内(Ⅱa)、与滑面相交(Ⅱb)和位于滑面以下(Ⅱc)三种情况；多滑面时，由于隧道受力和变形特征与单滑面相似，只是隧道受力大小与上下滑体滑动速度和滑坡扰动程度有关，因此将多滑面时看作一类(Ⅱd)。而隧道位于滑坡平面外时，根据隧道位置分为隧道位于滑坡后部(Ⅱe)和隧道位于滑坡前部(Ⅱf)两种情况。因此，总体上隧道-滑坡正交体系分为六种情况(图 2-13)。

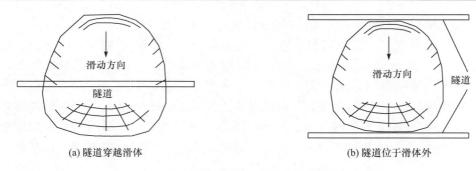

(a) 隧道穿越滑体　　　　　　　　　　　　　(b) 隧道位于滑体外

图 2-12　隧道-滑坡正交体系在平面上的两种情况

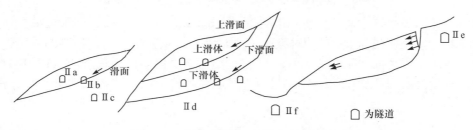

图 2-13　隧道-滑坡正交体系的六种情况

2.2.3　隧道-滑坡斜交体系

隧道-滑坡斜交体系指滑坡主滑方向与隧道轴线成一定角度(20°～70°)斜交(图 2-14)[1]。该体系下,一种可能的变形为隧道开挖扰动的滑体范围大,在滑体内形成较大的临空面,对滑坡稳定性影响较大。这种情况下(典型工程实例为重庆巫奉路孙家崖隧道进口大坪滑坡),隧道的变形特征非常复杂,应按空间问题考虑[1,6]。

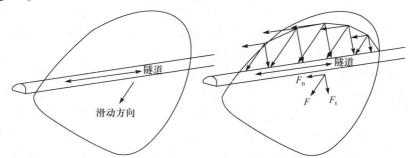

图 2-14　隧道-滑坡斜交体系

为了便于对比分析,将隧道-滑坡体系的分类及地质模型简化总结列于表 2-5中,其中地质模型的简化方法在后面详细说明。

表2-5　隧道-滑坡体系分类及地质模型简化[1-3]

类型	隧道与滑面相对位置图示		变形图示	隧道变形特征	实例
	平面	断面			
平行体系 I	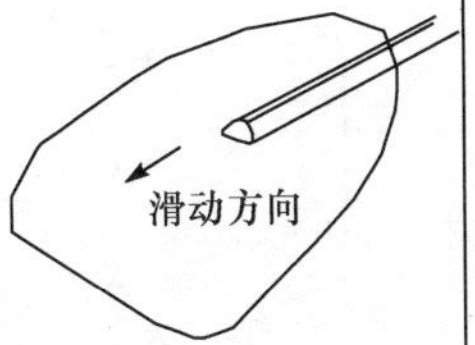 滑动方向 隧道与滑坡相交	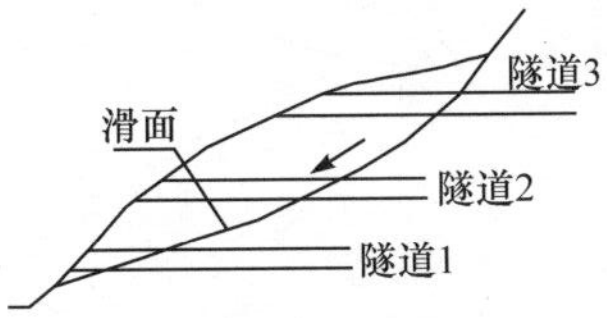 隧道3　隧道2　隧道1 滑面 I a 隧道与滑面相交	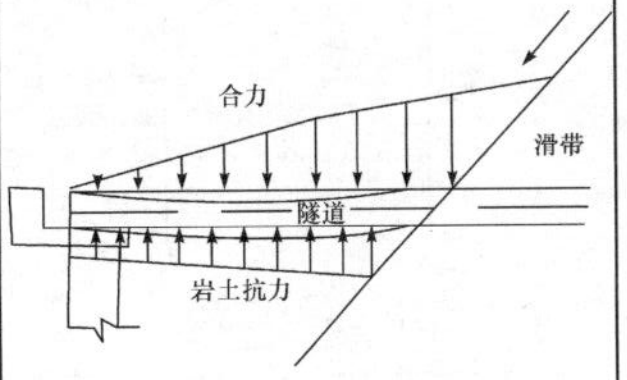 滑带　隧道　合力　岩土抗力 (a) 洞口刚性支撑 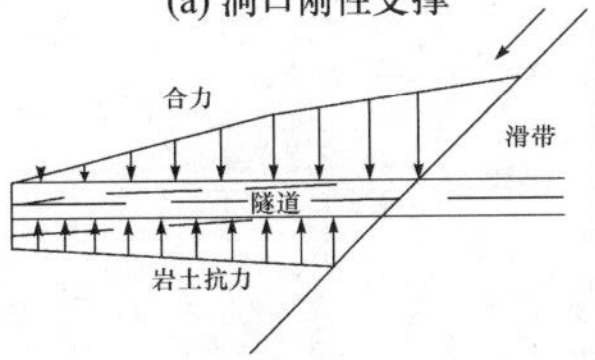 滑带　隧道　合力　岩土抗力 (b) 洞口无支撑	隧道顶部产生弯张裂缝,纵向剪切裂缝,环形横向裂缝。靠近剪切面处,隧道弯曲变形、剪切变形,剪切变形和轴向拉伸变形最大,导致隧道在此处发生错动,形成剪切错台	宝兰客运专线洪亮营隧道、甘肃武罐高速圆台子隧道、阳坡里隧道、洛塘南隧道、山西和临高速常家山隧道、陕西西汉高速秦岭3号隧道等
		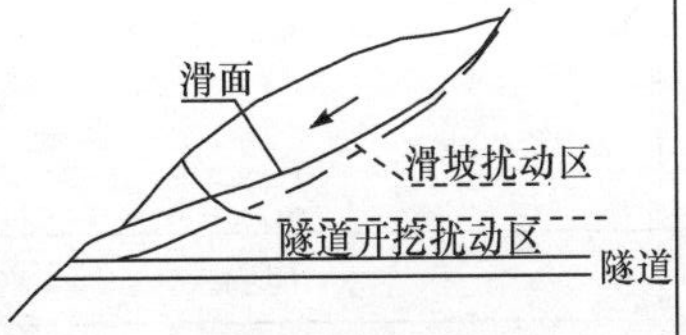 滑面 滑坡扰动区 隧道开挖扰动区　隧道 I b 隧道位于滑面以下	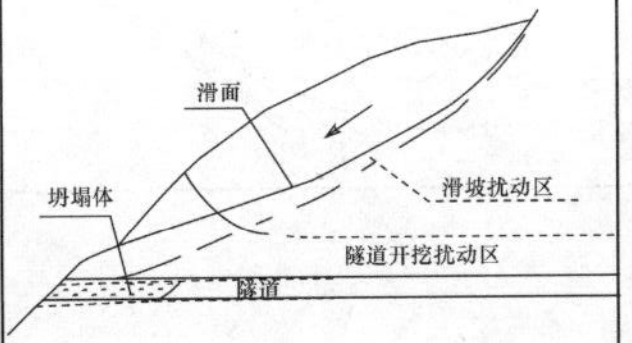 滑面　滑坡扰动区 隧道开挖扰动区 崩塌体	拱顶变形破坏为主,拱部常发生压溃性开裂变形,并出现错台现象,洞口断裂缝宽度大,延伸长,越靠近洞口段变形越严重,可能发生塌方冒顶等事故	宝兰武峡口隧道、甘肃武罐高速郭嘉山隧道

续表

类型	隧道与滑面相对位置图示		变形图示	隧道变形特征	实例
	平面	断面			
平行体系 I	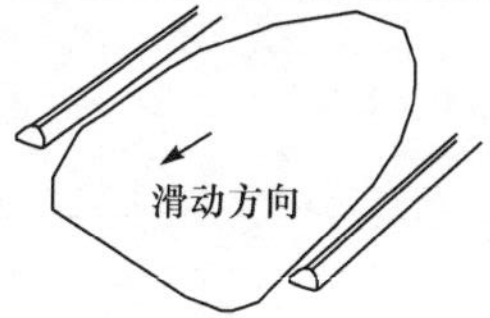 滑动方向　隧道 隧道位于滑体两侧	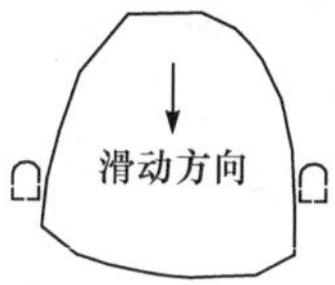 滑动方向 Ic 隧道位于滑体两侧	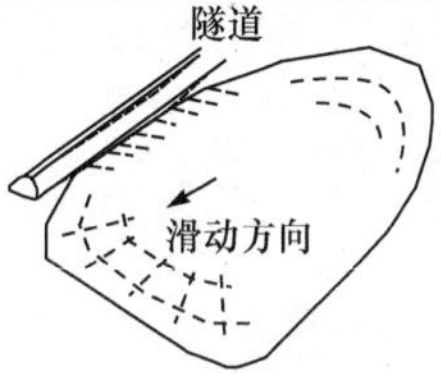 隧道　滑动方向	隧道靠近滑坡一侧可能受到扰动压力产生横向裂缝	甘肃武罐高速强家湾隧道
正交体系 II	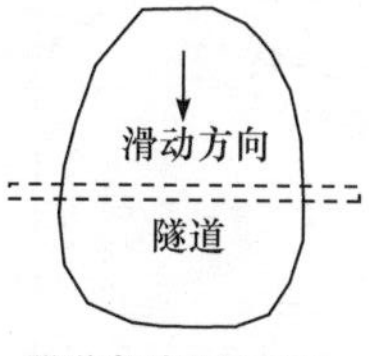 滑动方向 隧道 隧道穿过滑坡平面	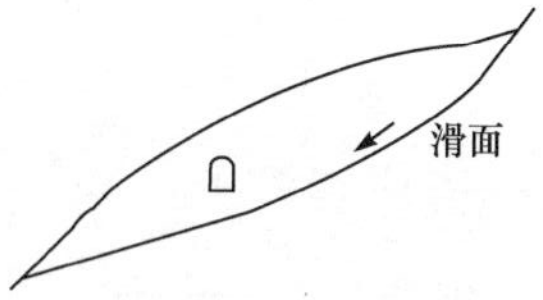 滑面 IIa 隧道位于滑体内	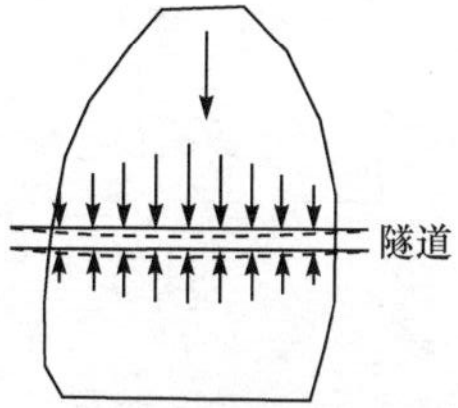 隧道	纵向弯曲和整体外移为主,时有升降,局部位置整体错合,多横裂、少纵裂,伸缩缝出现相互错动。当隧道位于抗滑段时对滑坡最为不利	成昆线林场隧,成渝线狗磨隧,襄渝线新飞仙关隧道等,湾隧道、宝成线
		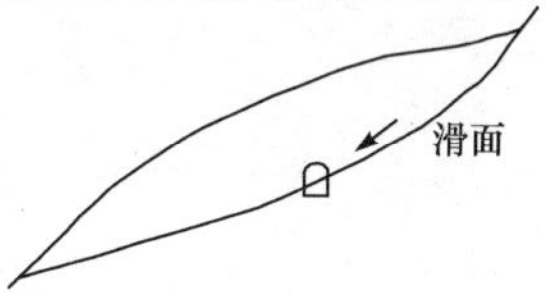 滑面 IIb 隧道与滑面相交	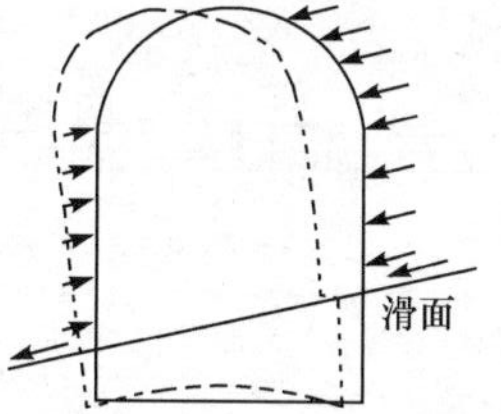 滑面	衬砌以纵向开裂为主,边墙或拱顶出现错斜。山侧边墙倾斜,河侧严重。当隧道位于抗滑段时对滑坡最为不利,衬砌开裂较	襄渝线柴家坡隧道,南昆线平中2号隧道,贵昆线,成昆线毛头马1号隧道,小冲隧道,进口段等

续表

类型	隧道与滑面相对位置图示		变形图示	隧道变形特征	实例
	平面	断面			
正交体系 II	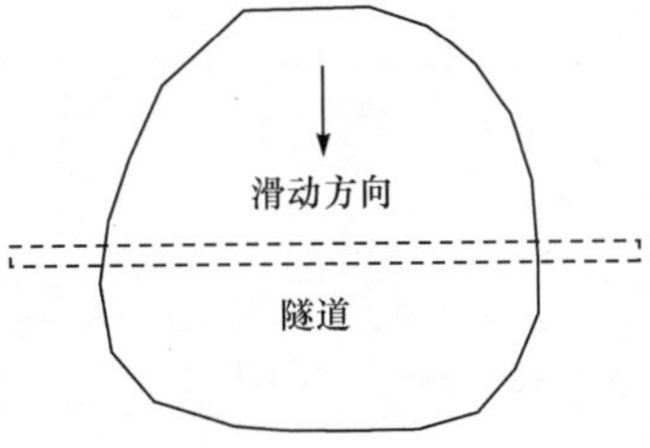 滑动方向　隧道　隧道穿过滑坡平面	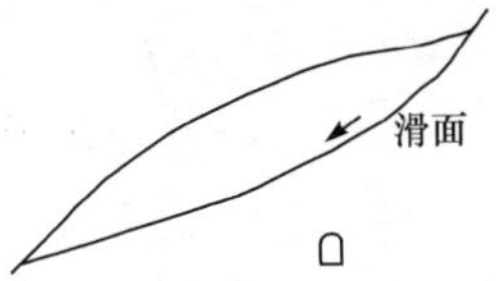 滑面　口　II c 隧道位于滑面以下		拱顶变形破坏为主，拱部常发生纵向开裂变形，并出现错台，通常裂缝宽度大延伸长，严重时发生塌方	宝兰客运专线郭家隧道、宝中线堡子梁隧道、宝成线新明月峡隧道等
		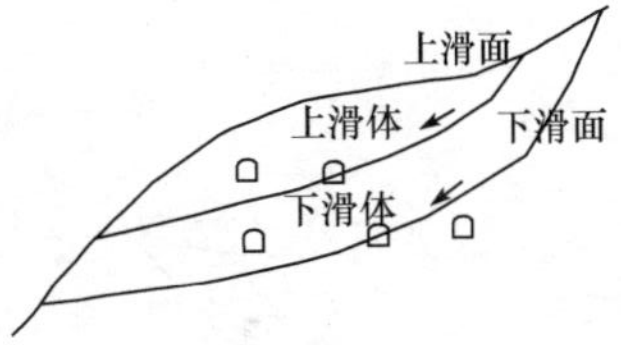 上滑面　下滑面　上滑体　下滑体　口　II d 多滑面	与单滑面情况类似，当下滑体滑动剧烈时，滑坡推力较大，破坏情况可能比单滑面情况更为严重。隧道变形特征也主要表现在两方面：一是隧道衬砌自身变形；二是隧道整体位移和纵向弯曲变形		重庆万梁高速于垭隧道、巫奉孙家庄隧道、襄渝二线旗杆沟隧道等

续表

类型	隧道与滑面相对位置图示		变形图示	隧道变形特征	实例
	平面	断面			
正交体系Ⅱ	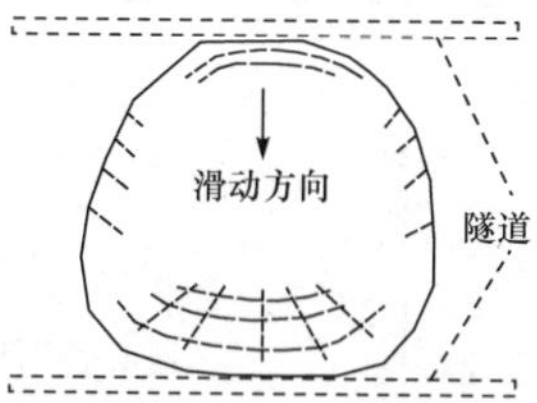 隧道在滑坡平面外	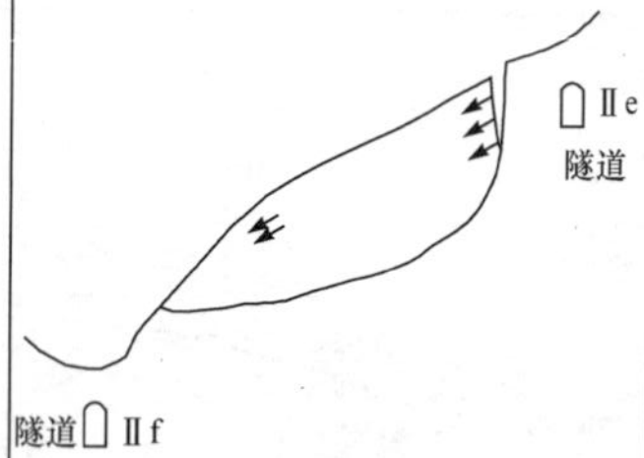 从滑坡前后通过	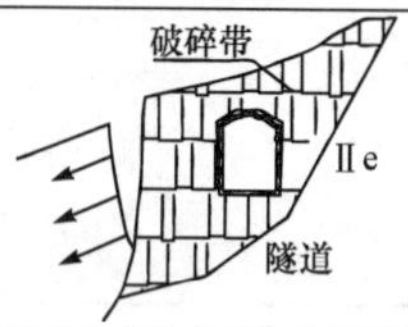	纵向拉张裂缝或微小纵弯和外移	重庆云万路袁家垭隧道、包家梁滑坡、云南元磨高速三公箐隧道等
			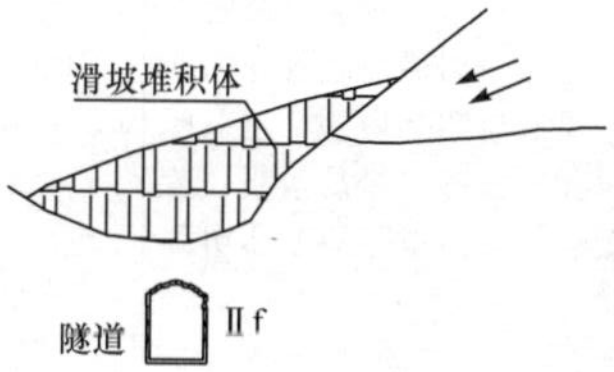	当隧道离滑坡前缘较近，开挖将会使滑坡前缘受到扰动；当隧道在滑坡堆积体的影响范围内，滑坡堆积体相当于增大隧道埋深，岩土压力增大而出现压屈，如果隧道本身埋深较浅，滑坡下滑时的冲击力不可忽视	
斜交体系Ⅲ	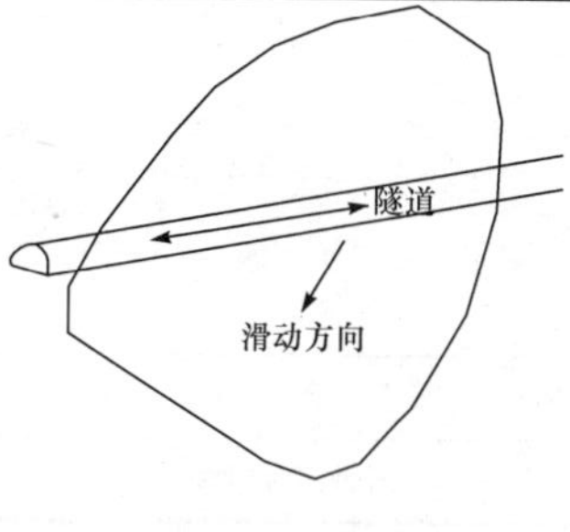 隧道轴线与主滑方向斜交		该体系下，一种可能的变形为隧道开挖扰动的滑体范围大，在滑体内形成较大的临空面，对滑坡稳定性影响较大，隧道的变形特征非常复杂，应按空间问题考虑。总的来说，隧道产生弯曲变形、轴向的拉压变形、剪切变形，可将滑坡推力分解为沿隧道轴线和垂直于隧道轴线，隧道的变形特征为这两者引起的变形叠加。还有一种情况是隧道开挖后形成了新的临空面，坡体变形可能垂直于隧道，而偏离了原滑坡的滑动方向		宝兰客运专线渭河隧道、秦安隧道、郭嘉隧道进口、甘肃武罐路楼房山隧道、马桑坝隧道、重庆万梁路金竹林隧道、奉溪路大坪滑坡等

2.3 隧道-滑坡平行体系地质模型

2.3.1 隧道与单滑面相交(Ⅰa)

1. 典型工程实例分析

当隧道与滑面相交时，主要承受滑坡推力和围岩压力。该类型的典型工程实例有武罐高速公路圆台子隧道-滑坡、阳坡里隧道-滑坡。

1) 武罐高速公路圆台子隧道-滑坡模型[1]

武罐高速公路圆台子隧道南端出口位于老滑坡堆积层中，洞口开挖易造成滑坡体局部失稳、塌滑。2010 年 10 月 1 日右线进洞，由于洞口段多为松散碎石土，施工进度缓慢，施工方分别采用开挖后立即素喷、缩小循环进尺和快速成环等多种方法，较为有效地解决了隧道施工中局部频繁坍塌的问题。但是，隧道的开挖仍造成了仰坡、钢拱架表层混凝土喷层和山体表面多处开裂，10 月 16 日 1 号深孔位移监测孔附近产生多条微裂缝，随后均发展扩大。11 月 2 日至 6 日，山体后部 3 号监测孔附近产生弧形裂缝，宽度由 1cm 扩展为 5cm，可见深度 40cm，总长约 15m，与此同时 2 号深孔位移监测孔内 PVC 管在距地表 11m 处被剪断(图 2-15)。隧道左、右洞开挖过程中均发现老滑坡的滑动带，擦痕明显。

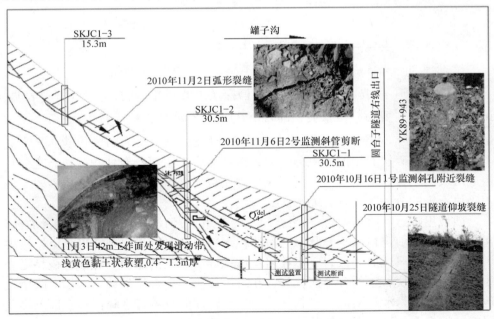

图 2-15　圆台子隧道右线出口变形特征断面图

2) 武罐高速公路阳坡里隧道-滑坡模型[1]

阳坡里隧道位于洛塘河右岸(图 2-16),从北向南穿越山体。隧道右线起讫桩号 YK91+350~YK92+294.5,长 706.3m,最大埋深 192.6m;左线起讫桩号 ZK91+382~ZK92+302,长 696.38m,最大埋深 138.5m。隧道武都端采用端墙式洞门、罐子沟端采用削竹式洞门。经勘测论证,阳坡里隧道罐子沟端纵穿滑坡体,滑坡体宽 240m,长 300m 左右。

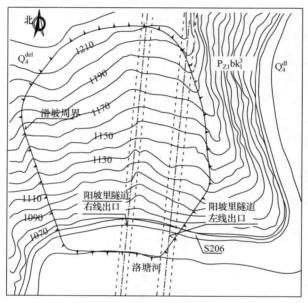

图 2-16   阳坡里隧道工程地质平面图(单位:m)

阳坡里隧道-滑坡地质钻探、调绘、槽探及声波测井、物探等勘探资料表明:该段滑坡地层主要为第四系坡积碎石土(Q_4^{dl})、滑坡堆积块碎石土(Q_4^{del})、下古生界碧口群变质砂岩、砂质板岩($P_{Z1}bk_1^3$)。滑坡后壁主要为弱风化砂质板岩夹千枚岩与坡积碎块石土的北侧分界面;滑坡体中部主要分布坡积碎块石土层,构成滑坡的主体;滑动带大致沿弱风化砂质板岩夹千枚岩、前缘变质砂岩与坡积碎块石土的分界面发育,如图 2-17 所示。

阳坡里隧道-滑坡体前缘在洛塘河水的作用下,河沟侧向冲刷、切割滑坡体,在滑坡体前缘剪出口呈临空状态,滑体在水平向和竖向均出现变形。由于滑坡后壁主要为弱风化砂质板岩夹千枚岩与坡积碎块石土的北侧分界面,极易沿变质砂岩与坡积块石土的分界面拉裂,在滑坡体后缘出现拉裂缝,再加上降雨及地表水等入渗,滑动面进一步软化,导致滑动面的抗剪强度降低。在以上多重因素的综合作用下,滑坡体整体可能剪切滑移失稳。

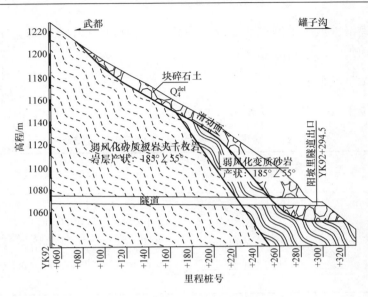

图 2-17　阳坡里隧道-滑坡地质剖面

2. 地质模型分析

隧道与单滑面相交地质模型见表 2-6。

表 2-6　隧道与单滑面相交(Ⅰa)工程地质模型

地质模型	模型示意图	隧道结构变形特征
简化分析	滑面　隧道3　隧道2　隧道1	隧道顶部产生弯张裂缝,纵向产生剪切裂缝,横向产生环形裂缝。靠近滑面处,隧道弯曲变形、剪切变形和轴向拉伸变形最大,导致隧道在此处发生错动,形成剪切错台

2.3.2　单滑面隧道位于滑面以下(Ⅰb)

1. 典型工程实例分析

该类型的典型工程实例为武罐高速郭嘉山隧道-滑坡。线路左、右线分离,洞室间距约 30m,左线隧道长 4255m,右线隧道长 4260m。其基岩为反倾层状,上覆一定厚度松散堆积体,滑床为千枚岩、变质板岩等,主要破坏模式是松散堆积体沿下伏基岩顶面产生滑动。隧道的开挖和滑坡滑动都会扰动周围岩土,当隧道距离滑坡底部的厚度小于安全距离时，隧道产生塌方冒顶，而滑坡则可能产生滑动。

2. 地质模型分析

隧道位于滑面以下地质模型见表2-7。

表 2-7　隧道位于滑面以下(Ⅰb)工程地质模型

地质模型	模型示意图	隧道结构变形特征
简化分析	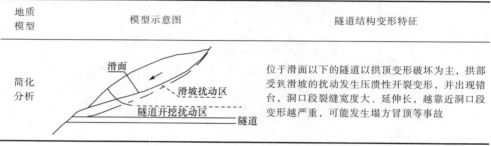	位于滑面以下的隧道以拱顶变形破坏为主，拱部受到滑坡的扰动发生压溃性开裂变形，并出现错台，洞口段裂缝宽度大、延伸长，越靠近洞口段变形越严重，可能发生塌方冒顶等事故

2.3.3　单滑面隧道从滑体两侧穿越(Ⅰc)

该类型的典型工程实例为武罐高速公路强家湾隧道-滑坡。如果隧道埋深较浅，隧道开挖扰动滑坡侧界岩土时就存在滑坡侧界扩大的可能。由于滑坡两侧滑体厚度较小，岩土强度也较主滑段高，隧道开挖会扰动坡体，但影响范围有限，所以滑坡对隧道的影响相对较小，除产生局部坍塌之外一般不会引起滑坡整体滑动。隧道靠近滑坡一侧可能出现横向张裂缝，延伸和裂缝宽度一般不会太大，对隧道或滑坡加固处理就可以通过。

1. 典型工程实例分析

武罐高速公路强家湾隧道-滑坡如图 2-18 所示[1]。该隧道罐子沟端洞口段岩性主要为砂质板岩夹千枚岩，岩体破碎，多见有顺层向裂缝，宽 0.1～0.3m，充填碎石及泥土。2010 年雨季连续降雨造成左线出口左侧山体古滑坡复活，塌方体堆积至洞口明洞段，阻断 S206 线交通，并造成暗洞段已施作的初期支护局部变形及洞口衬砌台车损坏。

图 2-18　武罐高速公路强家湾隧道-滑坡全貌

2. 地质模型分析

隧道从滑坡两侧穿越地质模型见表 2-8。

表 2-8　隧道从滑坡两侧穿越(Ⅰc)工程地质模型

地质模型	模型示意图	隧道结构变形特征
简化分析	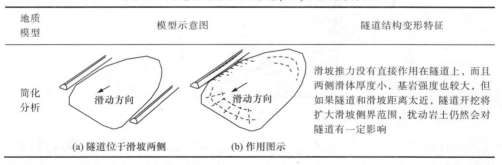　(a) 隧道位于滑坡两侧　　　(b) 作用图示	滑坡推力没有直接作用在隧道上，而且两侧滑体厚度小，基岩强度也较大，但如果隧道和滑坡距离太近，隧道开挖将扩大滑坡侧界范围，扰动岩土仍然会对隧道有一定影响

2.4　隧道-滑坡正交体系地质模型

2.4.1　单滑面隧道位于滑体内(Ⅱa)

1. 典型工程实例分析

当隧道位于滑体内时，主要承受滑坡推力和围岩压力。该类型的典型工程实例有成昆线林场隧道-滑坡[7]。

成昆线林场隧道位于青杠与沙坝之间，于 1967 年建成通车。勘察时发现铁路通过段为一古滑坡，如图 2-19 所示。

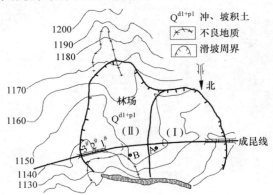

图 2-19　林场滑坡平面图(单位：m)

A、B 为平面图测点；1#、2#、3# 为裂缝编号

1967 年至 1991 年间坡体保持稳定，无滑动趋势，隧道安全运营，其地质断面如图 2-20 所示。

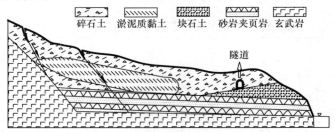

图 2-20　林场隧道-滑坡地质断面图

1991 年 7～9 月，该地区发生大规模的降雨，总降雨量达到 1100 多毫米。长时间的持续降雨导致滑坡区大量雨水汇聚，前部坡体在雨水的长期浸泡作用下饱和软化，致使主滑体失去东南支撑脚而整体滑动。同时，滑带上部为破碎昔格达组岩体，下部为坚硬的玄武岩，强降雨使滑带岩土体饱和产生静水压力，导致主滑体加速蠕滑。滑坡中部的林场隧道承受滑坡推力作用发生变形破坏，隧道内壁边墙受力产生 20 余条环向裂缝。隧道受不对称推力作用发生整体移动，连接缝不规则错动，隧道沿轴向纵向弯曲严重，进出口整体向河侧位移 200 余毫米，边墙错台部分下沉。2 个月后，滑坡变形趋于稳定，隧道破坏停止。其变形特征见图 2-21。

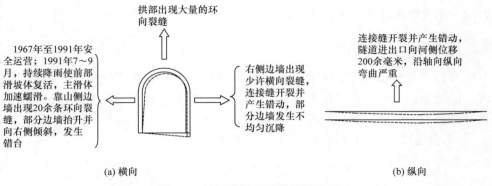

图 2-21 林场隧道变形特征示意图

2. 地质模型分析

由隧道的变形特征可知，位于滑坡体内的隧道拱部、边墙裂缝发展规律一致。通过归纳、总结、分析，将位于滑坡体内的隧道-滑坡工程实例简化为相应的工程地质模型。由于隧道和滑坡坡体的接触面是立体的，因此从隧道横向和纵向分别进行分析，结果见表 2-9。

表 2-9 隧道位于滑体内(Ⅱa)工程地质模型

地质模型	模型示意图	拱部结构变形分析	边墙结构变形分析	隧道结构变形特征
横向	滑面 □	隧道拱部均出现了环向裂缝，模型中靠山侧部分压溃破坏，混凝土压碎掉块，说明拱部除受纵向弯曲的影响外，其上荷载也不断增大，尤其是靠山侧受力比河侧大，导致靠山侧衬砌压碎破坏。同时隧道与滑面的距离和滑面的倾角对拱部的变形影响较大	山侧边墙均出现大量的环向裂缝且向上延伸至拱部，说明其受到了较大的滑坡推力作用。林场模型中山侧边墙发生倾斜并伴有抬升和错台，说明犹如薄壁箱梁的隧道，在推力作用下向河侧弯曲和移动，导致山侧边墙向河侧倾斜，产生不规则抬升和错台。这一现象也出现在狗磨湾模型中。河侧边墙在林场模型中出现了少量的环向裂缝，由于河侧滑坡体已经滑动对其围岩压力减小，导致隧道河侧无支撑，加大了隧道的弯曲变形，使环向裂缝扩展	在隧道纵向上均出现了弯曲变形，隧道整体向河侧移动，山侧边墙出现横向张裂缝，并随隧道移动。说明滑坡体内的隧道在线路轴向上，可作为梁式结构在其纵向上承受滑坡推力。由于滑坡主轴附近滑坡位移、推力一般也较大，所以隧道中部变形大，弯曲弧度也较大。纵向弯曲和整体外移为主，时有升降，局部位置整体错台。多横裂，少纵裂，伸缩缝出现相互错动。当隧道位于抗滑段时对滑坡最为不利
纵向	弯曲和拉伸 剪切 剪切			

2.4.2　单滑面隧道与滑面相交(Ⅱb)

1. 典型工程实例分析

当隧道与滑面相交时，相交面上会出现应力集中，从而使隧道产生剪切破坏。该类型的典型工程实例有贵昆线小冲隧道-滑坡、成昆线东荣河隧道-滑坡、西汉高速良心隧道-滑坡模型。

1) 贵昆线小冲隧道-滑坡模型(图 2-22)[7]

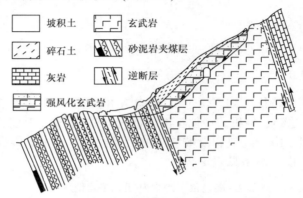

图 2-22　贵昆线小冲隧道-滑坡示意图

小冲模型位于贵昆线茨冲与滥坝区间，隧道全长 321m，1990 年 4 月隧道左侧(170m 左右)下方扩建茨冲煤矿，形成深度 60 余米、延伸 200m 的临空面。1991 年 4 月山坡及农舍出现开裂变形，共有 7 条裂缝，呈反倾叠瓦状。这种变形是陡倾反倾软硬相间岩层产生类似于悬臂板梁的弯曲变形，形成层间剪切变形。随着坡体下部地表开裂，隧道山侧边墙下部出现裂缝。7 月 13 日暴雨后，坡体裂缝贯通，隧道左侧 53m 处出现拉张裂缝，水平位移 1~2cm，下错 2~9cm，部分裂缝走向平行线路。1991 年 7~10 月由于持续降雨，地表水沿裂缝灌入坡体软化滑带，加剧了玄武岩严重风化带岩土的蠕滑，使隧道裂缝扩大、破坏，边墙折断、下沉，拱部压碎掉块，挤裂错台，且靠山侧破坏更为严重，隧道变形特征如图 2-23 所示。

2) 成昆线东荣河隧道-滑坡模型[7]

成昆线东荣河 1 号隧道位于阿寨与白果区间，线路穿行于普雄与石棉区域断裂带内，坡体由破碎状侏罗系白果湾组砂岩、粉砂岩、炭质泥岩组成，如图 2-24 和图 2-25 所示。

老隧道变形分为三个阶段：

第一阶段：开挖阶段——围岩松弛阶段(1966~1969 年)。老隧道全长

652.36m，1966 年 6 月开工，采用上导坑先拱后墙法开挖，进口段洞身 50～57m 和 544～652m 系通过第四系堆积层，无胶结，采用先灌浆后开挖，但山体压力大，支撑木变形，进口段、中间段、出口段均出现支撑木折断、拱部变形、塌方等事故，隧道竣工后仍发现 8 条衬砌大于 2mm 的裂缝，最长达 18.0m，宽 4mm。

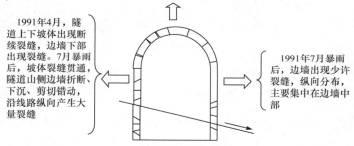

图 2-23　小冲模型隧道变形特征图

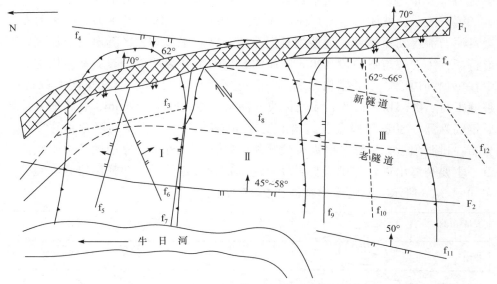

图 2-24　成昆线东荣河 1 号隧道-滑坡平面图

F_i 为主断层；f_i 为次级断层

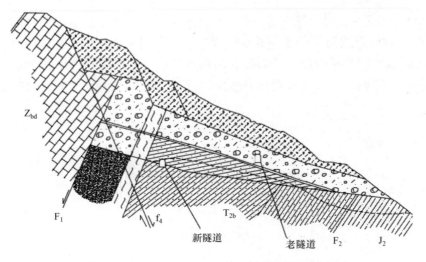

图 2-25 成昆线东荣河 1 号隧道-滑坡进口断面图

F_i 为主断层；f_i 为次级断层；Z_{bd} 为震旦系上统；T_{2b} 为三叠系中统；J_2 为侏罗系中统

第二阶段：坡体应力调整阶段(1969～1991 年)。隧道开挖后，首先引起围岩压力释放，岩体结构松弛，但其松动范围还未达到引起坡体整体失稳，坡体中应力重分布。这一阶段是平稳过渡期，隧道未出现新的变形。

第三阶段：坡体挤压变形阶段(1991～1995 年)。1991 年 8 月，牛日河左岸爆发泥石流将河道堵塞，迫使牛日河改道冲刷右岸坡脚，老隧道变形加剧，变形特征：①在隧道进口段 190m 长度内衬砌变形开裂严重，裂缝和掉块主要集中在拱顶和边墙。②顺拱顶轴线方向裂缝断续延伸 150m，裂缝宽度 1～5mm。裂缝平行，拱部挤压破碎，多处掉块并涌水。掉块厚度达 0.5m，有的地方掉块后钢筋裸露。③进口段左右边墙上发现 30 多条裂缝，大多与隧道轴线平行，分布在拱脚附近，裂缝多呈锯齿状开裂，宽度 5～28mm，靠山侧的边墙破损严重。主要裂缝出现在与拱脚交界处，沿隧道轴线延伸，且向河侧错开。裂缝分布如图 2-26 所示，隧道变形特征如 2-27 所示。

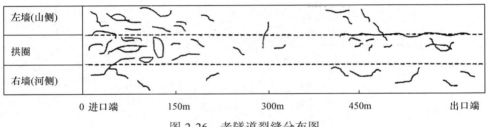

图 2-26 老隧道裂缝分布图

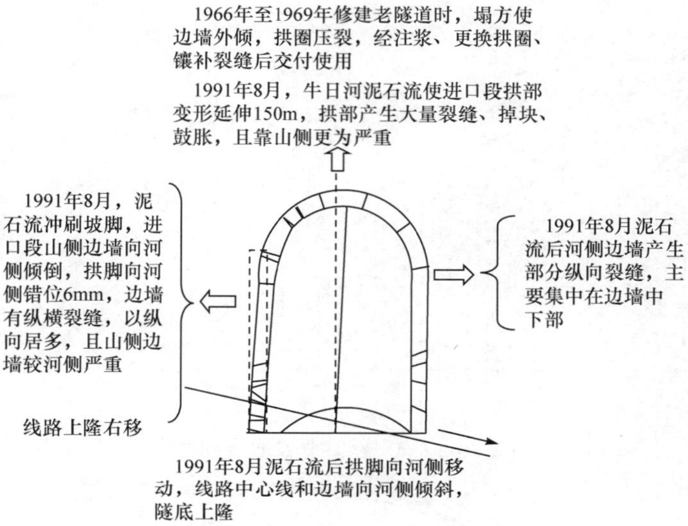

1966年至1969年修建老隧道时，塌方使边墙外倾，拱圈压裂，经注浆、更换拱圈、镶补裂缝后交付使用
1991年8月，牛日河泥石流使进口段拱部变形延伸150m，拱部产生大量裂缝、掉块、鼓胀，且靠山侧更为严重
1991年8月，泥石流冲刷坡脚，进口段山侧边墙向河侧倾倒，拱脚向河侧错位6mm，边墙有纵横裂缝，以纵向居多，且山侧边墙较河侧严重
1991年8月泥石流后河侧边墙产生部分纵向裂缝，主要集中在边墙中下部
线路上隆右移
1991年8月泥石流后拱脚向河侧移动，线路中心线和边墙向河侧倾斜，隧底上隆

图 2-27　东荣河模型隧道变形特征图

3) 西汉高速良心隧道-滑坡模型[8]

西汉高速公路良心特长隧道(长 3580m)位于陕西省洋县北东侧秦岭低中山向汉中盆地东北侧边缘丘陵地带过渡段的低山区，山坡前陡后缓，山顶与沟底相对高差约 200m，右拱腰与山坡垂直距离 9.02～26.30m，垂直埋深 13.47～33.74m，隧道位于山坡卸荷带之内，右洞隧道与滑面位置及实测变形结果如图 2-28～图 2-30 所示。

良心隧道左洞出口
高桥沟大桥
Pt_1
Q_4^{edl}
B
80°
γ
K161
改线后左洞
原设计左洞
右洞
Q_4^{del}
Q_4^{apl}
Q_4^{me}
反　压　回　填　边　界　线
Q_4 第四系全新统
Pt_1 下元古界
Q_4^{me} 人工填土
Q_4^{del} 滑坡堆积
Q_4^{edl} 残坡积
Q_4^{apl} 冲洪积
γ 混合花岗岩
56° 逆断层及产状
滑坡
蠕动变形区
地表裂缝
不良地质界线
A　A 地质断面及编号

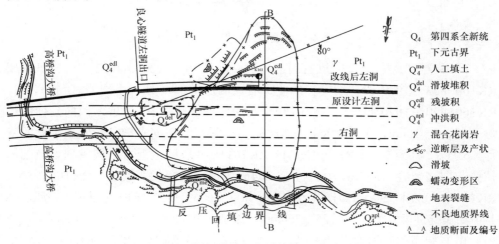

图 2-28　良心隧道西安端工程地质平面图

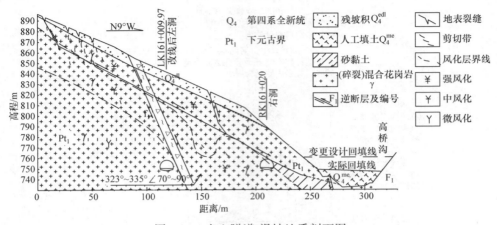

图 2-29　良心隧道-滑坡地质剖面图

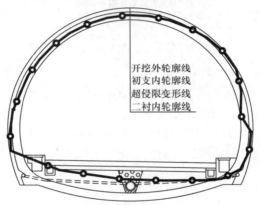

图 2-30　右洞隧道变形放大示意图

　　2003 年 12 月 1 日完成右洞进口边、仰坡开挖。2004 年 2 月 25 日发现 RK160+853～+929 段初期支护的左、右边墙及拱部 3 处产生裂缝。4 月 29 日 RK160+920～+970 洞顶偏左侧山坡地表发育一条长约 50m、近东西向延伸的弧形裂缝，宽 10cm，下错 12cm，据此初步推断右洞初期支护已经发生了大的变形。5 月 22 日至 23 日 RK160+870～RK161+070 段隧道上方山坡发现大范围的拉张与剪切裂缝，RK161+020 左侧 204m 为最后一条拉张裂缝，RK160+950～RK161+010 左侧 90～151m 与 RK161+000～-060 左侧 151～189m 为拉张、羽状剪切裂缝密集分布带，宽 25～760mm，深 180～470mm，下错 70～160mm。

　　由右洞实测隧道变形结果(图 2-30)可知：隧道 RK160+870～RK161+070 长 210m 的初期支护已经发生了严重的超侵限变形。拱部左起拱线偏上 20°至右拱腰中线偏左 15°范围，向右向下变形严重侵限；右起拱线上下 1.2～3.1m 范围抵抗隧道向右旋转，导致初期支护向内严重鼓胀，发生最为严重的挤压剪切变形侵限；RK160+950～+973、RK161+014.5～+015.5 与 RK161+057.8～+058.3 三处右起拱线分别出现环向挤压掉块，左起拱线偏下与右拱腰中线变形侵限轻微，超限量较大，后者以超限为主。

2. 地质模型分析

隧道与滑面相交地质模型见表 2-10。

表 2-10　隧道与单滑面相交(Ⅱb)工程地质模型

地质模型	模型示意图	隧道结构变形分析	隧道结构变形特征
简化分析		由三个模型变形特征知，隧道拱部衬砌均有压溃破坏，混凝土压碎掉块，且靠山侧较河侧严重；与滑面相交的靠山侧边墙产生大量的纵向裂缝，甚至错台；河侧边墙产生少许纵向裂缝。说明当隧道与滑面相交时，隧道主要承受滑坡推力、围岩压力和滑体抗力，隧道像埋入坡体内的空心薄壁箱体，因隧道边墙抗剪截面积较小，在隧道与滑面交界处很容易发生剪切破坏。同时隧道受到偏压作用，隧道衬砌断面的弯矩也就不会对称，靠山侧明显大于河侧。这时推力作用一侧的滑面以上边墙和拱部弯曲最大，破坏先从这些部位开始，而且滑面附近的衬砌受剪力作用会比普通偏压隧道大很多，这种作用下隧道衬砌会有纵向的剪切裂缝甚至错台。隧道靠山侧在偏压作用下整体向另一侧倾斜，导致河侧边墙承受较大的滑体抗力，产生裂缝	衬砌以纵向开裂为主，边墙或拱顶出现错台。山侧边墙倾斜，衬砌开裂较河侧严重。当隧道位于抗滑段时对滑坡最为不利

2.4.3　单滑面隧道位于滑面以下(Ⅱc)

当隧道位于滑面以下时，其拱部受到滑坡推力的影响最大，隧道的破坏首先从这里开始。该类型的典型工程实例为宝中线堡子梁隧道-滑坡。由隧道病害特征知下穿滑坡隧道的变形具有一定的规律，拱部、边墙裂缝发展规律一致。本着"忽略次要影响因素，抓主要影响因素"的原则，将位于滑面以下的隧道-滑坡工程实例简化为相应工程地质模型。

1. 典型工程实例分析

堡子梁隧道-滑坡剖面图如图 2-31 所示[9]。

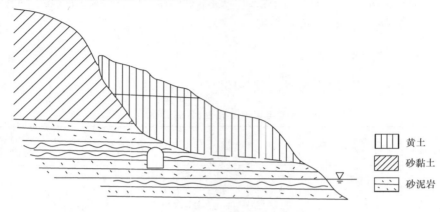

黄土

砂黏土

砂泥岩

图 2-31　堡子梁隧道-滑坡剖面图

宝中线堡子梁隧道位于宝中线冯家山至千阳车站中间，冯家山水库西岸。隧道全长 1904m，埋深 65～120m，工程地质围岩为 I～Ⅱ类。DK34+180～+650段隧道从堡子梁古滑坡后缘下部一段岩层中穿过，其中隧道洞顶距古滑坡的滑面最近只有 10m。隧道上为一古滑坡(堡子梁滑坡)，长约 580m，宽约 700m，呈圈椅形。滑坡后壁高 15～25m，滑坡体上有两条较大的 V 形冲沟，下切深

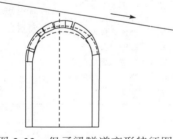

图 2-32　堡子梁隧道变形特征图

10～20m，整个滑坡除后部坡面稍平整外，其余均呈沟梁相间的自然横坡，前缘坡较陡。

1991 年 6 月在 DK34+622～DK34+636 两侧拱腰首先发现裂缝，缝宽 1mm，3 日后缝宽达 4～5mm，出现错台，此后虽经不断加固，但裂缝一直延长，以至达破坏状态。1992 年隧道主体完工，5 月发现隧道顶部地表开裂，拱部衬砌在 DK34+170～+680 段不同程度纵向开裂变形，

裂缝宽度 50～150mm，错台为 50～150mm。隧道变形特征如图 2-32 所示。

2. 地质模型分析

隧道位于滑面以下工程地质模型见表 2-11。

表 2-11　隧道位于滑面以下(Ⅱc)工程地质模型

地质模型	模型示意图	隧道结构变形分析	隧道结构变形特征
简化分析	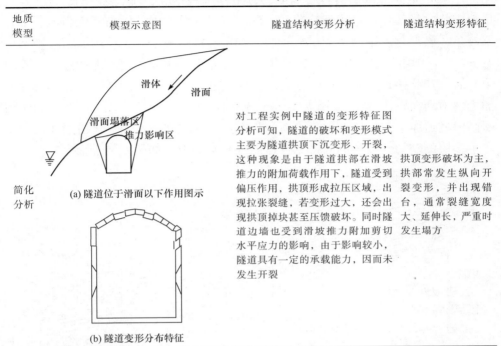 (a) 隧道位于滑面以下作用图示 (b) 隧道变形分布特征	对工程实例中隧道的变形特征图分析可知，隧道的破坏和变形模式主要为隧道拱顶下沉变形、开裂，这种现象是由于隧道拱部在滑坡推力的附加荷载作用下，隧道受到偏压作用，拱顶形成拉压区域，出现拉张裂缝，若变形过大，还会出现拱顶掉块甚至压馈破坏。同时隧道边墙也受到滑坡推力附加剪切水平应力的影响，由于影响较小，隧道具有一定的承载能力，因而未发生开裂	拱顶变形破坏为主，拱部常发生纵向开裂变形，并出现错台，通常裂缝宽度大、延伸长，严重时发生塌方

2.4.4　多滑面隧道位于滑坡体内(Ⅱd)

当滑坡有多层滑面(Ⅱd)时，隧道受力和破坏情况与单滑面相似，但由于上下滑体滑动速度和不同深度时滑坡坡体结构有所差异，隧道在滑坡中不同位置的受力和变形情况有一定区别。该类型的典型工程实例为重庆万梁高速公路亭子垭隧道-滑坡、襄渝线旗杆沟隧道-滑坡。隧道的受力基本上可以按照单滑面考虑，但应注意上下滑体滑速和坡体结构对不同位置处隧道-滑坡推力和扰动压力的影响。

1) 重庆万梁高速公路亭子垭隧道-滑坡模型[1]

重庆万梁高速公路亭子垭隧道进口坡体病害位于重庆市梁平区孙家乡境内，是万梁高速公路的最高点。2003 年 4 月，已贯通和衬砌完毕的隧道自进口长约 70m 的范围内再次产生变形，原有裂缝在填补后又一次出现了开裂、错台等现象。另外，在隧道底板新出现数条贯通的、垂直路线的放射状剪切裂缝。这些变形迹象显示隧道承受了来自山侧较大的山体压力，整体已处于不稳定状态，变形有加剧的趋势。从滑坡与隧道轴线近于垂直的工程地质剖面分析，

NE40°～50°走向的沟槽内岩层基本上为泥岩、砂岩互层，而泥岩一般风化强烈，接近土状，局部含水量达到软塑状；砂岩相对完整，岩层倾角接近当地稳定岩层倾角，已泥化的层间错动带分三层，浅层埋深为 9～11m，中层埋深为 18～21m，主要作用于右线隧道；深层埋深 30m 左右，主要作用于左线隧道，其倾角与岩层产状接近，倾角 13°左右。当隧道进入暗挖后，同样由于岩体破碎，加之隧道埋深较浅(洞口段仅为 5～15m)，开挖扰动不仅产生塌方冒顶，同时切断倾向隧道净空的岩体，形成了新的临空面，使得隧道左侧坡体沿层间错动带产生多层的蠕动，坡体侧向挤压隧道以致衬砌开裂，如图 2-33 所示。

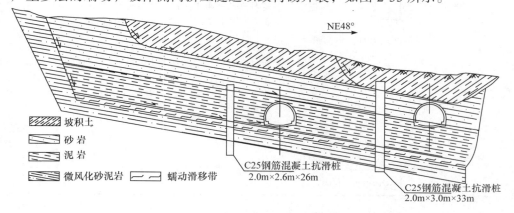

图 2-33　重庆万梁高速亭子垭隧道-滑坡地质剖面图

2) 襄渝线旗杆沟隧道-滑坡模型[10]

襄渝线旗杆沟隧道 1971 年开工建设，1972 年完工，位于石庙沟至月河区间，长 523m，起讫竣工里程为 K328+056～K328+579.2，对应运营里程为 K321+477～K322+000。由于滑坡的变形，建线初期隧道产生了一系列的变形破坏，严重影响了施工安全，对滑坡做了多排桩综合治理，但隧道变形时有发生。

2006 年修建襄渝二线，加剧了横穿滑坡体的老襄渝线的变形，其中滑坡东块的变形使得襄渝线旗杆沟隧道产生了一系列的破坏。老滑坡平面形态为"倒葫芦状"，滑坡侧界比较明显，略呈圈椅状外貌，滑坡出口位于汉江江边附近，滑坡中后部村庄附近可见一较大的滑坡平台，宽约 80m。滑坡体上地形较缓，自然坡度总体为 15°～25°，滑坡体总体为前陡后缓，滑坡前部局部自然坡度达 35°，后缘最缓处仅 5°左右。滑坡主滑方向为 S5°E，主滑方向与隧道轴线成 71°夹角，隧道从滑坡的中前部通过影响铁路线路里程为 K321+920.6～K322+093.7，其中 K321+909～K322+000 为隧道段，K322+000～+176 为挖方路段，如图 2-34 和图 2-35 所示。

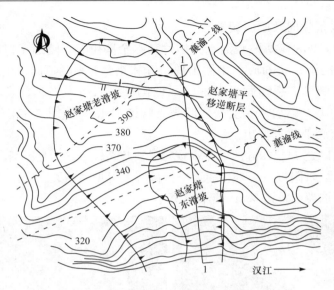

图 2-34　襄渝线旗杆沟隧道-滑坡平面图

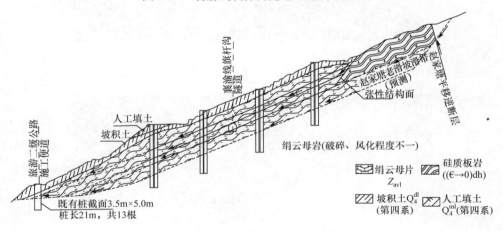

图 2-35　襄渝线旗杆沟隧道-滑坡 1-1 剖面图

　　旗杆沟隧道修建后不久，出口段 60～70m 范围就出现拱顶掉块、边墙拉裂变形、移位等现象，1973 年检查发现出口段铺底多处出现明显裂缝，1974 年检查发现出口段 60m 范围内右边墙侵限 26cm，隧道中线右移 14cm，1976 年换拱后基本稳定。2002 年初重新出现裂缝，隧道衬砌掉块、拉裂变形现象重新出现，并伴随渗漏水病害。2006 年 7 月二线隧道施工以后病害发展明显加快，K321+920.6～K322+000 的隧道路段，距离出口处 79m 内隧道变形最为严重，拱部及边墙纵向或横向开裂、拱部掉块、渗漏水严重、水沟断裂，隧道出口右侧翼墙出现数条竖向及倾斜裂缝。

　　2007 年、2008 年所贴观测水泥贴片基本全部拉裂，隧道出口以外 51m 处盖板涵涵身损裂[图 2-36(a)]，山侧出现裂缝和错台，距隧道出口处 53～60m 拱部与边墙已经错断，裂缝最宽达 20cm，西侧外移 5cm 左右，裂缝以 S5°E 走向贯通至左侧边墙，路肩水沟受挤压断裂，隧道渗水严重(图 2-37)，变形迹象说明滑坡在隧道底部附近剪出。

　　距隧道出口处 74～79m 两处漏水较明显，开裂较小，为赵家塘东滑坡的东侧界和旗杆沟断层带附近。另外，隧道出口仰坡上可见多条裂缝[图 2-36(b)]，裂缝宽度不一，局部裂缝宽达 4cm，延伸较短。

(a) K322+051处盖板涵已开裂　　　　　　(b) 隧道仰坡裂缝

图 2-36　盖板涵开裂及仰坡裂缝现场图片

(a) 拱顶开裂　　　　　　　　　　(b) 渗水

图 2-37　隧道内拱顶开裂、渗水现场图片

2.5　隧道-滑坡斜交体系地质模型

1. 典型工程实例分析

　　隧道-滑坡斜交体系指滑坡主滑方向与隧道轴线方向成一定角度(20°～70°)斜交[1]。总体来说，隧道产生弯曲变形、轴线方向的拉压变形、剪切变形，滑坡

推力可分解为沿隧道轴线方向和垂直于隧道轴线方向。还有一种情况是隧道开挖后形成了新的临空面，坡体变形可能垂直于隧道，而偏离了原滑坡的滑动方向。典型工程实例为重庆巫奉路孙家崖隧道-大坪滑坡、精伊霍铁路小喀拉萨伊隧道-滑坡、共玉公路鄂拉山隧道-滑坡。

1) 重庆巫奉路孙家崖隧道-大坪滑坡模型[1]

重庆奉节至巫溪高速公路 E1 合同段大坪滑坡位于重庆市奉节县境内，滑坡处线路以隧道形式从其中前部与滑动方向呈 45°斜交通过。大坪滑坡分为前、后两级，前级分为东、西两块，整个滑坡宽约 365m，垂直线路长约 480m，滑坡滑动对隧道影响较大，其中左线隧道基本位于滑坡体内，至大里程部分地段滑动面位于隧道拱顶；右线隧道基本位于滑动面附近，至大里程段埋深较深，滑坡对隧道影响逐渐减小，如图 2-38 所示。

图 2-38 孙家崖隧道-大坪滑坡全貌图

孙家崖隧道进口左线开挖完成 225m，右线已经穿越滑坡体。孙家崖隧道进口段施工进度严重滞后，主要原因是隧道洞身在大坪滑坡滑动面附近穿过，使得隧道向梅溪河方向偏压严重。在开挖过程中不断出现掉石、掉块现象，尤其在 2011 年重庆地区暴雨影响下，地表出现多处裂纹，隧道出现整体下沉，严重制约施工工期和结构安全。监控量测数据显示，孙家崖隧道左线进口连续 10 天日沉降量达 10mm，最大沉降累计达到 140mm。同时大坪滑坡在三峡库区蓄水位达到 175m 后，隧道顶部埋设的滑坡测斜孔出现异常变化，滑动面的累计位移已经达到 60mm，加剧了滑坡变形，如图 2-39 所示。

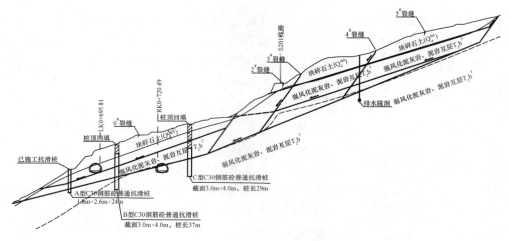

图 2-39 孙家崖隧道-大坪滑坡剖面图

孙家崖隧道左洞变形情况(图 2-40)：2011 年 4 月 8 日至 10 日，重庆奉节地区再降大雨，三峡库区进入汛期，水位由 175m 下降到 153m，直接导致地面多处开裂，省道路面下陷，滑坡发生位移，并导致 LK0+808～LK0+860 段初期支护严重变形，尤其右侧边墙出现突变，侵入二次衬砌 20～30cm；隧道右洞变形情况：2011 年 4 月 8 日至 10 日，RK0+780～RK0+810 段初期支护严重变形，RK0+816～RK0+840 段二次衬砌出现多条裂缝。

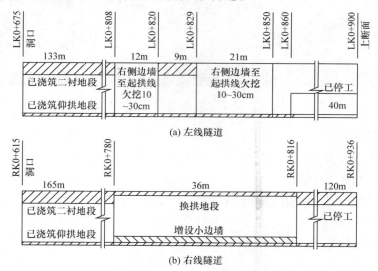

图 2-40 孙家崖隧道施工情况示意图(未施工二衬区段为变形严重区段)

2) 共玉公路鄂拉山隧道-滑坡模型[11]

鄂拉山隧道为左右幅分离式隧道，隧道中心线相距 45m。滑坡位于鄂拉山南坡坡脚，共和至玉树公路鄂拉山隧道出口段鼻状山梁部位，距国道 214 线的直线距离约 500m(图 2-41)。隧道在出口段左线已开挖 75m，里程为 ZK305+560～+635，右线开挖 85m，里程为 K305+465～+550。出口段位于 SE50°走向的鼻状山梁下，隧道走向和山梁走向斜交 50°。进洞约 40m 时，隧道仰坡出现滑塌变形，随后仰坡放缓。目前隧道仰坡上为高 40 多米的高边坡，滑坡体地形为一山梁，左侧冲沟较为宽缓，右侧冲沟狭窄。滑坡体天然坡度为 20°～40°，前部较陡，后部较缓。滑坡体地层为第四系覆盖层主要为残坡积碎石土，厚 0.8～3.0m；下伏基岩为强风化三叠系安山岩夹粉泥质板岩，强风化厚度大于 38m，如图 2-42 所示。

图 2-41　共玉公路鄂拉山隧道-滑坡全貌图

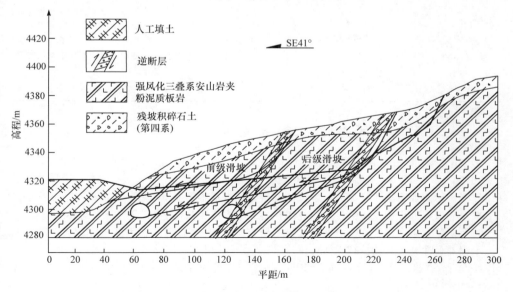

图 2-42　共玉公路鄂拉山隧道-滑坡断面图

　　仰坡处理完毕，隧道进洞 80m 后，山体出现开裂变形，首先在左右洞顶地表出现环状裂缝，然后逐渐向后牵引发展。目前形成三条环状裂缝，最远裂缝距离隧道右线中心约 115m。特别是在 2012 年 3 月 25 日查看时，鼻状山梁与主山体交界处仅在交界山脊处有轻微裂缝，但在 4 月 10 日查看时，交界处裂缝呈贯通状，存在整体滑移的可能性。滑坡宽 130m，长约 200m，滑体厚度 10～40m，平均厚度 35m，体积为 $6×10^5 m^3$ 左右。滑坡滑动方向为 SE50°，基本为山梁走向，与隧道走向大角度相交。目前坡面地表裂缝发育，主要受鼻状山梁地形的影响，滑坡滑动后向两侧坡脚裂缝延伸，尤其是在隧道左右线上部，每隔 5～6m 就有裂缝分布，如图 2-42 所示。

　　2. 隧道轴线与滑坡主滑方向斜交模型分析

　　隧道轴线与滑坡主滑方向斜交模型见表 2-12。

表 2-12　隧道轴线与主滑方向斜交(Ⅲ)工程地质模型

地质模型	模型示意图	隧道结构变形分析
简化分析	隧道轴线与主滑方向斜交	一种可能的变形为隧道开挖扰动滑体的范围大，在滑体内形成较大的临空面，对滑坡稳定性影响较大，隧道的变形特征非常复杂，应按空间问题考虑。总体来说，隧道产生弯曲变形、轴向的拉压变形、剪切变形，可将滑坡推力分解为沿隧道轴线方向和垂直于隧道轴线方向，隧道的变形特征为这两者引起的变形叠加。还有一种情况是隧道开挖后形成了新的临空面，坡体变形可能垂直于隧道，而偏离了原滑坡的滑动方向

参 考 文 献

[1] 吴红刚. 隧道-滑坡体系的变形机理及控制技术研究[D]. 北京: 中国铁道科学研究院, 2012.

[2] 甘肃长达路业有限责任公司, 中铁西北科学研究院有限公司, 等. 武罐高速公路典型滑坡对隧道危害机制及防治技术研究[R]. 兰州: 中铁西北科学院有限公司, 2013.

[3] 兰新铁路甘肃有限公司, 中铁西北科学研究院有限公司, 等. 长大隧道穿越大型滑坡的工程安全性分析与监控技术研究[R]. 兰州: 中铁西北科学院有限公司, 2015.

[4] 郭俊奇. 高速铁路在黄土高原沟壑区绕避滑坡方案分析[J]. 铁道工程学报, 2014, 58(04): 36-40, 80.

[5] 单留毅. 宝(鸡)兰(州)客运专线天水至定西段不良地质地段选线[J]. 铁道勘察, 2010,

36(03): 53-56.

[6] 陈小云. 隧道横向下穿滑坡的受力机制及安全距离研究[D]. 北京: 中国铁道科学研究院, 2017.

[7] 铁道部科学研究院西北分院. 坡体病害地段隧道变形机理及其防治技术[R]. 兰州: 铁道部科学研究院西北分院, 1998.

[8] 刘天哲, 李红卫, 王宇. 坡体病害地段的隧道变形机理分析[C]. 全国土力学及岩土工程工程学会议, 兰州, 2011.

[9] 赵金. 隧道-滑坡体系受力模式与变形机理研究[D]. 兰州: 兰州交通大学, 2019.

[10] 杜升涛. 抗滑桩在隧道-滑坡正交体系下的加固技术研究[D]. 北京: 中国铁道科学研究院, 2014.

[11] 中铁西北科学研究院有限公司. 青海省共和至玉树公路鄂拉山隧道出口滑坡治理工程勘察设计报告[R]. 兰州: 中铁西北科学院有限公司, 2012.

第 3 章　隧道-滑坡体系的变形机理

隧道-滑坡作为一个体系，其内部是相互作用、相互影响的关系。根据滑坡滑动与隧道变形的先后顺序分为两种情况，一种是老滑坡和潜在滑坡在隧道开挖修建时产生变形；另一种是在运营期间，不良地质斜坡在自然因素和人为因素的作用下形成滑坡并作用于隧道，导致隧道出现病害。本章基于工程地质综合分析原理和点安全系数法，对隧道-滑坡体系的变形机理进行阐述[1]。

3.1　工程地质综合分析原理

3.1.1　工程地质综合分析法

隧道所在山体存在老滑坡或不良地质体(松散堆积体、岩层顺倾)，隧道外侧岩体单薄而受到偏压，开挖或平整场地引起仰坡变形，坡体病害的蠕动都可能引起隧道衬砌开裂。根据长期的调查研究，坡体病害蠕动引起的隧道衬砌开裂具有周期性变形特征，其循环规律如下：开挖隧道—围岩松弛(塌方、冒顶)—牵引坡体蠕动滑移(衬砌应力增大)—隧道开裂(衬砌应力释放)—隧道加固—坡体继续蠕动滑移(衬砌应力积聚)—隧道开裂(衬砌应力释放)[2]。必须充分认识变形特点，才能正确地决策，保证隧道长期的稳定性：

(1) 隧道轴向与坡体蠕动滑移方向垂直或大角度相交。当隧道横穿老滑坡、错落、松散破碎的岩土体或顺倾层状斜坡等不良地质体时，隧道进出口由于埋深浅，开挖后一方面产生仰坡变形破坏，另一方面进洞后岩体破碎，开挖后扰动范围大，隧道净空相当于形成了新的临空面，必然使病害体蠕动滑移而作用于隧道衬砌，产生隧道收敛、拱脚下沉、衬砌开裂等现象。这些变形与隧道受到围岩荷载产生的变形并不相同，而是与隧道受偏压产生的变形类似，且更为严重。

(2) 隧道轴向与坡体蠕动滑移方向平行或小角度相交。隧道纵穿老病害体时，开挖仰坡和进洞必然削弱坡体抗力，引起病害体的整体或局部复活。一般斜坡表面开裂变形，拱顶、拱脚和边墙不均匀下沉，且滑面附近变形剧烈。

3.1.2　基于地质综合分析原理的隧道-滑坡体系变形机理分析

隧道-滑坡的变形机理较为复杂，影响因素众多，既要考虑隧道变形与坡体病害的关系,也要说明其作用模式,难以单一进行表述。通过大量的工程案例,以坡体病害性质、坡体变形(位移)特征、隧道所处坡体的位置以及导致坡体蠕滑的主要原因为依据,坡体病害地段的隧道-滑坡变形可分为:①外界因素(采矿、河流冲刷、人工开挖等)导致的隧道-滑坡变形;②开挖坡体削弱支撑导致的浅埋偏压地段隧道变形;③特殊岩土地段因开挖隧道,地下水汇集引起围岩软化导致的坡体、隧道应力调整变形;④围岩长期流变、强度衰减导致的高山、峡谷深埋隧道变形。综合坡体蠕滑与隧道变形的地质条件、围岩性质、坡体与隧道作用关系,将坡体病害地段隧道的变形模式进行概化,其结果见表 3-1。

表 3-1　隧道-滑坡作用变形模式[2]

变形模式		典型图式	变形特征及原因
外界因素导致的隧道-滑坡变形	河流冲刷坡脚引起的变形		① 建线时隧道位于稳定土体中,由于河流冲刷堤岸,使隧道外侧老病害体复活,范围进一步扩大; ② 坡体变形以河岸坍塌为主; ③ 隧道变形位置在平面上与滑坡范围吻合; ④ 地表水下渗,使坡体岩土强度衰减
	采矿引起的变形		① 隧道位于潜在滑动的不良坡体上; ② 采煤引起采空区岩体蠕动松弛,进而向后发展,导致潜在病害体滑动; ③ 隧道变形速率与采矿密切相关; ④ 坡体由局部变形转化为整体滑动
	开挖隧道引起的自身变形		① 隧道位于病害体后部,坡体变形具有推动式性质; ② 滑坡后缘裂缝随着隧道开挖的延伸而延长; ③ 隧道以拱部压溃、侵入限界为特征

类型模式	典型图式	变形特征及原因
开挖坡体削弱支撑导致的浅埋偏压地段隧道变形		① 隧道外侧山体较薄，且通过隧道净空有一组软弱结构面，坡体具有潜在变形的坡体结构条件； ② 设计时未考虑偏压，或施工中塌方未做处理，逐步演化为坡体变形； ③ 施工时仅有塌方，隧道仅局部开裂变形，运营数十年后开始变形； ④ 围岩多为变质岩
特殊岩土地段扩能改造引起的新老隧道变形		① 既有隧道位于破碎松散老病害体中； ② 新隧道位于既有隧道山侧时，坡体变形以推动式为主； ③ 无论新老隧道，山侧隧道变形都较河侧严重
隧道围岩长期流变引起的变形		① 隧道位于老病害体中，围岩破碎，多为变质岩，且有软弱夹层，病害体厚度大，隧道埋深大； ② 隧道围岩长期流变使围岩压力发生变化，导致衬砌缓慢变形开裂，具有一定的周期性； ③ 坡体变形迹象不明显，无长大贯通的裂缝

1. 河流冲刷坡脚引起变形的作用机理(林场隧道-滑坡模式)

1) 隧道-滑坡变形特征

成昆线林场隧道位于青杠与沙坝之间，建成初期铁路通过段已经形成一古滑坡。1991 年 7～9 月，该地区发生大规模的降雨，部分时段雨量达到 110 多毫米。由于长时间的持续降雨导致滑坡区大量雨水汇聚，前部坡体在雨水的长期浸泡作用下饱和软化，致使主滑体失去东南支撑脚而整体滑动。同时，滑带上部为破碎昔格达组岩体，下部为坚硬的玄武岩，强降雨使滑带岩土体饱和产生静水压力，导致主滑体加速蠕滑。滑坡中部的林场隧道承受滑坡推力作用发生变形破坏，隧道内壁边墙受力产生 20 余条环向裂缝。隧道受不对称推力作用发生整体移动，连接缝不规则错动，隧道沿轴线纵向弯曲严重，进出口整体向河侧位移 200 余毫米，边墙错台部分下沉。2 个月后，滑坡变形趋于稳定，隧道破坏停止。

此次古滑坡复活范围基本与建线初期圈定范围一致，但滑带已向深部发展，深度达昔格达组砂页岩以下、玄武岩顶面，厚达 43m。而原建线时判定古滑带位于堆积层以下、砂页岩顶面，滑体厚约 32m。由线路向安宁河位移的差异性、隧道变形的特征以及坡体表面的裂缝走向、性质等分析，此次复活古滑坡可分为两块，第一块位于隧道进口至冲沟端，其西侧界始于隧道进口约 28m，东侧界至林场 1 号大桥 4 号墩，滑动方向指向正北；第二块为滑坡的主体，滑动方向 N12°E 左右。

2) 林场滑坡的滑动过程

林场滑坡位于安宁河右岸，处该河水顶冲部位，洪水期常产生坍塌，滑坡前部已形成高 15~20m 的峭壁。据初步估计，与建线初期比较，河道已向隧道方向侧蚀 3~5m，因此河流冲刷是林场古滑坡复活的长期不利因素。

3) 林场工程地质主要特征

(1) 滑坡地层。主要分为三组：①第四系坡洪积碎石土夹淤泥质黏土。②第三系(N)昔格达组半成岩水平状的砂岩、页岩互层，向河倾 2°~7°，略呈一宽缓向斜构造，轴向平行于主滑体滑动方向(N12°E)。昔格达组岩质软弱，遇水易崩解、泥化。③二迭系晚期的峨眉山玄武岩，环抱昔格达组地层，且形成坡体的稳定基座。

(2) 坡体结构特征。林场坡体具有典型的坚硬基座式水平层状坡体结构，岩性的软硬程度和不同岩性的接触面是控制坡体变形的基本控制面。

(3) 水文地质条件。滑坡区地下水丰富，且具有越往前缘越少、越往西侧洼地越多的特点，地下水埋深 8~16m，地下水受季节变化影响极为明显，一次降雨后水位上涨 0.3~1.8m。

(4) 滑坡变形特征。从滑坡分块和变形先后次序分析，由于西侧洼地地下水丰富，且多系淤泥质黏土和碎石，1991 年强降雨使该部分岩土体饱和软化，使Ⅰ号滑坡体(图 2-19)复活，随后主滑体因失去东南支撑脚而整体滑动。

主滑体(Ⅱ号滑坡体)后部地下水丰富、滑带倾角陡，强降雨使后部岩土大部分饱水并产生静水压力，导致岩土蠕动，进而产生水平推力，使昔格达组岩体沿玄武岩顶面滑动。

4) 作用机理

林场滑坡是长期河流冲刷作用下，强降雨诱发产生的推动式滑坡，隧道开挖与滑坡的整体稳定性无直接关系。该隧道位于滑体中，其变形特征与滑带附近的隧道变形特征截然不同，主要表现形式为沿轴线纵向弯曲、横向错动，衬砌开裂及不均匀下沉。滑坡滑动后，经历一段时间(约 2 个月)后，变形明显趋于平缓，由此可见与地下水作用关系密切(图3-1)。

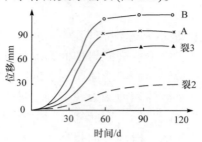

图 3-1　林场滑坡位移特征

A、B为平面图上位移测点编号；裂2、裂3为平面图上裂缝编号

　　此外,变形原因类似的隧道实例还有成昆线耳足1号隧道和白果2号隧道。这两座隧道均坐落于坡体病害后缘稳定体中，牛日河冲刷使病害范围发展到隧道附近，造成隧道变形。就坡体结构而言，与其类似的有贵昆线二梯岩隧道和宝中线堡子梁隧道，均为基座式层状结构，均为古滑坡体，但隧道与滑坡相对位置、开挖隧道对坡体稳定性影响的程度以及坡体变形和隧道变形特征与林场滑坡显著不同。

　　2. 采矿引起变形的作用机理(小冲隧道-滑坡模式)

　　1) 隧道-滑坡变形特征

　　贵昆铁路小冲隧道全长321m，1990年4月隧道左侧(170m左右)山脚的下方扩建茨冲煤矿，1991年9月投产，陆续引起陡倾、反倾层状结构岩体变形，造成隧道下方坡脚的地表开裂、塌陷。1991年雨季的持续降雨，加剧了玄武岩强风化带岩土的蠕滑，隧道衬砌开裂、破坏，边墙下沉，严重影响行车安全[图3-2(a)]。

　　2) 坡体结构

　　病害斜坡位于马场倒转背斜的北西翼，轴向N20°W，由一套陡倾角反倾二叠系地层组成，产状70°～80°∠46°～74°，自下而上为上二叠系宣威组煤系地层、上二叠系末期玄武岩和二叠系晚期茅口栖霞灰岩。小冲隧道坡体变形与岩层层面(尤其是层间错动带)风化程度和玄武岩中构造节理直接有关。隧道上方发育 F_1 压性断层，产状分别为70°∠74°和212°～232°∠60°。此外，在变形体南侧平移断层 F_1 与坡体变形直接有关的节理有：①玄武岩中一组，产状260°∠57°，特别是微风化顶部存在厚0.1～0.4m挤压破碎带，且夹0.01m厚的泥化夹层(倾角30°～35°)，是玄武岩顶风化破碎岩体滑动的依附面。②煤系地层中一组，产状205°∠42.2°。

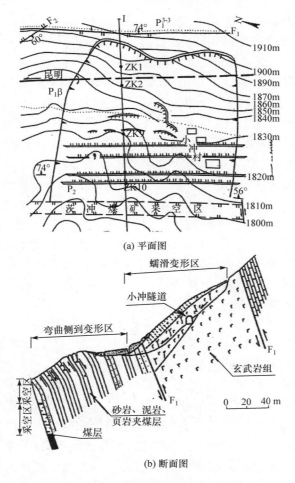

(a) 平面图

(b) 断面图

图 3-2 小冲隧道-滑坡变形示意图

3) 变形时间效应和模式

小冲隧道变形可分为三个阶段：

(1) 隧道下方坡体中、下部反倾软硬相间的岩组弯曲剪切变形阶段。1990年4月茨冲煤矿建设斜井和多级平巷，形成深60余米、延伸200m的临空体。1991年6月建成后，由于山体压力过大，矿坑发生严重变形，被迫于1991年6～8月将间隔5m的支撑木换成间隔0.3m。1991年4月，山坡及农舍出现开裂，地表裂缝集中于村舍下方，裂缝与岩层走向完全一致，共有7条，呈反倾叠瓦状特征，水平拉0.3～30cm，下错0.3～20cm。这种变形是陡倾角反倾软硬相间岩层产生类似悬臂板梁的弯曲变形，造成层间剪切变形所致。

(2) 坡体中部玄武岩强风化带岩土牵引蠕动阶段。1991年4月以后，随着坡体下部地表开裂，隧道上、下坡体陆续出现断续裂缝，隧道左边墙下部出现裂纹。1991年雨季降雨量达1000mm，占全年总降雨量的81.5%，采煤引起的地表开裂、塌陷和岩土松动使得地表水极易沿裂缝灌入坡体，导致隧道上、下坡体滑动。7月13日降雨量达117.8mm，坡体裂缝贯通，隧道左侧53m处出现拉张裂缝，水平位移1~2cm，下错2~9cm。该部分裂缝走向均平行线路，具有拉张性质。由上述裂缝分布特征、性质不难发现，下部煤系地层弯曲变形后形成一定的变形空间，玄武岩强风化带岩土沿挤压破碎带(倾角>33°)产生牵引性蠕动滑移。

(3) 玄武岩风化土的整体蠕动阶段。玄武岩风化土的牵引蠕动使蠕动带岩土结构松弛，结构强度丧失，在地下水进一步作用下，抗剪强度进一步衰减。即使停止采煤，这部分岩土在重力作用下仍能整体滑动。根据深部位移监测结果，1992年3月停止开采后到12月，玄武岩风化土仍处于整体蠕动产生新滑坡出口阶段。

综上所述，小冲隧道变形具有如下特点：①坡体下部煤系地层以弯曲层间剪切变形为主，中部玄武岩风化土则为牵引蠕滑，上部石灰岩未变形；②采煤是导致坡体变形的主导因素。变形模式是弯曲倾倒-滑移。与小冲隧道坡体结构、变形地质力学模式类似的还有四川华釜山赵子秀山的变形。

4) 作用机理

隧道竣工后，上段坡体由于围岩松弛而存在局部塑性区，坡体处于稳定状态。坡脚处反倾的煤系地层尚处于挤密状态，形成应力集中区，对上段强风化玄武岩具有侧向支撑作用，下段坡体采煤且采深不大于30m时，应力卸荷区及拉裂破坏区仅局限于采空区附近，其影响范围还未达到上坡体的坡脚一带。

采深至60m左右时，砂、泥岩间产生弯曲剪切变形，且向坡体的深部和后部拓展。应力变化范围扩大到上段坡体的坡脚地带，削弱了坡脚岩体对上段坡体的支撑作用，使得该坡脚地带的剪应力急剧增大直至破坏，从而形成上段坡体的蠕动。其后界位于隧道的外边墙至拱顶一带。上段坡体前部蠕动，导致后部岩土体进一步松动，在强降雨条件下，坡体中形成较大的动、静水压力，导致隧道山侧坡体蠕动，隧道衬砌受到滑坡推力，隧道产生偏压，进而破坏。

3. 开挖导致的浅埋偏压地段隧道变形作用机理(毛头马1号隧道-滑坡模式)

1) 概况

成昆线毛头马1号隧道位于成昆线乌斯河与尼日区间，地处大渡河高山深切峡谷，两岸悬崖峭壁耸立，地势险要。线路走行于大渡河右岸，崩塌落石不断，形成了长达2.5km的巨大岩堆，因此该段铁路采用毛头马1号、毛头马2号隧道绕避岩堆体。毛头马1号隧道变形集中于进口段(K284+180~K284+430)，始建于1988年雨季。1989~1990年成都铁路局西昌分局对其进行全面整修，采用拱部网喷、镶轨、打锚杆等措施。1992年雨季，衬砌重新开裂，左侧水沟连续挤裂约160m，最大错距 5~8mm,左、右边墙纵横裂缝密布,拱部挤碎掉块等。

2) 工程地质条件

大渡河河谷呈"V"形,河床纵坡大,水流湍急。隧道进口段斜坡呈缓-陡-缓的台阶状外貌,前部为大渡河二级阶地,地势较平,中段斜坡陡达 50°~60°,后部为 20°的缓坡平台,其中二级阶地距后部平台高差 100~120m。毛头马坡体结构以厚层状坚硬变质砂岩夹薄层软弱片岩、千枚岩褶曲的顺倾陡倾为特征,变形隧道恰位于这一褶曲揉皱带中,古错落带(松动岩体底界)也随之形成。同时由于河流下切,坡体松弛下错,形成厚达 80 余米的松动岩体。岩层走向(NE10°~15°)基本平行于隧道而与临空面(NW40°~50°)斜交。其中 F_1 断层与其同期生成的缓倾断层带组成老错落体的后界和底界。毛头马 1 号隧道地质平面图如 3-3 所示,断面图见图 3-4。

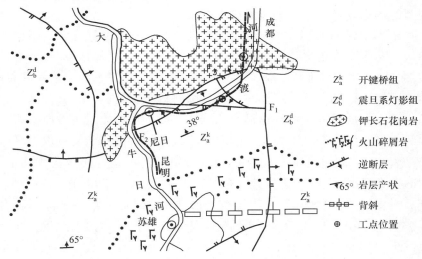

图 3-3　成昆线毛头马 1 号隧道地质平面图

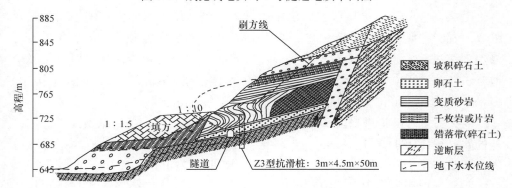

图 3-4　成昆线毛头马 1 号隧道-滑坡断面图

3) 毛头马 1 号隧道-滑坡变形特征

隧道变形破坏特征可分为三个阶段:

(1) 围岩应力松弛阶段。隧道进口段 0~89m 位于堆积层中,采用仰拱偏压和长偏压等特殊设计,89~250m 段位于破碎岩层中,施工时经常发生塌方,已建好的隧道衬砌多处发现裂纹,左边墙均不同程度向线路偏移;其中洞身 83m 处(K284+393)产生爆裂声,排架立柱折断;竣工后位于基岩中的隧道拱部出现多处纵裂纹,一般宽 1mm 左右,延伸 10~20m,左边墙在同一地段内也产生纵裂纹,平均延伸约 10m。说明由于隧道开挖形成新的临空面,引起围岩应力松弛,导致隧道衬砌变形。裂纹大多产生于隧道左拱部和左边墙是毛头马 1 号隧道初期变形特点。

(2) 坡体应力调整阶段。1966 年 12 月隧道竣工至 1988 年,隧道进口段再未发现新的隧道变形迹象,老裂缝也未发展。

(3) 变形加剧阶段。1989 年开始隧道进口段左右边墙出现众多纵横裂纹,拱部掉块,左侧水沟挤裂达百余米,1989~1990 年整修,1992 年雨季又产生剧烈破坏,抽换边墙、镶轨、锚杆挂网喷浆、重做的左侧水沟又重新开裂破坏,边墙侵入限界,拱部多处挤疏掉块,严重威胁行车安全。

毛头马 1 号隧道进口段变形具有如下特点:①从坡体岩土性质来看,以坚硬板岩为主夹薄层片岩、千枚岩,倾向线路,大渡河剧烈下切过程中又形成巨大的松动岩体。②隧道恰位于坡体中一褶曲的倒转翼,处于坡体应力集中部位。一般隧道支撑不能抵抗其应力松弛,必然导致隧道围岩松动以至坡体蠕动。③建线初期,1989 年和 1992 年三次隧道变形都集中于同一部位,即破碎岩石段(K284+269~+430),左拱部、左边墙、左侧水沟变形较右边墙严重。同时坡体表面未产生明显的变形迹象。

4) 变形机理

毛头马 1 号隧道进口段坡体位于大渡河右侧凹岸,坡体由软硬相间变质岩组成,岩层顺倾,陡达 50°~60°,坡体中存在 F_1 断层和缓倾角断层。在大渡河强烈下切过程中,坡体不断松弛变形,形成巨大的松动岩体,当下切至二级阶地时,高差达 120m,高大的松动岩体产生整体下错,错落体沿线路横宽为 400 多米,纵长约 180m,平均厚 70~80m,体积约 $5.40×10^5 m^3$。

毛头马 1 号隧道进口段和路基段坡体病害分为东西两大条:东条为隧道进口外的路基段(K284+030~+180),东西宽约 150m,南北长约 250m;西条为隧道进口段(K284+180~+430),东西宽 250m,南北长 230m。

明显变形迹象集中在隧道段,其拱部有挤压掉块,侧墙挤裂,侧沟出现长达百余米贯通的剪出裂缝,最大剪出位移达 5cm。变形的主要原因如下:①隧道位于老错落体中,且为偏压隧道;②由于当时技术条件限制,且隧道施工开挖方法不当,隧道开挖过程中产生大量塌方,形成了较大的松动圈;③高陡的斜坡、地下水的长期作用使错落带产生流变。

毛头马 1 号隧道坡体在上述多种因素作用下老错落体局部蠕动,作用于隧道衬砌,并使其开裂变形。

东条路基段滑坡,虽然在路基两侧尚未发现明显的变形迹象,但从斜坡表面的植被生长情况及多处表层的坍塌迹象分析,该段坡体也已处于缓慢的变形阶段,只是其稳定度要好于西条滑坡。

3.2　基于点安全系数的隧道-滑坡体系变形机理分析

3.2.1　隧道-滑坡体系的空间变形机理分析原理

隧道-滑坡体系的研究离不开空间变形机理的分析。机理一般指滑坡或隧道病害的发生发展过程,指滑坡体和隧道围岩不同部位稳定程度的变化规律。机理的重要研究内容是对变形模式的判断。从平面分析的角度,滑动模式可分为三类:牵引式、推动式和混合式,这早为滑坡研究者所熟悉。目前滑动机理的研究一般采用定性描述,尚缺乏合理的量化指标来进行评价。

为了合理确定围岩和滑动面黏聚力、内摩擦角(特别是滑动面强度参数),除了采用室内试验和工程类比等方法外,反演分析也是不可或缺的重要手段。以滑坡反演分析为例,首先需要将滑坡的稳定性状态与稳定性系数对应起来。

可见,就隧道围岩和滑坡的变形机理研究而言,至少有三方面需要开展进一步的研究:一是建立隧道围岩和滑坡变形机理的量化评价指标;二是建立隧道围岩和滑坡宏观变形迹象与稳定性状态关系的客观标准;三是尽量避免人为因素的影响。本章在三维数值计算成果的基础上,定义隧道围岩的应力状态点安全系数和滑面单元(接触面)的点安全系数,分析点安全系数的分布特征判断隧道围岩和滑坡的变形机理,通过反演分析(主要以滑面参数为反演目标),以计算变形机理与实际滑坡变形迹象一致的参数作为最终的滑面参数。

当隧道围岩和滑面单元处于塑性状态时,仅表明该点最危险截面上的正应力与剪应力间满足屈服准则。需要说明的是,这个判别准则对于隧道围岩和滑坡体是基本适用的,但对于滑坡而言,这个最危险截面不一定就是滑面。只有当全部滑带单元满足“垂直滑带的正应力和平行滑动方向的剪应力间满足屈服条件”时,滑坡才可能整体失稳。

　　计算隧道围岩和滑面单元的真实应力状态和单元滑动方向，可分三个步骤：步骤一，隧道围岩和滑坡体材料均采用弹性本构模型，计算初始应力场；步骤二，对滑带采用 Mohr-Coulomb 本构模型，隧道围岩、滑体和滑床选用相应本构模型，计算坡体真实应力状态；步骤三，分析前面两个步骤，得到滑面单元节点步骤二与步骤一的位移差值。据此，可以计算得到隧道围岩的点安全系数和滑面单元(接触面)的点安全系数。隧道围岩和滑面单元应力状态和滑动方向一般不同，因此不同滑带单元的点安全系数一般也不一致。可以根据点安全系数的分布判断滑坡不同部位的稳定程度，分析其变形机理。点安全系数小于或者接近 1.0 的部位是隧道围岩和滑坡中首先失稳的部位，而远大于 1.0 的部位是较为稳定的部位。

3.2.2　基于应力状态点安全系数的坡体和围岩变形机理分析

　　隧道开挖后，一定范围内的岩土体应力状态会发生显著变化，从外部围岩向洞周，三向应力状态将逐渐转化为二向应力状态。围岩的扰动范围主要与岩体强度、原岩应力和开挖方式等有密切关系。围岩应力和岩体物理力学性质的变化是隧道围岩开挖扰动范围的基本特征。隧道开挖后，围岩应力发生重分布，如果围岩应力处处小于岩体强度，围岩将处于弹性状态；反之，当局部区域的应力超过岩体强度，围岩将进入塑性或破坏状态(图 3-5)。

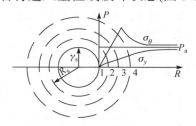

图 3-5　隧道开挖变形分区示意图

1 和 2 为塑性区；3 和 4 为弹性区；1 为松动区；2 和 3 为承载区；4 为原岩应力区；σ_θ为切向应力；σ_y为径向应力；P_a为原岩应力；R_s为松动区半径；γ_s为洞室半径；P为围岩应力；R为洞外围岩径向距离

　　隧道开挖会对一定范围内的围岩产生扰动作用，扰动程度随着各点与开挖边界的距离差异而不同。由于岩土体的稳定性是由其应力状态和强度屈服准则共同决定的，因此可以把隧道开挖扰动范围内不同区域围岩的稳定系数 F_s 定义为相当抗剪强度与相当剪应力的比值。以 Drucker-Prager 强度屈服准则和 Mohr-Coulomb 强度屈服准则为例，隧道围岩稳定系数 F_s 的计算方法如下。

　　根据 Drucker-Prager 强度屈服准则，其屈服函数 f 为

$$f = q - (\sqrt{3}k - 3\sqrt{3}\alpha p) = 0 \tag{3-1}$$

式中，p、q 分别为广义正应力、广义剪应力；α、k 分别为与岩土材料的内摩擦角 φ 和黏聚力 c 有关的系数。具体计算公式如下：

$$\begin{cases} p = (\sigma_1 + \sigma_2 + \sigma_3)/3 \\ q = \dfrac{1}{\sqrt{2}}\sqrt{(\sigma_1 - \sigma_2)^2 + (\sigma_2 - \sigma_3)^2 + (\sigma_3 - \sigma_1)^2} \end{cases} \tag{3-2}$$

式中，σ_1、σ_2、σ_3 为一点的 3 个主应力(拉正压负)。

$$\begin{cases} \alpha = \tan\varphi \big/ \sqrt{9 + 12\tan^2\varphi} \\ k = 3c \big/ \sqrt{9 + 12\tan^2\varphi} \end{cases} \tag{3-3}$$

在式(3-1)中，q 为相当剪应力，而 $\sqrt{3}k - 3\sqrt{3}\alpha p$ 为相当抗剪强度，于是围岩稳定系数 F_s 为

$$F_s = (\sqrt{3}k - 3\sqrt{3}\alpha p)/q \tag{3-4}$$

根据 Mohr-Coulomb 强度屈服准则，其屈服函数 f 为

$$f = \left[(\sigma_1 - \sigma_3)/2\right] - \left[c\cos\varphi - 0.5(\sigma_1 + \sigma_3)\sin\varphi\right] = 0 \tag{3-5}$$

式中，$\left[(\sigma_1 - \sigma_3)/2\right]$ 为相当剪应力；$\left[c\cos\varphi - 0.5(\sigma_1 + \sigma_3)\sin\varphi\right]$ 为相当抗剪强度。于是围岩稳定系数 F_s 为

$$F_s = \left[c\cos\varphi - 0.5(\sigma_1 + \sigma_3)\sin\varphi\right] \big/ \left[(\sigma_1 - \sigma_3)/2\right] \tag{3-6}$$

由上述分析过程可以看出，隧道开挖后围岩扰动范围的外边界就是对应一定稳定系数的潜在最危险破坏面，而扰动范围内的岩土体就是开挖造成的潜在最危险破坏体。在实际工程设计中，应坚持安全性与经济性双赢的原则，因此设计安全系数与围岩稳定系数的关系通常表现为对整个围岩而言，设计安全系数对应的扰动范围外边界(即设计的潜在最危险破坏面)略大于整个围岩实际的潜在最危险破坏面。这里所说的设计安全系数一般可以根据工程重要性程度、地质结构特征等综合因素确定得出。对于设计安全系数下扰动范围较小的隧道，可采用常规的隧道支护方式；对于扰动范围较大的隧道，应该采取加强支护方案。

3.2.3　基于接触面点安全系数的坡体变形机理分析

在工程建设中，由于各种因素的制约，经常会遇到隧道工程穿越老滑坡体的情况。老滑坡体曾经发生过滑动，后由于致滑因素作用强度的减弱而稳定下来，但其稳定性程度不高。当隧道穿越滑坡体时，必然对滑坡体的稳定性造成影响，需要进行准确评价，以便采取工程措施，同时保证滑坡体和隧道工程的安全。但滑坡一般具有明显的三维特征，二维稳定性评价方法只是一定程度的近似。加之隧道工程是线状工程，隧道与滑坡滑动方向小角度相交通过时，就

完全不能采用二维方法评价工程稳定性。

就三维稳定性评价方法而言，一方面三维刚体极限平衡方法尚不够成熟，另一方面，隧道工程在滑坡体中形成水平孔洞，刚体极限平衡方法难以考虑。三维数值方法虽然能对此进行准确计算，但一般仅能得到位移特征和应力特征，不能获得工程界熟悉和方便应用的安全系数。点安全系数计算方法能得到滑面上的点安全系数分布和整体安全系数，解决了滑坡三维稳定性评价的方法问题。但对于复杂滑面的滑坡而言，建模时将滑带离散为六面体单元却并非易事。因此，本章提出在接触面单元上定义点安全系数。采用 FLAC 3D 建立数值计算模型，滑面采用接触面单元模拟，通过数值计算得到接触面的应力状态，结合库仑强度准则定义点安全系数。分析隧道施工前后接触面点安全系数的分布，以评价隧道开挖对滑坡体稳定性的影响。

1. 接触面单元模型

该方法基于 FLAC 3D 进行二次开发，在其接触面模型计算结果的基础上定义点安全系数。

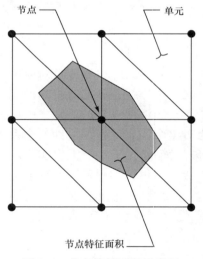

图 3-6　节点特征面积示意图

FLAC 3D 程序中，由一系列三角形单元组成接触面，每个单元由三个节点定义。三角形单元具有很强的适应性，可以在任何模型的表面建立。接触面单元一般建立在实体单元表面，与实体单元表面相连接，接触面模型的节点由接触面单元的顶点自动形成。当实体单元和接触面单元形成接触关系时，由接触面节点实现这种接触关系，模型计算参数包括法向刚度、切向刚度和滑动参数。

接触面应力定义在节点上，单元按其权重将面积分配到节点上，构成与节点相关联的特征面积，代表整个接触面，如图 3-6 所示。

接触关系建立在接触面节点和实体单元外表面(目标面)，接触力的法向方向由目标面的法向方向决定。在每一计算时步，计算出目标面和接触面节点的绝对法向侵入量和切向相对速度，代入接触面本构方程中，计算出接触面的法向应力矢量和切向应力矢量。节点本构模型由线性库仑剪切屈服强度准则定义，限制剪切力只能作用在接触面的节点上。节点达到剪切屈服后，根据法向刚度、切向刚度、抗拉强度、剪切黏结强度和剪胀角等计算出作用在目标面上的有效法向应力增量。图 3-7 为节点(P)本构模型的构成形式。

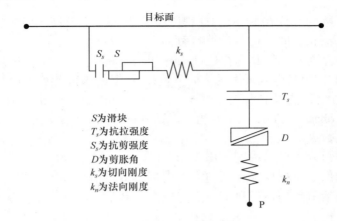

图 3-7　节点本构模型的构成

$t + \Delta t$ 时步的弹性响应按式(3-7)、式(3-8)计算，分别得到接触面的法向力和切向力：

$$F_n^{(t+\Delta t)} = k_n u_n A + \sigma_n A \tag{3-7}$$

$$F_{si}^{(t+\Delta t)} = F_{si}^{(t)} + k_s \Delta u_{si}^{\left(t+\frac{1}{2}\Delta t\right)} A + \sigma_{si} A \tag{3-8}$$

式中，$F_n^{(t+\Delta t)}$ 为 $t + \Delta t$ 时步的法向力(N)；$F_{si}^{(t+\Delta t)}$ 为 $t + \Delta t$ 时步的切向力(N)；u_n 为接触面节点侵入目标面的法向距离(m)；Δu_{si} 为相对剪切位移增量(m)；σ_n 为接触面法向应力(Pa)；σ_{si} 为接触面切向应力(Pa)；A 为节点特征面积。

当切向力满足库仑屈服条件时，即采用式(3-9)进行修正：

$$F_{s\max} = cA + \tan\varphi(F_n - pA) \tag{3-9}$$

式中，c 为接触面黏聚力(Pa)；φ 为接触面内摩擦角(°)；p 为孔隙水压力(Pa)。

2. 接触面点安全系数计算

在任意时刻，根据节点法向力和切向力以及特征面积，可以求得节点特征面积上的法向应力 σ_n 和切向应力 τ。若滑面黏聚力 c 和内摩擦角 φ 给定，则可求得节点处抗剪强度为

$$\tau_u = c + \sigma_n \tan\varphi \tag{3-10}$$

定义点安全系数为

$$F_p = \frac{\tau_u}{\tau} = \frac{c + \sigma_n \tan\varphi}{\tau} \tag{3-11}$$

尽管接触面点安全系数的定义形式简单，但由于 FLAC 3D 程序不能直接在接触面节点上定义外变量，因此点安全系数分布图的绘制过程较为复杂。本书作者通过探索，灵活运用 FLAC 3D 和 Tecplot 软件，充分发挥其长处，实现了点安全系数分布图的绘制。

点安全系数的计算在 FLAC 3D 程序中完成，通过 FISH 语言编程实现。当模型计算至平衡状态时，即可计算接触面点安全系数。

对任一节点而言，设其内存地址为 p_in。①通过 in_sstr(p_in，dof)命令获得节点剪应力分量(其中 dof 代表坐标分量)，再据此求得节点剪应力 τ。②通过 in_nstr(p_in)命令，获得节点正应力 σ_n。③通过 in_prop(p_in，string)命令，令 string 分别为 cohesion 和 friction，获得接触面的抗剪强度参数 c 和 φ。④按式(3-11)计算点安全系数 F_p。

点安全系数分布图的绘制需用 Tecplot 实现，通过 FISH 语言编程实现特定数据格式的输出。数据输出包括两方面内容：节点信息及单元与节点关系。其中节点信息包括节点坐标信息和节点点安全系数值，单元与节点关系即每个单元由哪些节点构成。

节点信息输出时，需要遍历所有节点。要注意 FLAC 3D 中的接触面寻址规则。接触面寻址分为三个层次，最外层是接触面组，中间层是单元，最里层是节点。对每个单元，采用 ie_vert(p_ie，dof)(p_ie 为单元地址，dof 按 1~3 取整数值)对其三个节点寻址并输出节点信息。对每个接触面组，则需要遍历其包含的所有单元，输出其所有节点信息。数据输出程序框图如图 3-8 所示。

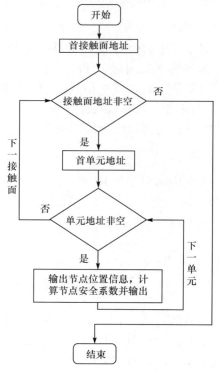

图 3-8　数据输出程序框图

3.2.4　应用范例分析

1. 工程概况

武罐高速阳坡里隧道位于洛塘河西岸，从北向南穿越山体。隧道右线起讫桩号 YK91+350～YK92+294.5，长 706.3m，最大埋深 192.6m；左线起讫桩号 ZK91+382～ZK92+302，长 696.38m，最大埋深 138.5m。隧道武都端采用端墙式洞门、罐子沟端采用削竹式洞门；隧道采用人字纵坡，隧道纵坡−0.7%～1.748%，右线罐子沟端位于 $R1100$ 的曲线上、左线罐子沟端位于 $R1240$ 的曲线上。

阳坡里隧道罐子沟端纵穿滑坡体，见图 3-9。滑体揭露的地层主要为第四系全新统坡积层 (Q_4^{dl})、第四系全新统滑坡堆积层 (Q_4^{del})、下古生界碧口群砂质板岩、千枚岩夹变砂岩，从上到下依次为：

(1) 第四系松散堆积层(Q_4)，由坡积块石碎石土 (Q_4^{dl}) 和滑坡堆积层 (Q_4^{del}) 组成。

(2) 下古生界碧口群粉砂质绢云千枚岩与粉砂质板岩互层，夹变砂岩、变砾岩。砂质板岩、千枚岩层，产状 185°∠55°，变质砂岩产状 185°∠55°。从地质勘察资料来看，该滑坡边界清楚，第四系坡积碎石土沿着变质砂岩与堆积层的分界面产生滑移失稳破坏，属浅层基岩型堆积体滑坡。滑坡可能的破坏模式主要为浅层的圆弧滑动破坏、深层的折线滑动破坏及坡面局部滑塌。

图 3-9　阳坡里隧道口滑坡全景图

阳坡里隧道-滑坡平行体系的主要工程预加固措施：隧道从滑坡的反方向一侧开始掘进，并且保持两洞开挖的超前距离为 100m 左右。

(1) 预应力框架锚索：水平向间距 3m，每片框架布设六孔设计承载力 750kN 级预应力锚索。

(2) 滑体地表深孔注浆：采用硬质塑料劈裂注浆管注浆的施工工艺，注浆孔沿纵、横向均布设，间距 1.5m×1.5m，注浆加固深度要求至滑移面以下强风化基岩面2m范围,注浆加固后滑体抗剪强度指标达到黏聚力22kPa、内摩擦角33.5°。

(3) 微型钢管抗滑桩群:采用 Φ150mm×19mm 无缝钢管、钢管内增设 3Φ32mm 钢筋束的微型组合结构, 纵、横向间距 2m×2m, 钢管内压注纯水泥浆和 M30 水泥砂浆, 微型钢管桩弹性模量 200GPa、泊松比 0.22、抗拉屈服强度 200MPa、抗剪屈服强度 0.45, 微型钢管桩每延米提供横向抗滑力不小于 1380kN, 桩顶通过 40cm×40cm 钢筋混凝土框架地梁焊接、浇筑成整体结构, 以增强整体抗弯刚度和强度。

2. 阳坡里隧道-滑坡的数值模拟分析(接触面模型)

1) 接触面数值模型的建立

根据滑坡的工程地质条件及测绘数据, 建立滑坡稳定性分析的计算模型, 见图 3-10。模型顺河向长度为 298m, 垂直河向宽 315m, 纵向高程自河谷 1052m 开始, 至山顶 1258m, 高 206m。模型范围涵盖整个滑坡体周界, 且有足够的边界宽度, 符合三维计算需要。数值分析模型见图 3-10(d), 共离散为 375561 个单元和 66729 个节点。

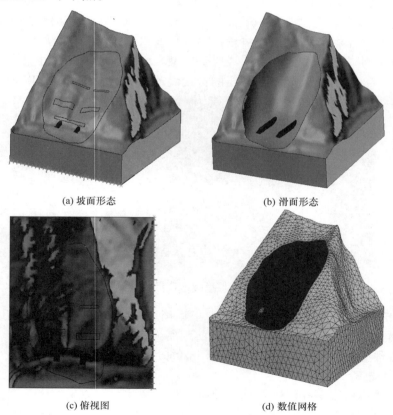

(a) 坡面形态　　　　　　　　　　　　(b) 滑面形态

(c) 俯视图　　　　　　　　　　　　(d) 数值网格

图 3-10　阳坡里隧道-滑坡数值计算模型

2) 计算参数选取

根据甘肃省交通规划勘察设计院有限责任公司提供的阳坡里隧道工程设计资料，阳坡里隧道基岩为 V 级围岩。参考《公路隧道设计规范(JTG D70—2014)》隧道围岩取值的有关内容，确定阳坡里隧道基岩计算参数：重度 γ=20kN/m³，弹性模量 E=2GPa，泊松比 μ=0.28，内摩擦角 φ=27°，黏聚力 c=200kPa。

根据堆积体特征及有关计算经验，滑体材料计算参数：重度 γ=19kN/m³，弹性模量 E=800MPa，泊松比 μ=0.30，内摩擦角 φ=35°，黏聚力 c=100kPa。

滑带材料根据三方面指标综合确定：①设计院提供的反算参数，内摩擦角 φ=33.5°，黏聚力 c=16kPa。②室内直接剪切试验成果，内摩擦角 φ=37.7°，黏聚力 c=20.6kPa。③基于空间滑面滑动机理的反演分析结果(详见 6.4.4 小节)，弹性模量 E=200MPa，内摩擦角 φ=28°，黏聚力 c=50kPa。

综合确定滑带计算参数：重度 γ=18kN/m³，弹性模量 E=200MPa，泊松比 μ=0.32，内摩擦角 φ=30°，黏聚力 c=50kPa。

3) 模拟工况设计

前述研究表明，隧道开挖的扰动范围和掘进方向很大程度上影响体系的稳定性，因此主要从这两个方面进行数值仿真的工况设计。

根据研究需要，计算设计了 3 种工况：

工况一、无预加固，隧道从滑坡的反方向一侧开始掘进。该工况计算步骤：①开挖基岩内岩体；②开挖滑体内岩体；③开挖完成后模拟降雨。

工况二、有预加固，隧道从滑坡侧开始掘进(正方向)。该工况计算步骤：①开挖滑体内岩体；②开挖基岩内岩体；③开挖完成后模拟降雨。

工况三、有预加固，隧道从滑坡的反方向一侧开始掘进。该工况计算步骤：①开挖基岩内岩体；②开挖滑体内岩体；③开挖完成后模拟降雨。

4) 模型特征参考线(剖面线)位置

为了便于观察和分析计算结果，除列出模型整体工程响应外，尚需要了解特征剖面和特征参考线的变化特征。为此，在模型内部设置了两纵三横 5 个剖面，见图 3-11。

特征参考线分别为右线出口纵剖面、左线进口纵剖面、滑体部位横剖面(该剖面位置隧道完全位于滑体中)、滑面部位横剖面(该剖面位置隧道位于滑面处)、滑床部位横剖面(该剖面位置隧道位于基岩中)，见图 3-12。为观测分析滑面上的点安全系数变化，设置了两处参考线，分别位于右线出口隧道的前部和右线出口与左线进口之间。

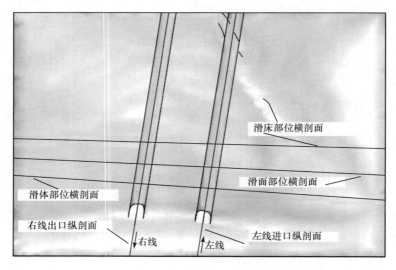

图 3-11　剖面线位置示意图

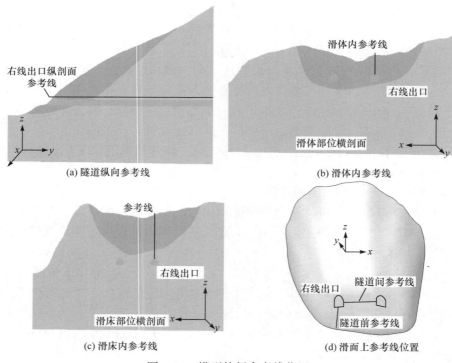

图 3-12　模型特征参考线位置

5) 数值仿真过程分析

预加固条件下正向开挖即设计工况二。特征参考线上应力状态点安全系数的变化，见图 3-13。其中，"mo"表示自然条件自重状态下的计算结果，"re_ex1"表示预加固条件下正向开挖滑体开挖状态，"re_ex2"表示预加固条件下正向开挖全开挖状态，"re_ex_rain"表示预加固条件下正向开挖全开挖后降雨状态。

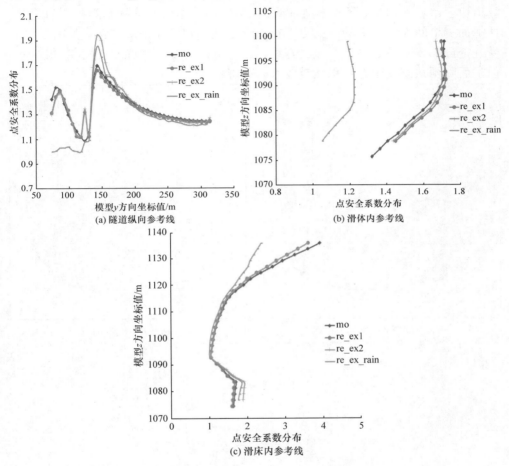

图 3-13　特征参考线上应力状态点安全系数变化(工况二)

　　为比较接触面点安全系数的变化，图 3-14 给出了不同施工条件下接触面点安全系数相对于施工前(自重状态)的变化量等值线。为进一步直观显示重点关注部位的变化趋势，图 3-15 给出了滑面特征参考线上的接触面点安全系数变化规律。其中，"re_ex1"为预加固正向开挖滑体中开挖后的点安全系数增量，"re_ex2"为预加固正向开挖滑体中全开挖后的点安全系数增量，"re_ex_rain"为预加固正向开挖全开挖后降雨状态的变化量。从接触面点安全系数降幅来看，受施工扰动，隧道周围降低明显，开挖工况最大降幅为 0.6，隧道以下滑面降幅大，隧道边墙处滑面降幅小。工后降雨工况降幅更为显著，降幅区域大大增加，最大降幅可达 1.3，由于支挡作用，其滑动定向趋势不明显。从滑面隧道前参考线来看，见图 3-15(a)，隧道口附近接触面点安全系数降低最大，从隧道口至滑坡剪出口，降幅逐渐降低，工后降雨状态比开挖状态降幅更为明显。从滑面隧道间参考线来看，见图 3-15(b)，右线出口位于滑坡中部，其附近滑面受开挖影响安全系数降低明显，左线进口靠近山脊处，受施工扰动相对较小，但工后降雨状态安全系数仍然有较大幅度降低。

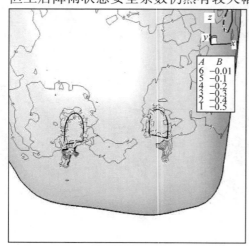
(a) 滑体中开挖

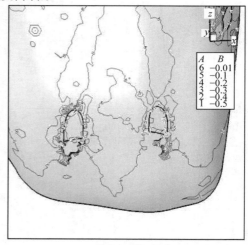
(b) 基岩中开挖(贯通)

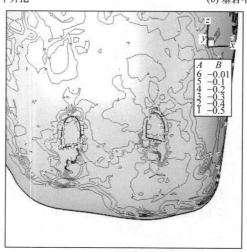
(c) 工后降雨

图 3-14　预加固正向开挖工况下的接触面点安全系数变化

A 为等值线编号；*B* 为接触面点安全系数变化值(差值)

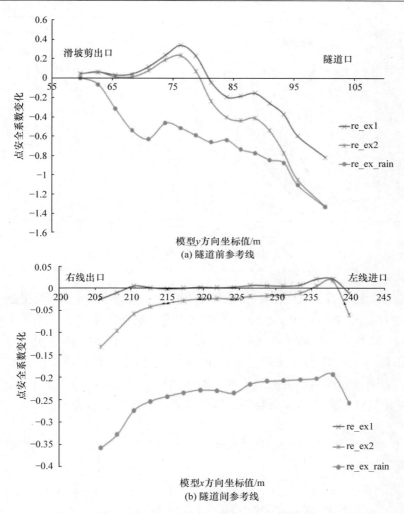

图 3-15　滑面特征参考线上的接触面点安全系数变化(工况二)

　　从应力状态点安全系数的变化来看，见图 3-16，各种施工状态均有不同程度的降低，但较之无加固工况，增幅明显减小。在滑体前部，开挖状态的点安全系数甚至比自然状态略高，这是由于预加固措施提高了滑坡体的稳定性。随施工进程的发展，降低幅度有不断增大的趋势，工后降雨状态降幅最为显著。工后降雨状态下，滑体内前部较大部分区域点安全系数小于 1.2，特别是在隧道上方附近区域，表明降雨状态的坡体安全稳定性大幅度下降，在隧道施工扰动后有失稳趋势。从各施工状态降幅的分布来看，呈现出自滑面向上到坡面降幅逐渐增大的趋势，滑面处有明显的分界，滑床内降低不明显，甚至略有增大。

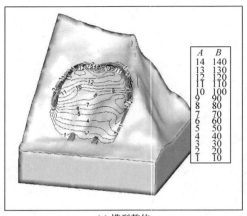

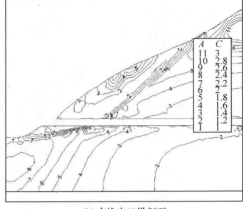

| (a) 模型整体 | (b) 右线出口纵剖面 |

图 3-16　应力状态点安全系数变化等值线(工后降雨)

A 为等值线编号；*B* 为位移(mm)；*C* 为应力状态点安全系数变化值(差值)

从位移发展来看，见图 3-17，滑体中开挖、全开挖和工后降雨状态的最大位移分别为 75mm、75mm 和 140mm，表明施工变形扰动主要发生于滑体开挖状态，此后的基岩开挖状态位移基本没有发展。从工后降雨的位移来看，见图 3-17(c)，预加固条件下工后降雨状态位移为 140mm，远小于自然条件下降雨状态位移 280mm，表明预加固措施极大地增加了滑体的稳定性，即在施工扰动作用下，滑坡体的稳定性依然较自然状态要好，不容易失稳下滑，变形趋势呈上大下小的推动式。

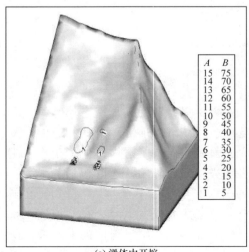

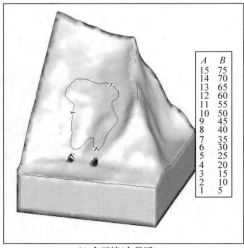

| (a) 滑体中开挖 | (b) 全开挖(全贯通) |

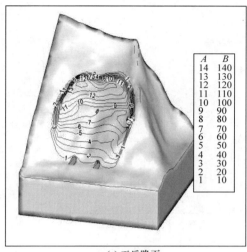

(c) 工后降雨

图 3-17 工况二模型整体各阶段位移变化

A 为等值线编号；B 为位移(mm)

预加固条件下反向开挖即设计工况三。特征参考线上应力状态点安全系数的变化，见图 3-18。其中，"mo"表示自然条件自重状态下的计算结果，"re_ex1_r"表示预加固条件下反向开挖基岩开挖状态，"re_ex2_r"表示预加固条件下反向开挖全开挖状态，"re_ex_r_rain"表示预加固条件下反向开挖全开挖后降雨状态。

为比较接触面点安全系数的变化，图 3-19 给出了各种施工条件下接触面点安全系数相对于施工前(自重状态)的变化量等值线。为进一步研究关键部位的变化趋势，图 3-20 给出了滑面特征参考线上的接触面点安全系数变化规律。其

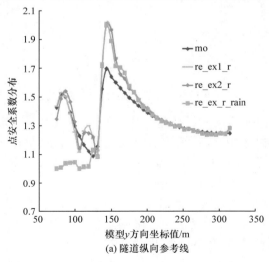

(a) 隧道纵向参考线

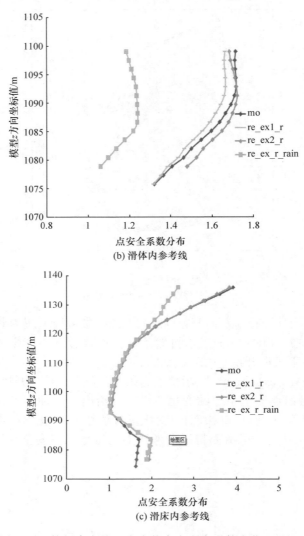

(b) 滑体内参考线

(c) 滑床内参考线

图 3-18　特征参考线上应力状态点安全系数变化(工况三)

中,"re_ex1_r"为预加固反向开挖基岩中开挖后的点安全系数增量,"re_ex2_r"为预加固反向开挖滑体中全开挖后的点安全系数增量,"re_ex_r_rain"为预加固反向开挖全开挖后降雨状态的变化量。从接触面点安全系数降幅来看,受施工扰动,隧道周围有一定降低,但降低幅度不大;滑体中开挖时,滑面点安全系数几乎无变化;开挖结束最大降幅为0.4,隧道下滑面降幅大,隧道边墙处滑面降幅小。工后降雨工况降幅更为显著,降幅区域大大增加,最大降幅为0.8,较预加固正向开挖工后降雨工况小,由于支挡作用,其滑动定向趋势不明显。从滑面隧道前参考线来看,见图3-20(a),隧道口附近接触面点安全系数降低较大,

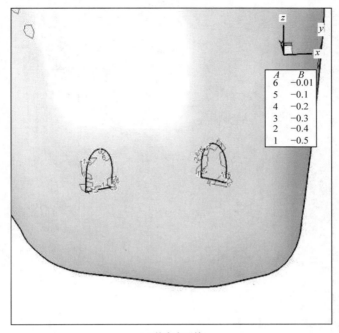

(a) 基岩中开挖

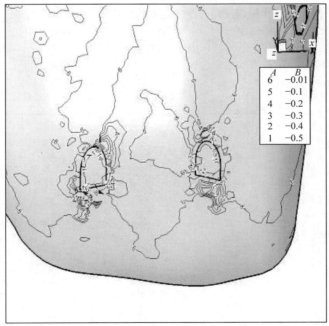

(b) 滑体中开挖(贯通)

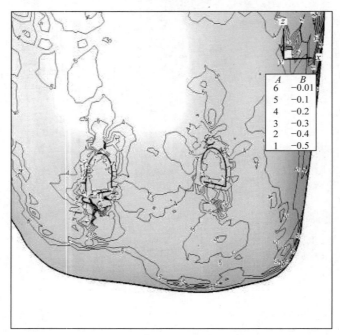

(c) 工后降雨

图 3-19　预加固反向开挖工况下的接触面点安全系数变化

A 为等值线编号；*B* 为接触面点安全系数变化值(差值)

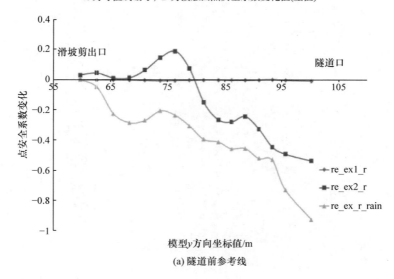

(a) 隧道前参考线

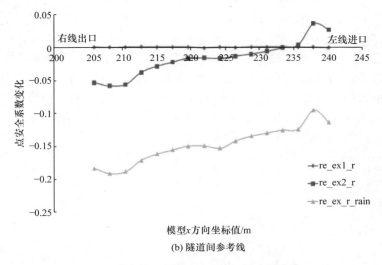

(b) 隧道间参考线

图 3-20　滑面参考线上的接触面点安全系数变化(工况三)

从隧道口至滑坡剪出口，降幅逐渐降低，工后降雨状态比开挖状态降幅更为明显，最大降幅(位于隧道附近)为 0.9；从滑面隧道间参考线来看，见图 3-20(b)，右线出口位于滑坡中部，其附近滑面受开挖影响安全系数降低明显，左线进口靠近山脊处，受施工扰动相对较小，但工后降雨状态安全系数仍然有较大幅度降低。

从应力状态点安全系数的变化来看，见图 3-21，各种施工状态下降低不明

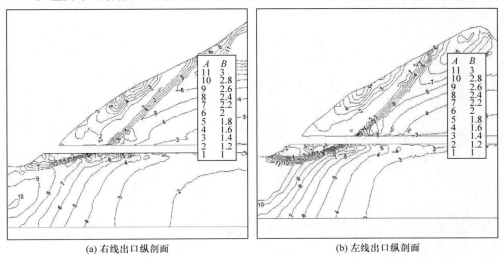

　(a) 右线出口纵剖面　　　　　　　　　　　　　(b) 左线出口纵剖面

图 3-21　应力状态点安全系数变化等值线(工后降雨)

A 为等值线编号；*B* 为应力状态点安全系数变化值(差值)

显，各开挖工况的分布曲线与自重状态的分布曲线几乎重合。这是由于一方面预加固措施提高了滑坡体的稳定性；另一方面先开挖基岩，伴随衬砌施工，再开挖滑坡体，滑坡体仅受到一次扰动，较正向开挖扰动明显减弱。工后降雨状态，隧道上方附近区域点安全系数降幅仍较为明显，滑体内前部仍有较大部分区域点安全系数小于1.2，表明降雨状态坡体安全稳定性仍会降低，在雨水作用下有失稳趋势。从降雨状态降幅的分布来看，呈现出自滑面向上到坡面降幅逐渐增大的趋势，滑面处有明显的分界，滑床内降低不明显，甚至略有增大。

从位移发展来看，见图 3-22，基岩中开挖、滑体中全开挖和工后降雨状态的

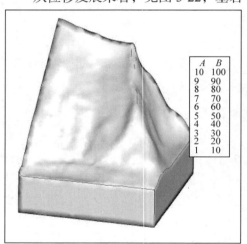

(a) 基岩中开挖

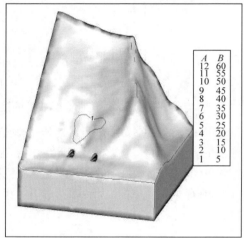

(b) 滑体中全开挖(全贯通)

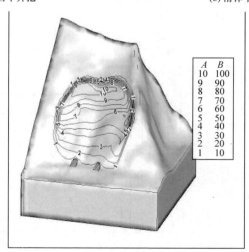

(c) 工后降雨

图 3-22　工况三模型整体各阶段位移变化(mm)

A 为等值线编号；*B* 为位移(mm)

最大位移分别为 100mm、60mm 和 100mm，与无支护反向开挖类似。基岩中开挖位移大于全开挖状态是由模型局部化造成的，可以忽略不计。见图 3-22(c)，预加固反向开挖条件下工后降雨状态位移为 100mm，远小于自然条件下降雨状态位移 280mm，表明预加固措施大大地增加了滑体的稳定性，即在施工扰动作用下，滑坡体的稳定性依然较自然状态要好，不容易失稳下滑，变形趋势呈上大下小的推动式。

6) 各工况稳定性及变形的综合比较

(1) 开挖结束状态。为比较预加固措施及开挖顺序对滑坡稳定性和变形的影响，图 3-23 给出了三种工况条件下开挖结束(隧道全部开挖)状态坡体内特征参考线上的应力状态点安全系数的变化规律。其中，"mo" 表示自然条件自重状态下的计算结果，"imre_ex2_r" 表示无加固条件下反向全开挖，"re_ex2" 表示

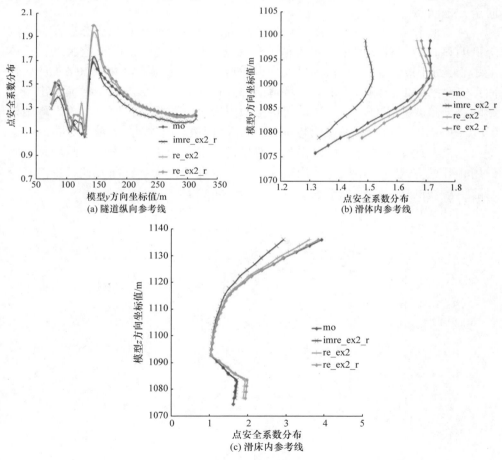

图 3-23　三种工况特征参考线上应力状态点安全系数变化

预加固条件下正向全开挖状态，"re_ex2_r"表示预加固条件下反向全开挖状态。

从应力状态点安全系数变化来看，无加固开挖条件下点安全系数呈明显的减小趋势，尤以滑体中的点安全系数降低最为明显，最大降幅达到 0.3 以上。而预加固条件下，无论是正向开挖或反向开挖，点安全系数降低均不明显。在滑体参考线下部，由于支挡作用，预加固开挖状态点安全系数不降反升，相比较而言，反向开挖增幅略大；在滑体参考线上部，预加固开挖状态点安全系数略有降低，相比较而言，正向开挖降幅略大。隧道纵向参考线和滑床内参考线均表现出上述变化规律。

图 3-24 给出了滑面参考线上接触面点安全系数在开挖结束状态相对于开挖前初始状态的增量。其中，"imre_ex2_r"表示无加固条件下反向全开挖，"re_ex2"表示预加固条件下正向全开挖状态，"re_ex2_r"表示预加固条件下反向全开挖状态。

从滑面参考线上接触面点安全系数降幅来看，无加固开挖状态点安全系数降低明显，为三种工况中的最大值，最大达 1.0；预加固正向开挖次之，总体上小于无加固开挖状态；预加固反向开挖降幅最小，最大降幅仅 0.6。从接触面点安全系数的影响部位来看，隧道前部降低最明显，从隧道至滑面剪出口，影响逐渐减弱。相对而言，隧道间接触面点安全系数降低不明显，最大降幅仅 0.13，表现出滑面中部(右线出口)降幅大，滑面边缘(左线进口)降幅小的特点。

总结上述变化规律，可以得到：对隧道滑坡的稳定性而言，原滑坡预加固作用、开挖方式中，预加固作用最为明显，反向开挖优于正向开挖，正向开挖对隧道滑坡的稳定性最为不利。

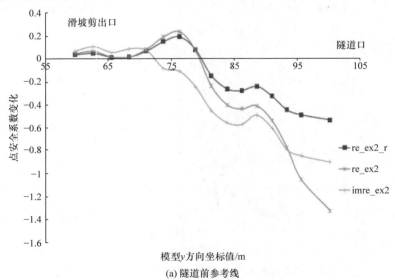

(a) 隧道前参考线

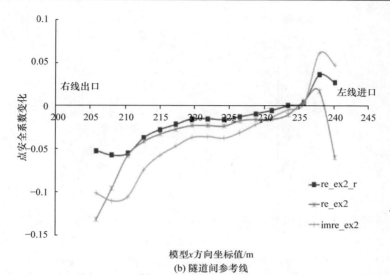

(b) 隧道间参考线

图 3-24　滑面参考线上的接触面点安全系数变化(不同工况下开挖前后)

(2) 工后降雨状态。为比较预加固措施及开挖顺序对滑坡稳定性和变形的影响，图 3-25 给出了三种工况条件下工后降雨(隧道全部开挖后遭降雨影响)坡体内参考线上的应力状态点安全系数的变化规律。其中，"mo_rain" 表示自然条件降雨状态下的计算结果，"imre_ex_r_rain" 表示无加固条件下降雨状态，"re_ex_rain" 表示预加固正向开挖条件下降雨状态，"re_ex_r_rain" 表示预加固反向开挖条件下降雨状态。

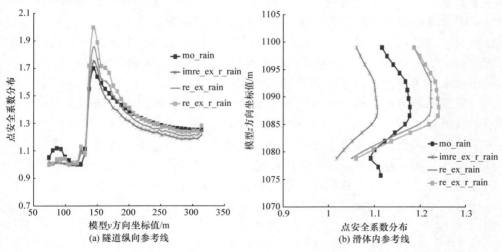

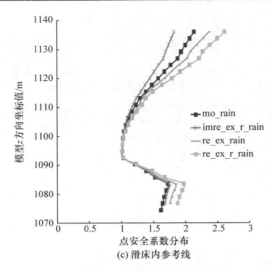

(c) 滑床内参考线

图 3-25　特征参考线上的应力状态点安全系数变化(不同工况下工后降雨)

　　从应力状态点安全系数变化来看，无加固工后降雨状态的点安全系数最小，小于自然条件降雨状态，局部仅 1.0 左右，处于极限平衡状态。而预加固工后降雨状态点安全系数均较自然条件降雨状态点安全系数略大，表明预加固具有良好的支挡效果，提高了滑坡的稳定性，即隧道开挖的工程扰动下，滑坡的稳定性仍然较自然状态要高。从预加固工后降雨状态的点安全系数比较来看，反向开挖的坡体稳定性较正向开挖又略高，表明施工顺序对坡体稳定性有一定影响，就边坡稳定性而言，反向开挖更为有利。

　　图 3-26 给出了滑面参考线上接触面点安全系数在工后降雨状态相比开挖前初始状态的增量。其中，"imre_ex_rain"表示无加固反向条件下开挖后降雨状态，"re_ex_rain"表示预加固正向全开挖条件下降雨状态，"re_ex_r_rain"表示预加固反向开挖条件下降雨状态。

　　从滑面参考线上接触面点安全系数降幅来看，无加固工后降雨状态点安全系数降低最为明显，为三种工况中的最大值，最大降幅达 1.8；预加固正向开挖工后降雨次之，总体上小于无加固开挖状态；预加固反向开挖工后降雨状态降幅最小，最大降幅仅 0.8。而从接触面点安全系数的影响部位来看，仍然是隧道前部降低最明显，从隧道至滑面剪出口，影响逐渐减弱。相对而言，隧道间接触面上的点安全系数降低不明显，最大降幅仅 0.35，表现出滑面中部(右线出口)降幅大，滑面边缘(左线进口)降幅小的特点。

　　总括上述变化规律，可以得到：对隧道滑坡的稳定性而言，原滑坡预加固作用、开挖方式中，预加固作用最为明显，工后降雨状态的稳定性大于自然条件降雨状态，位移值减小，反向开挖优于正向开挖，正向开挖对隧道滑坡的稳定性最为不利。

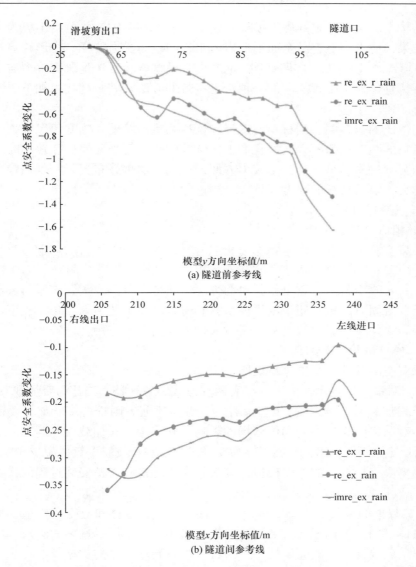

图 3-26　滑面参考线上的接触面点安全系数变化(不同工况下工后降雨)

3.3　变形机理的地质力学模型试验

3.3.1　地质力学模型试验关键技术

地质力学模型试验是根据一定的相似原理对特定工程地质问题进行缩尺研究的一种方法，在基本满足相似原理的条件下，能更真实地反映地质构造和工程结构空间关系，更准确地模拟开挖施工过程和影响，并可给出更为直观的试验结果，使人们更容易全面把握岩体工程的整体受力特征、变形趋势及稳定性特点[3-5]。大量的工程实践证明，地质力学模型试验方法是研究大型岩土工程问题，特别是地下工程问题的一种行之有效的方法。其关键技术如下[5]:

1) 相似比的选择

相似比的选择关系到材料的选择和位移测量的精度。当几何尺寸太大时，模型材料的强度和弹模太低，且加工组装较困难；而当几何尺寸较小时，模型材料的强度较易满足，且加工较为方便，量测仪器也好布置，精度比较高。相似比越大，要求材料的强度也越大，测量的位移也越大。一般情况下，几何相似比选定在 1/200～1/50 为宜。

2) 相似材料的选择

模型实验一般选择混合物作为相似材料，要求：①材料的容重应等于或尽量等于原型；②材料的某些性质与岩石相似；③模拟过程中材料的力学性能比较稳定；④改变材料配比可使材料的力学性质变动范围较大；⑤原料来源广、成本低、凝固时间短、便于制作模型；⑥材料制作工艺力求简化，成型后能快速干燥，以加快模型试验进程；⑦对人体无任何毒害作用。

3) 模型试验工况的选择

以洞室的开挖与支护进行说明：

(1) 洞室开挖技术。模型开洞有两种方式，一种是"先开洞后加载"；另一种是"先加载后开洞"。从工艺上看，后者要比前者困难得多。如果要研究开挖过程对洞室围岩应力场和位移场的影响，则采用"先加载后开洞"。

(2) 支护模拟技术。要实现锚喷支护及二次衬砌支护、钢拱架支护的模拟，首先要解决支护材料的相似模拟，其次是支护时机和支护安装过程的模拟。

4) 数据采集与结果分析

(1) 数据的采集。模型试验一般测量的数据为位移和应变。模型变形测量方法大体可归纳为机械法、电测法和光测法 3 类。采用尽量多的测量手段，可以保证试验数据采集的完整性，一次可以采集到尽量多的数据。

(2) 数据的分析。数据分析之前要先剔除异常数据，可以根据对称性判断数据正确与否。由弹性力学公式算出应力分量以及主应力的大小和方向，换算成原型，画出应力图使试验成果一目了然，并且易于数值分析成果对比。若是平面试验，则要注意区分平面应力与平面应变。

3.3.2　阳坡里隧道-滑坡地质力学模型试验[1,6]

以阳坡里隧道-滑坡平行体系为工程背景，以预加固措施为主要研究内容，开展地质力学模拟试验。对阳坡里隧道，在坡体自然含水状态下，未加固坡体从滑坡的反向(开挖顺序为基岩—滑带—滑体)开挖，预加固坡体分别从滑坡反向、正向(开挖顺序为滑体—滑带—基岩)开挖，研究隧道开挖过程中隧道围岩压力、滑坡变形规律。以此试验成果研究施工阶段滑坡与隧道的相互作用规律，探讨纵穿滑坡体的隧道建成后，在降雨工况下滑坡位移的进一步发展，以及发展过程中滑坡的变形、围岩压力、衬砌结构上应变的变化等规律。

1. 试验原型与参数选取

模拟阳坡里隧道右线开挖过程和降雨对坡体稳定性的影响效应。根据滑坡地形、地质状况及与隧道的相互作用关系，采取从滑坡体中上部施作两排微型钢管桩(防止滑坡体上部的二级次生滑坡)、仰坡上方滑坡中下部施作框架预应力锚索，框架预应力锚索加固区域增设仰斜排水平孔、滑体下部地表深孔注浆、坡脚采取少扰动滑体的微型钢管桩群的综合防治措施。同时，隧道罐子沟端进、出口浅埋暗挖段配合超前注浆管棚、洞内环向超前预注浆加固围岩、增设变形缝的综合处治措施。

试验在西南交通大学岩土试验中心模型槽内进行，模型槽长、宽、高分别为 6m、0.9m、3m，见图 3-27。模型试验模拟范围的确定主要考虑以下几个因素：

(1) 减小边界条件对试验结果的影响。

(2) 隧道开挖进尺不宜过长，否则试验过程中难度过大，而影响试验的模拟效果。

(3) 模型槽的尺寸限制。原型中隧道开挖断面宽 12.38m，高 10.15m。试验槽宽度为 90cm，当取模型隧道宽度为 21cm 时，隧道中心点到边界距离为 45cm，即 4.3 倍的半径。边界条件对试验的影响可以忽略，因此，几何相似比取 $C_L = 60$。

图 3-27　大型模型试验槽

　　模型右边界取至滑坡体底部，线路里程为 YK92+330.0；模型左边界取至滑坡顶部滑面外凸变坡点以上，线路里程为 YK92+200.0；模型底边界取至滑面以下，高程 1029.0m；顶边界取至自然坡面，高程 1138.7m。因此整个模型的长度 130m，高度 109.7m，宽度 54m，隧道长度 86m，见图 3-28，范围能满足地质力学模拟试验的要求。

　　模型中隧道长度为 1.43m，在模拟隧道开挖工况中，开挖难度较大，因此将模型左端做成折线状，以减少开挖段在基岩中的长度，最终隧道长度确定为 1.23m。基岩部分比较稳定，减少的一部分基岩不会影响隧道开挖过程中滑坡的稳定性，而且使隧道开挖长度减小，试验可以顺利进行。

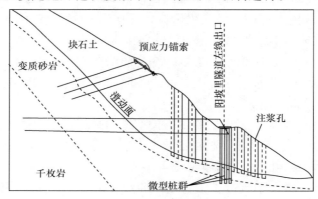

图 3-28　模拟范围剖面图

　　2. 相似关系、相似材料配制和选取

　　试验主要遵从模型相似原理，选择较合理的相似材料与试验方法。模型相似原理是指在模型上重现的物理现象应与原型相似，即要求模型材料、模型形状和荷载等均须遵循一定的规律。几何特征和各物理量之间必然保持一定的比例关系。

　　根据弹性理论，可以写出原型和模型之间的平衡方程、相容方程、物理方程、几何方程、边界条件，由此可得到模型的相似判据。

　　3. 相似比的确定

　　原型和模型之间相同的物理量之比称为相似比。常用的相似比有几何相似比 $C_L = L_p / L_m$；应力相似比 $C_\sigma = \sigma_p / \sigma_m$；应变相似比 $C_\varepsilon = \varepsilon_p / \varepsilon_m$；变形模量相似比 $C_E = E_p / E_m$；泊松比相似比 $C_\mu = \mu_p / \mu_m$；材料容重相似比 $C_\gamma = \gamma_p / \gamma_m$。

试验旨在模拟滑坡在隧道开挖过程中的稳定性和工后的长期稳定性。主要考虑影响边坡稳定性的强度参数，包括岩土体的黏聚力 c、内摩擦角 φ、滑体容重 γ、含水率 w 等。试验中主要考虑的几个控制性相似比，分别为几何相似比 C_L、应力相似比 C_σ 和材料容重相似比 C_γ。根据以上相似比可以计算出相应的相似比。

试验选择几何相似比 $C_L = 60$，能满足试验要求。主要考虑重力场的影响，确定材料容重相似比为 $C_\gamma = 1$，其余物理量力学指标的相似比按照相似理论导出。

由几何相似比 $C_L = 60$，容重相似比 $C_\gamma = 1$，得泊松比、应变、内摩擦角的相似比 $C_\mu = C_\varepsilon = C_\varphi = 1$，应力、黏聚力、弹性模量的相似比 $C_\sigma = C_c = C_E = 60$。

4. 相似材料选取

相似材料除应满足相似关系外，还应做到成本低、性能稳定、受环境变化影响小且便于加工等。

考虑以上因素，试验用到的相似材料有蚀变岩、河沙、黏土、滑石粉、石膏和铁丝等。用以上材料，按照相似关系配制模型试验中的基岩、滑带、滑体、隧道衬砌和微型钢管桩等。

5. 模型材料配制

试验主要依据"阳坡里隧道罐子沟端滑坡防治施工图设计说明"和阳坡里隧道施工、治理相关图纸进行设计。选择滑坡体的物理指标为滑体重度 $\gamma = 20.00\text{kN}/\text{m}^3$，滑体饱和重度 $\gamma_{sat} = 20.50\text{kN}/\text{m}^3$。选取不同安全系数，进行滑带抗剪指标反算，反算的滑带抗剪指标为 $c = 16\text{kPa}$，$\varphi = 33.5°$。

根据上述指标及设计图纸中的材料参数，按照相似原理配制模型试验所需的材料。

1）坡体材料的配置

试验中配制的主要材料有基岩、滑带、滑体、预应力锚索、微型钢管桩、框架梁和隧道衬砌等。通过对比，模型材料选择结果列于表 3-2 中。

表 3-2　原型材料与模型材料比选方案

原型	材料	模型	材料
基岩	弱风化变质砂岩 弱风化砂质板岩夹千枚岩	基岩	蚀变岩
滑带	块石土软弱带	滑带	黏土，中粗砂，滑石粉
滑体	块石土	滑体	河沙，铁砂

续表

原型	材料	模型	材料
预应力锚索	钢绞线	预应力锚索	铁丝
微型钢管桩	钢管灌浆	微型钢管桩	铁丝
框架梁	钢筋混凝土	框架梁	木条
隧道衬砌	钢筋混凝土	隧道衬砌	石膏加钢丝网

　　根据变形破坏原理，在降雨和开挖的过程中，坡体变形主要是滑体自重和滑带强度降低所致，所以滑带材料配制主要考虑滑体土体参数黏聚力 c、内摩擦角 φ，滑体材料主要考虑重度 γ。采用的原材料包括：各种粒径的砂、黏土、滑石粉及其他相关材料。根据数值计算反算参数，按照相似原理进行相似材料研制。材料目标参数及试验结果见表 3-3。

表 3-3　相似材料强度目标参数及配比结果

项目	参数					
	c/kPa	φ/(°)	砂含量/%	滑石粉含量/%	黏土含量/%	水含量/%
现场参数	16	33.5	0	0	0	0
相似比	60	1	0	0	0	0
理论参数	0.26	33.5	0	0	0	0
模型参数	5.57	34.3	50	13	37	16

2) 支挡结构及隧道衬砌的相似材料

　　支挡结构主要包括三种：预应力锚索、微型钢管桩和框架梁。根据结构原型材料参数按照相似理论确定模型材料参数，根据模型材料参数研制相应的相似材料。

　　根据上述相似常数，预应力锚索用一定规格的细钢丝模拟，微型钢管桩用一定规格的细铁丝模拟，配制结果见表 3-4。

表 3-4　支挡结构材料及尺寸

材料	预应力锚索 1			预应力锚索 2			微型钢管桩			框架梁	
	材料	长度	直径	材料	长度	直径	材料	长度	直径	材料	边
原型材料	钢绞线	36m	6 根 Φ15.24mm	钢绞线	38m	6 根 Φ15.24mm	钢管	28.2	150	混凝土	40cm
模型材料	细钢丝	60cm	2.5mm	细钢丝	63cm	2.5mm	细铁丝	47cm	2.5mm	木条	10mm

预应力锚索、微型钢管桩及框架梁见图 3-29。

图 3-29　预应力锚索、微型钢管桩及框架梁
左边为预应力锚索+框架梁；右边为微型钢管桩

衬砌模型材料：按照相似比，用石膏内加铁丝网制作。衬砌厚 15mm(考虑衬砌制作难度，几何相似比为 40)，石膏和水的配比为 1.2：1，弹性模量为 0.7GPa。内加铁丝网直径 1mm，间距 10mm。

6. 试验工况考虑与设计

根据阳坡里滑坡设计方案中滑坡与隧道的关系建立地质力学试验模型，综合考虑隧道开挖方向、滑坡加固措施及运营期间降雨对滑坡和隧道的影响。试验中，由于模型模拟的边坡较陡，试验时间较短，表面降雨不易渗入，所以采用滑体表面降雨，滑带采用 $\Phi10$mm 微型管渗透的办法实现降雨。微型管平行滑坡走向放置，相邻 2 根间距 20cm，共 11 根。微型管沿长度方向每 5cm 打一个眼，每根管打 3 排。地表降雨流量用玻璃转子流量计控制，为了达到雾化的效果，流速为 55L/h。滑带注水，流量控制为 15L/h，11 根微型管每分钟换 1 根依次进行注水。

试验过程中，考虑到边开挖边加衬砌难度过大，因此将整个试验分成两阶段进行：第一阶段为隧道开挖；第二阶段为预埋衬砌后的降雨。据此将整个试验分为五个工况。

工况一：在天然状态下，按照滑坡无预加固，隧道从滑坡的反方向一侧开始掘进，在边开挖边加衬砌结构直至贯通的条件下，观测滑坡开挖过程中的变形发展规律。

工况二：在天然状态下，按照滑坡有预加固，隧道从滑坡的反方向一侧开始掘进，首先施作滑坡预加固工程，在边开挖边加衬砌结构直至贯通的条件下，观测滑坡开挖过程中的变形发展规律。

工况三：在天然状态下，按照滑坡有预加固，隧道从滑坡侧开始掘进，首先施作滑坡预加固工程，在边开挖边加衬砌结构直至贯通的条件下，观测滑坡开挖过程中的变形发展规律。

工况四：预埋隧道衬砌，按照滑坡有预加固，考虑隧道-滑坡长期稳定性，在雨水侵蚀情况下滑坡体位移进一步发展过程中，观察滑坡体变形规律以及衬砌结构荷载情况。

工况五：预埋隧道衬砌，按照滑坡无预加固，考虑隧道-滑坡长期稳定性，在雨水侵蚀情况下滑坡体位移进一步发展过程中，观察滑坡体的变形规律以及衬砌结构荷载情况。

1) 试验装置、测试方法及测点布置

试验主要测量坡体内部位移、坡体表面位移、隧道围岩压力和衬砌结构上的应变。

由于试验模型具有对称性，隧道位于滑体的正中间，在滑带位置 6 个高度上沿隧道轴线和一侧布置位移测点，共 11 个测点。隧道轴线上坡体表面位移测点位置见图 3-30。

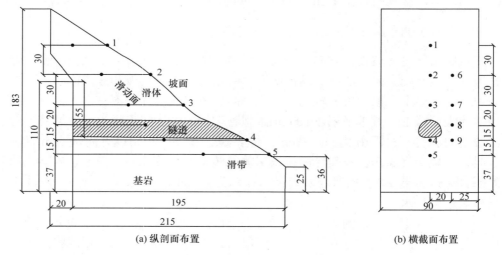

(a) 纵剖面布置　　　　　　　　(b) 横截面布置

图 3-30　位移测点位置示意图(单位：cm)

●表示位移测点

围岩压力测试在隧道衬砌外侧进行，布置 2 个断面，分别位于滑体中部和滑床内，每个断面布置 6 个压力测点，见图 3-31。

衬砌上的应变用电阻应变片测量，在衬砌上取 3 个断面，见图 3-32，分别位于基岩、滑带和滑体。在衬砌外壁，每个断面拱顶、拱肩、侧壁、拱脚和仰拱部位满布 8 个测点。粘贴方向垂直于衬砌轴向，即测得的应变为衬砌环向应变。

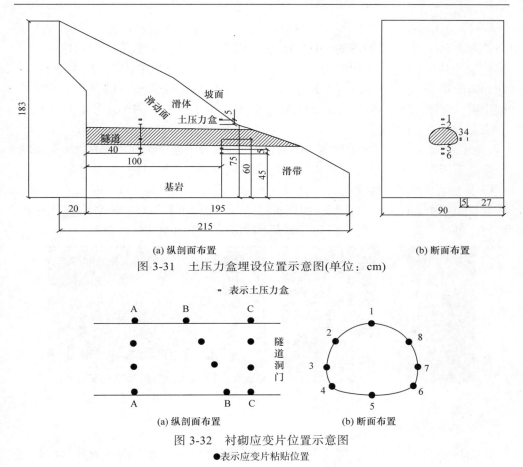

(a) 纵剖面布置　　　　　　　　　(b) 断面布置

图 3-31　土压力盒埋设位置示意图(单位：cm)

- 表示土压力盒

(a) 纵剖面布置　　　　　　　　(b) 断面布置

图 3-32　衬砌应变片位置示意图

●表示应变片粘贴位置

2) 量测系统布置

试验测试内容为滑带处的位移以及滑体表面的位移，用百分表来测量；基床和滑体的土压力变化，用电阻应变式土压力盒测量；降雨过程中衬砌上的应变变化，用电阻应变片测量。

(1) 滑体内部位移是在测点方向水平预埋铜管，在铜管内穿插柔性细钢丝(弹性模量很小)，在钢丝的一端固定 3cm×3cm 的探头，制作模型的时候埋在滑带内位移测点的位置，钢丝的另一端连接在百分表上。当滑体或滑带滑动时，带动滑带处的探头移动，通过钢丝拉动百分表，使百分表的读数发生变化，由此测得滑带的内部位移。在滑体表面固定磁力表座，滑体表面位移测点处安放 5cm×3cm 的铁片，百分表的传感器探杆直接顶在铁片上，滑体移动就会带动铁片的移动，进而带动百分表的探杆移动，由此可以测得滑体表面的水平位移和竖直位移。百分表的精度是 0.01mm，按照几何相似比可知，在模型中位移为 0.01mm 时，原型位移为 0.6mm，精度完全满足试验的要求。

(2) 土压力用微型土压力盒测量。金坛市海岩工程仪器厂生产的微型土压力盒与江苏东华测试生产的 DH3816 静态应变测试系统配套使用。制作模型时将微型土压力盒埋设在预定位置。在开挖隧道和降雨过程中，当土压力变化时，DH3816 静态应变测试系统可以记录土压力盒的应变变化量，试验结束后可以输出整个试验过程中应变变化的文件。根据微型土压力盒的率定参数可以求得测点处土压力的变化值。

(3) 衬砌的应变用电阻应变片测量。电阻应变片与东华测试的 DH3816 静态应变测试系统配套使用(图 3-33)。电阻应变片贴在预定的位置，将衬砌预埋在隧道中。在降雨工况下，当滑体滑动时，衬砌受外力作用变形而产生一定的应变，其应变的变化量可由 DH3816 静态应变测试系统测得。衬砌可看作近似的平面应变问题，即衬砌轴向没有应变，衬砌横向有应变，故应变片横向粘贴在衬砌上。

图 3-33　应变片贴法(左图)及静态应变测试系统(右图)

7. 试验结果分析

由试验数据可知，在隧道开挖过程和降雨过程中，坡体内部测点 1、4、5 和 9 位移几乎为 0。接下来分析不同工况下坡体内部测点 2、3、6、7 和 8 的位移，坡体表面测点 1~4 在隧道开挖阶段和降雨阶段的位移变化规律。

1) 隧道开挖阶段

坡体内部测点 2、3、6、7、8 在三种不同开挖工况下的位移变化见图 3-34~图 3-38。

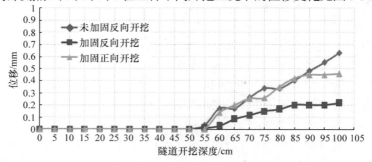

图 3-34　坡体内部测点 2 在三种不同开挖工况下的位移变化曲线

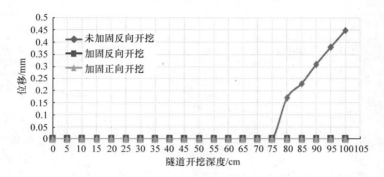

图 3-35 坡体内部测点 3 在三种不同开挖工况下的位移变化曲线

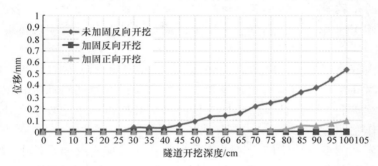

图 3-36 坡体内部测点 6 在三种不同开挖工况下的位移变化曲线

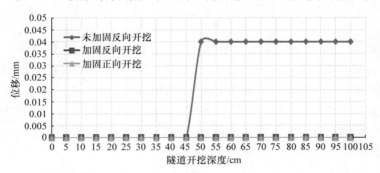

图 3-37 坡体内部测点 7 在三种不同开挖工况下的位移变化曲线

坡体内部测点 2 位于隧道轴线正上方。三种工况下，测点 2 发生变形的时间相同，但加固反向开挖位移最小，即测点 2 所受影响最小，表示加固作用明显；且加固反向开挖时测点 2 位移收敛得最早，即在开挖进度约 85cm 时位移趋于稳定，说明反向开挖最有利于位移收敛。

坡体内部测点 3 位于隧道轴线正上方。在未加固反向开挖中，测点 3 在遭

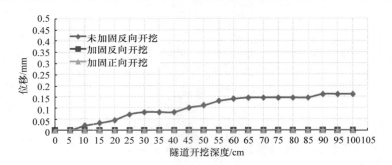

图 3-38　坡体内部测点 8 在三种不同开挖工况下的位移变化曲线

遇滑动带时位移突增，且随后继续扩展，表示坡体稳定性欠佳；而在加固反向开挖与加固正向开挖中，测点 3 不发生位移，开挖顺利，说明坡体稳定，加固作用明显。

坡体内部测点 6 位于隧道轴线侧面上方。在未加固反向开挖中，测点 6 发生位移的时间最早，即容易受开挖影响产生位移；在遭遇滑动带时位移突增，且随后继续扩展，表示坡体稳定性欠佳。加固开挖位移影响较小，开挖顺利，表示加固作用明显。

坡体内部测点 7 位于隧道轴线侧面上方。在未加固反向开挖中，测点 7 在遭遇滑动带时位移突增，达 0.04mm，随后趋于稳定；而在加固反向开挖与加固正向开挖中，测点 7 不发生位移，开挖顺利，说明坡体稳定，加固作用明显。

坡体内部测点 8 位于隧道轴线侧面。在未加固反向开挖中，测点 8 发生位移的时间最早，即容易受开挖影响产生位移；在遭遇滑动带时位移突增，随后继续扩展，表示坡体稳定性欠佳。而在加固反向开挖与加固正向开挖中，测点 8 不发生位移，开挖顺利，表示加固作用明显。

坡体表面测点 1、2、3 在三种不同开挖工况下的位移变化见图 3-39～图 3-41。

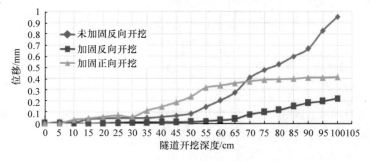

图 3-39　坡体表面测点 1 在三种不同开挖工况下的位移变化曲线

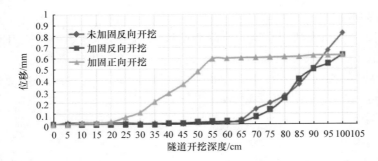

图 3-40　坡体表面测点 2 在三种不同开挖工况下的位移变化曲线

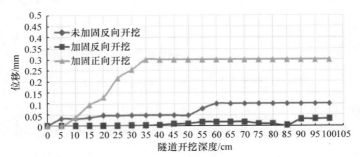

图 3-41　坡体表面测点 3 在三种不同开挖工况下的位移变化曲线

坡体表面测点 1 位于隧道坡面轴线正上方。在未加固反向开挖中，测点 1 发生位移的时间最早，即容易受开挖影响产生位移；在遭遇滑动带时位移突增，随后继续扩展，位移增大，表示坡体稳定性欠佳，但加固反向开挖测点受影响最小，表示加固作用明显，且位移在最短时间内趋于稳定，说明反向开挖较正向开挖更利于位移收敛。

坡体表面测点 2 位于隧道坡面轴线正上方。在未加固反向开挖中，测点位移受开挖影响最大，在遭遇滑动带时位移突增，随后继续扩展，表示坡体稳定性欠佳，而在加固反向开挖与加固正向开挖中，位移影响较小，且位移在最短时间内趋于稳定。

坡体表面测点 3 位于隧道坡面轴线正上方。位移最大的是加固正向开挖，其次是未加固反向开挖，最小的是加固反向开挖；位移收敛时间最早的是加固正向开挖，其次是未加固反向开挖，最小的是加固反向开挖。

可以看出，未加固工况下，坡体内部和表面的测点位移最大的是未加固反向开挖(表面测点 3 除外)，其次是加固正向开挖，最小的是加固反向开挖。表面测点 3 位于隧道洞门上部，可能正向开挖对其扰动过大造成其位移比较大，所以加固措施对整个坡体的作用非常明显。

2) 降雨阶段

在坡体加固和未加固预埋衬砌降雨阶段(工况四、工况五),坡体内部测点2、3、6、7、8位移,坡体表面测点1、2、3竖向位移,坡体表面测点1、2、3、4水平位移随降雨时间变化曲线见图3-42~图3-53。鉴于上述各测点位移变化的趋势相近,本节仅针对位移值较大的坡体内部测点 2、6 及坡体表面测点 1 进行详细阐述。

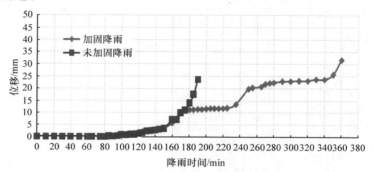

图 3-42　预埋衬砌降雨阶段坡体内部测点 2 在加固和未加固工况下位移变化曲线

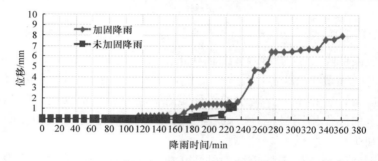

图 3-43　预埋衬砌降雨阶段坡体内部测点 3 在加固和未加固工况下位移变化曲线

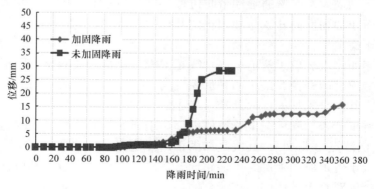

图 3-44　预埋衬砌降雨阶段坡体内部测点 6 在加固和未加固工况下位移变化曲线

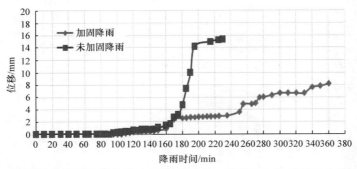

图 3-45 预埋衬砌降雨阶段坡体内部测点 7 在加固和未加固工况下位移变化曲线

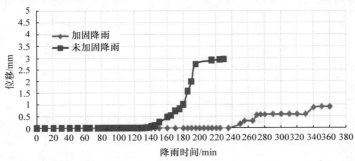

图 3-46 预埋衬砌降雨阶段坡体内部测点 8 在加固和未加固工况下位移变化曲线

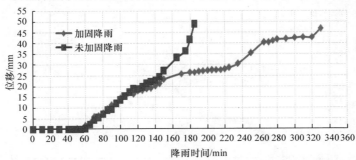

图 3-47 预埋衬砌降雨阶段坡体表面测点 1 在加固和未加固工况下竖向位移变化曲线

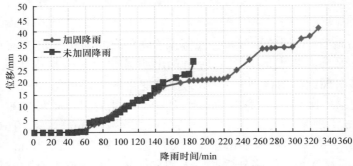

图 3-48 预埋衬砌降雨阶段坡体表面测点 2 在加固和未加固工况下竖向位移变化曲线

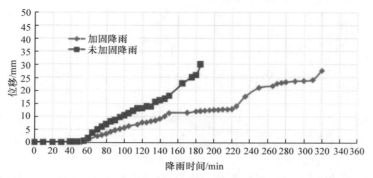

图 3-49　预埋衬砌降雨阶段坡体表面测点 3 在加固和未加固工况下竖向位移变化曲线

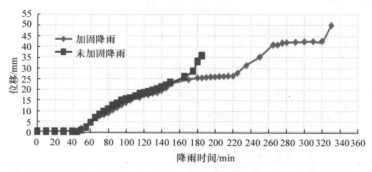

图 3-50　预埋衬砌降雨阶段坡体表面测点 1 在加固和未加固工况下水平位移变化曲线

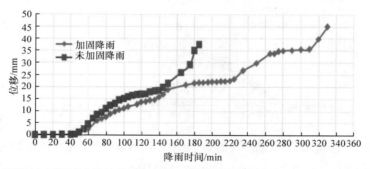

图 3-51　预埋衬砌降雨阶段坡体表面测点 2 在加固和未加固工况下水平位移变化曲线

坡体内部测点 2 的位移分析：在降雨 0～150min 期间，起初测点的位移在两种情况下保持同步发展，但之后表现出明显差异。未加固工况下，150～190min 位移出现近似指数型发展，最大位移变化量为 24mm；加固工况下，150～180min 出现第一次突变，位移变化量约为 10mm，此后 50min 维持在 12～14mm；230～250min 出现第二次突变现象，位移变化量为 10mm，之后约 100min 维持在 22～24mm；340～360min 出现第三次突变，位移飙升至 33mm 左右。

坡体内部测点 6 的位移分析：加固和未加固两种工况下，随着降雨时间的

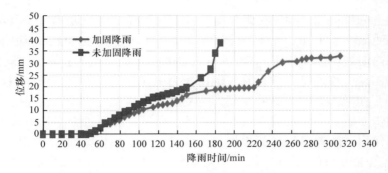

图 3-52 　预埋衬砌降雨阶段坡体表面测点 3 在加固和未加固工况下水平位移变化曲线

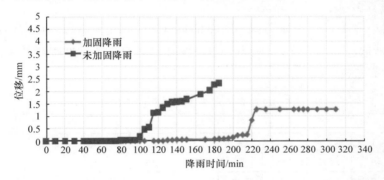

图 3-53 　预埋衬砌降雨阶段坡体表面测点 4 在加固和未加固工况下水平位移变化曲线

增长，坡体内部测点位移均持续增长并表现出较为明显的阶段性。在降雨 0～150min 期间，两种情况下测点的位移保持同步发展，但之后表现出明显差异。未加固工况下，160～190min 出现指数型增长趋势，位移飙升至 25mm 左右，之后增长趋势减缓并逐渐趋于稳定，到 230min 时发展至 28mm。加固工况下，150～180min 出现第一次突变，位移变化量约为 5mm，此后 50min 维持在 6～7mm；230～250min 出现第二次突变现象，位移变化量为 6mm，之后约 100min 维持在 12～13mm；340～360min 出现第三次突变，位移飙升至 16～17mm。

坡体表面测点 1 的竖向位移分析：加固和未加固两种工况下，随着降雨时间的增长，坡体表面测点位移均持续增长并表现出较为明显的阶段性。未加固状态下，降雨时间在 0～60min 时，基本不发生位移；60～175min 出现近似线性增长，位移变化量累计约为 35mm；175～185min 出现快速增长，位移飙升至 49mm 左右。加固状态下，降雨时间在 0～60min 时，位移基本保持在一个较低的水平；60～150min 出现第一次线性增长，位移变化量累计约为 25mm，此后 50min 维持在 25～28mm；230～260min 出现第二次线性增长，位移累计变化量为 14mm，之后约 70min 维持在 42mm；320～330min 出现第三次突变，位移发展至 47mm 左右。

由以上分析可知：预埋衬砌降雨阶段，预加固措施的坡体内部和表面各测点的位移明显小于未加固坡体的位移。在降雨工况下，坡体的加固措施能够在一定范围内增加坡体的稳定。加固和未加固两种工况下，随着降雨时间的增长，坡体内部测点位移均持续增长并表现出较为明显的阶段性。以坡体内部测点(2和6)为例，在降雨 0～150min 期间，两测点的位移量比较来看，起初两种情况下保持同步发展，但之后表现出明显差异。可见，降雨过程中，雨水渗入土体产生渗流作用，随着降雨量的累积，坡体岩土产生软化变形，未加固工况下坡体会产生急剧变形直至破坏；而加固工况下，尽管隧道周围土体会产生阶段性位移增大，但加固工程在很大程度上仍可减缓或消除降雨带来的不利影响。

3) 坡体各测点位移的增量

五种工况末坡体内部测点 1～9 的位移相对于试验开始时的位移增量见表 3-5；坡体表面测点 1～3 竖向位移、测点 1～4 水平位移相对于试验开始时的位移增量见表 3-6。

表 3-5　试验各工况末坡体内部测点位移增量

工况	位移增量/mm									备注
	1	2	3	4	5	6	7	8	9	—
工况一	0	0.632	0.45	0	0	0.535	0.040	0.160	0	—
工况二	0	0.217	0	0	0	0	0	0	0	—
工况三	0	0.460	0	0.030	0	0.095	0	0	0	—
工况四	0	31.71	8.04	0	0	16.330	8.190	0.910	0	360min
工况五	0	23.7	1.17	0	0	28.620	15.340	2.970	0	230min

注：工况五，内部测点 2 位移为 190min 时的位移增量。

表 3-6　试验各工况末坡体表面测点位移增量

工况	竖向位移增量/mm			水平位移增量/mm				备注
	1	2	3	1	2	3	4	—
工况一	—	—	—	0.953	0.830	0.100	0	—
工况二	—	—	—	0.225	0.632	0.032	0	—
工况三	—	—	—	0.415	0.630	0.300	0	—
工况四	42.840	36.850	24.090	42.585	35.640	32.880	1.265	310min
工况五	48.820	27.955	29.965	35.840	37.415	38.440	2.305	185min

工况一、工况二和工况三，坡体内部测点 1～9、坡体表面测点 1～4 水平位移增量对比见图 3-54。

开挖状态下，坡体内部和坡体表面各测点的位移规律较为明显，主要体现在：①加固反向开挖最为有利，坡体位移最小；②隧道开挖对底部各测点(无论

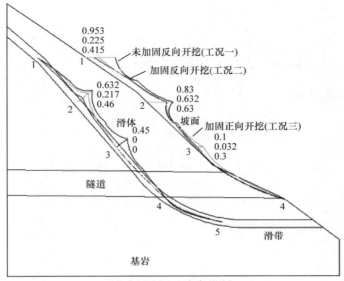

(a) 坡体内部测点1～5和表面测点1～4
水平位移增量

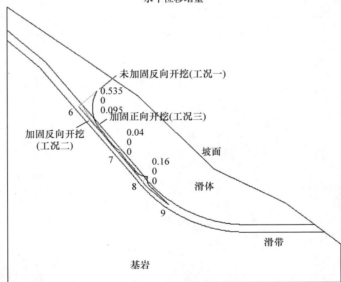

(b) 坡体内部测点6～9水平位移增量

图 3-54　坡体内部及表面测点水平位移增量对比示意图(工况一～三)(单位：mm)

坡体内部测点还是表面测点)位移的影响很小，几乎可以忽略；③内部测点和外部测点的位移基本随高度的增加而增大。

工况四和工况五坡体内部测点 1～9、坡体表面测点 1～4 水平位移增量对比见图 3-55。

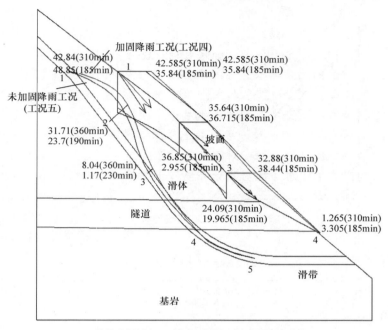

(a) 坡体内部测点1～5和表面测点1～4水平位移增量

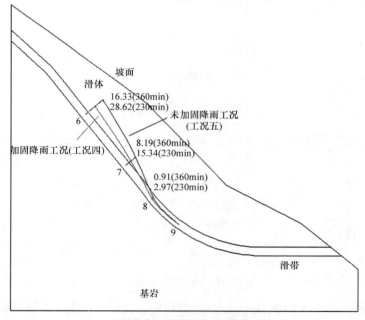

(b) 坡体内部测点6～9水平位移增量

图 3-55　坡体内部及表面测点水平位移增量对比示意图(工况四、五)(单位：mm)

开挖状态下，坡体内部和坡体表面各测点的位移规律较为明显，主要体现在：①加固状态可以有效缓解和消除坡体变形，坡体位移最小，对坡体长期稳定性最为有利；②隧道开挖对底部各测点(无论坡体内部测点还是表面测点)位移的影响很小，几乎可以忽略；③内部测点和外部测点的位移基本随高度的增加而增大。

4) 模型试验数据分析结论

综合分析地质力学模型试验过程中各工况的试验现象和数据，可以得到以下几点有益结论：

(1) 滑坡在隧道开挖过程和降雨过程中，出现了坡体表面溜塌、局部滑移，未出现整体滑移，坡体表面测点的位移明显大于坡体内部测点的位移，浅层滑动需要加强防范。整个坡体在试验预定的几个工况中是整体稳定的，但是局部破坏也会对工程造成一定影响。因此，在工程中采用点安全系数来评价滑坡的稳定性比较合理。

(2) 隧道开挖和降雨的过程中，在其他条件不变的情况下，未加固的位移大于加固的位移，故加固措施较为合理。正向开挖的位移大于反向开挖的位移，说明隧道开挖的方向对隧道稳定性的影响程度不同，采用合理的开挖方向可以减小开挖影响范围，降低工程造价。

(3) 隧道开挖的过程中，开挖方向的影响弱于支护结构的影响，支护结构起主要作用，不可忽视。开挖对滑坡的影响在一定范围之内，支护结构要设计在合适的位置，否则可能会存在安全隐患。

(4) 隧道衬砌的薄弱位置可能在拱顶内壁、拱脚外壁、仰拱内壁，受力时较易拉裂。应该在设计中确定衬砌比较合理的拱轴线，施工中应当注意施工质量。

8. 试验结论

试验研究了长大隧道的施工特点、施工改进工艺和正反向开挖隧道变形控制技术，可以起到加固隧道-滑坡体系的作用，且具有很强的实用性和经济性，总结如下：

(1) 隧道开挖过程中的渐进性破坏，导致坡体稳定性下降，甚至出现隧道或坡体失稳破坏，因此控制或降低开挖过程中的变形是控制隧道-滑坡体渐进性破坏的关键。

(2) 对隧道滑坡的稳定性而言，反向开挖优于正向开挖，正向开挖对隧道滑坡的稳定性最为不利。

(3) 工艺预加固技术对控制滑坡和隧道的变形有明显的效果，一定程度上可提高隧道-滑坡体系的稳定与安全，并在实际工程应用中取得了较好的效果。

(4) 由地质力学模型试验的全过程现象和数据分析可知：滑坡在隧道开挖过程和降雨过程中出现了表面溜塌、局部滑移，未出现整体滑移，且坡体表面测点的位移明显大于坡体内部测点的位移；未加固的位移大于加固的位移；正向开挖的位移大于反向开挖的位移。

参 考 文 献

[1] 吴红刚. 隧道-滑坡体系的变形机理及控制技术研究[D]. 北京: 中国铁道科学研究院, 2012.

[2] 铁道部科学研究院西北分院. 坡体病害地段隧道变形机理及其防治技术[R]. 兰州: 铁道部科学研究院西北分院, 1998.

[3] 王汉鹏, 李术才, 郑学芬, 等. 地质力学模型试验新技术研究进展及工程应用[J]. 岩石力学与工程学报, 2009, 28(S1): 2765-2771.

[4] 董建华, 张林, 陈建叶, 等. 地质力学模型试验技术研究及工程应用[J]. 长江科学院院报, 2012, 29(12): 78-82.

[5] 王波. 地质力学模拟试验系统研究进展及关键技术[J]. 华北科技学院学报, 2016, 13(02): 30-33.

[6] 甘肃长达路业有限责任公司,中铁西北科学研究院有限公司, 等. 武罐高速公路典型滑坡对隧道危害机制及防治技术研究[R]. 兰州: 中铁西北科学研究院有限公司, 2013.

第 4 章　隧道-滑坡体系力学计算模型及方法

隧道与滑面的相对位置不同，隧道受到滑坡推力的影响不同，其受力模式也有很大的区别。而隧道受滑坡推力的影响是导致隧道变形的根本原因，也就是隧道与滑动面的相对位置关系决定了滑坡与隧道相互作用模式和隧道的变形特征。因此，对隧道-滑坡平行体系、正交体系、斜交体系的力学计算模型和方法进行分析，采用滑坡与隧道的耦合模型，重点探讨滑坡推力对位于主滑段隧道外荷载的影响规律和计算方法。本章主要对平行体系和正交体系的典型模式进行分析，其余类型可通过力的分解与形成组合进行综合分析。

4.1　隧道-滑坡平行体系力学计算模型及方法

当滑坡体内只有一层滑面时，隧道-滑坡平行体系中隧道与滑面的相对位置关系可分为三种不同的情形：①隧道与滑面相交（Ⅰa）；②隧道位于滑面以下（Ⅰb）；③隧道从滑体两侧通过（Ⅰc）[1]。采用结构力学和经典土力学的方法，分别对其相应的工程地质模型进行分析，结合滑坡、隧道相关计算理论可得模型的受力图示和计算方法。本节仅针对工程中最常见的Ⅰa、Ⅰb两种类型进行分析。

4.1.1　隧道与滑面相交（Ⅰa）

1. 工程地质模型受力变形特征简化分析

当隧道与滑面相交（Ⅰa）时，作用于隧道上的外力主要为岩土压力 q_{pv} 和剩余滑坡推力 q_z，隧道底部还会受到基底反力（岩土抗力 q_k）的作用，此时隧道变形主要表现在洞口段，滑体以外部分坡体和隧道有足够的刚度可将隧道简化为梁式结构。由于隧道在滑体内作为梁式结构在纵向承受剩余滑坡推力隧道轴向的分量，在横向承受岩土压力 q_p 和滑坡推力隧道垂向的分量，因此隧道将发生纵向弯曲变形、轴向拉伸变形和固定端剪切变形。隧道顶部产生弯张变形（图 4-1）；

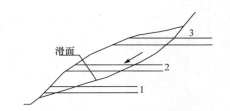

图 4-1　与滑面相交的隧道工程地质模型
1. 抗滑段穿越；2. 主滑段穿越；3. 牵引段穿越

受剪切力作用，隧道纵向产生与滑动方向一致的剪切裂缝；轴力作用会形成环形横向裂缝。特别在靠近滑面处，隧道受到的弯矩、剪力和轴力都达到最大，隧道弯曲变形、剪切变形和轴向拉伸变形最大，最终导致隧道在滑面处发生错动，形成剪切错台。

2. 力学作用模式

1) 作用于隧道的滑坡推力分布

滑体内承受滑坡推力的隧道，其横向截面受到的滑坡推力合力可由传递系数法求得。由于隧道具有抵抗滑坡向下滑动的作用，类似于抗滑桩，因此其截面上的滑坡推力分布与抗滑桩相似。一般认为滑坡推力分布有三角形分布、矩形分布、梯形分布三种形式。当滑体是一种黏聚力较大的地层时，其推力分布可近似按矩形分布考虑；当滑体是一种以内摩擦角为主要抗剪特性的堆积体(砂土)时，推力分布可近似为三角形分布；介于两者之间，按梯形分布考虑。为了说明其推导过程，采用较复杂的梯形分布，剩余滑坡推力的合力可通过传递系数法求得，如图 4-2 所示[2]。

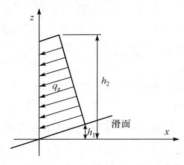

图 4-2　剩余滑坡推力分布

$$E = \int_{h_1}^{h_2} (az + c)\,\mathrm{d}z$$

$$= \left(\frac{a}{2}z^2 + cz \right)\bigg|_{h_1}^{h_2}$$

$$= \frac{a}{2}h_2^2 + ch_2 - \frac{a}{2}h_1^2 - ch_1 \tag{4-1}$$

$$= \frac{a}{2}\left(h_2^2 - h_1^2\right) + c\left(h_2 - h_1\right)$$

另有

$$\begin{cases} \displaystyle\int_{h_1}^{h_2}(az + c)\cdot z\cdot \cos\beta\,\mathrm{d}z = E\cdot kh_2\cdot\cos\beta \\[2mm] \displaystyle\left(\frac{a}{3}z^3 + \frac{c}{2}z^2\right)\bigg|_{h_1}^{h_2} = E\cdot kh_2 \\[2mm] \displaystyle\frac{a}{3}\left(h_2^3 - h_1^3\right) + \frac{c}{2}\left(h_2^2 - h_1^2\right) = E\cdot kh_2 \end{cases} \tag{4-2}$$

将式(4-1)和式(4-2)联立，得

$$\begin{cases} \dfrac{a}{2}\left(h_2^2 - h_1^2\right) + c\left(h_2 - h_1\right) = E \\[2mm] \dfrac{a}{3}\left(h_2^3 - h_1^3\right) + \dfrac{c}{2}\left(h_2^2 - h_1^2\right) = E \cdot kh_2 \end{cases} \tag{4-3}$$

解方程组得

$$a = \frac{\left[12kh_2 - 6\left(h_2 + h_1\right)\right]E}{\left(h_2 - h_1\right)^3} \tag{4-4}$$

$$c = \frac{E\left(h_2 - h_1\right)^2 - \left[6kh_2 - 3\left(h_2 + h_1\right)\right]E\left(h_2 + h_1\right)}{\left(h_2 - h_1\right)^3} \tag{4-5}$$

分布函数的一般表达式为

$$q(z) = \frac{\left[12kh_2 - 6\left(h_2 + h_1\right)\right]E}{\left(h_2 - h_1\right)^3}z + \frac{E\left(h_2 - h_1\right)^2 - \left[6kh_2 - 3\left(h_2 + h_1\right)\right]E\left(h_2 + h_1\right)}{\left(h_2 - h_1\right)^3} \tag{4-6}$$

代入 $z = h_i$，$E = p_i$，则滑坡推力的荷载分布为

$$q_z = \frac{\left[12kh_2 - 6\left(h_2 + h_1\right)\right]p_i}{\left(h_2 - h_1\right)^3}h_i + \frac{p_i\left(h_2 - h_1\right)^2 - \left[6kh_2 - 3\left(h_2 + h_1\right)\right]p_i\left(h_2 + h_1\right)}{\left(h_2 - h_1\right)^3}p_i$$

$$\tag{4-7}$$

式中，p_i 为传递系数法计算条块作用于隧道的滑坡推力合力；h_i 为滑面到条块竖向位置的高度；h_1 为与隧道接触条块的高度；h_2 为地面到滑面的竖直高度；kh_2 为滑坡合力作用点距滑面的距离。

隧道与滑面相交时，主要承受滑坡推力和围岩压力的作用，滑坡主滑段产生的剩余滑坡推力直接作用于与滑面相交的隧道结构上，且对相邻的土体产生影响。在传递系数法计算中，主滑段与抗滑段交界处剩余滑坡推力最大，且考虑隧道结构的最不利荷载，将隧道布置在此区域最危险。

在滑坡推力的计算中，假定土体不可压缩，上部坡体累积的滑坡推力通过与隧道相邻的土块传递到隧道结构上，对隧道产生影响，隧道受到的滑坡推力分布如图 4-3 所示。

基岩中和滑体中的隧道同时受到滑坡推力的影响，由于基岩中隧道埋深较深且不与滑体直接接触，滑坡推力对其产生的附加荷载的影响较小，对隧道拱部有一定的扰动。但是，一般不会导致隧道的变形破坏，与工程实例一致。而滑体中的隧道在滑坡推力 q_{z0} 作用下，既承受竖直方向上的荷载，也受到轴向的水平荷载，在拉弯作用下极易产生变形破坏，尤其是与滑带相交的区段，故

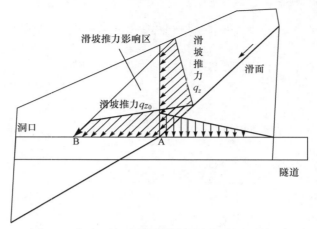

图 4-3　与滑面相交隧道受到的滑坡推力分布图

主要对滑体内隧道的受力模式进行计算分析。为了说明隧道在滑坡推力[图 4-41(a)]作用下的受力变形特征和计算方便，将滑坡推力沿水平方向和竖直方向分解，如图 4-4(b)所示。

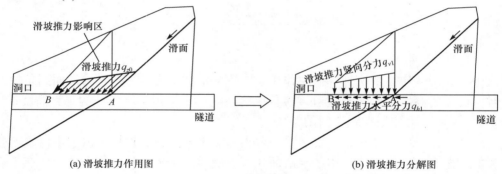

(a) 滑坡推力作用图　　　　　　　　　　　(b) 滑坡推力分解图

图 4-4　隧道受到的滑坡推力分布图

2）与滑面相交隧道轴向荷载的计算方法和分布

剩余滑坡推力通过滑坡推力影响区的土体传递到隧道结构上，如图 4-5 所示。其传递效率用 $K_0(K_0<1)$ 表示，则作用于隧道的推力 q_{z0} 为

$$q_{z0} = q_z \cdot K_0 \tag{4-8}$$

作用于隧道 A 点到 B 点的滑坡推力水平方向分力为

$$q_{h1} = q_{z0} \cos \beta = K_0 \frac{\left[12kh_2 - 6\left(h_2 + h_1\right)\right] p_i}{\left(h_2 - h_1\right)^3} h_i \cos \beta$$

$$+ K_0 \frac{p_i \left(h_2 - h_1\right)^2 - \left[6kh_2 - 3\left(h_2 + h_1\right)\right] p_i \left(h_2 + h_1\right)}{\left(h_2 - h_1\right)^3} p_i \cos \beta \tag{4-9}$$

竖直方向分力为

$$q_{v1} = q_{z0} \sin\beta = K_0 \frac{\left[12kh_2 - 6(h_2 + h_1)\right]p_i}{(h_2 - h_1)^3} h_i \sin\beta$$

$$+ K_0 \frac{p_i(h_2 - h_1)^2 - \left[6kh_2 - 3(h_2 + h_1)\right]p_i(h_2 + h_1)}{(h_2 - h_1)^3} p_i \sin\beta \tag{4-10}$$

则作用于拱部的合力 $(0 \leqslant h_i \leqslant h_{AB})$ 为

水平方向：

$$q_h = q_{h1} = K_0 \frac{\left[12kh_2 - 6(h_2 + h_1)\right]p_i}{(h_2 - h_1)^3} h_i \cos\beta$$

$$+ K_0 \frac{p_i(h_2 - h_1)^2 - \left[6kh_2 - 3(h_2 + h_1)\right]p_i(h_2 + h_1)}{(h_2 - h_1)^3} p_i \cos\beta \tag{4-11}$$

竖直方向：

$$q_v = q_{pv} + q_{v1} = \frac{\gamma}{2}\left[(h + h')B - (\lambda h^2 + \lambda' h'^2)\tan\theta\right] + K_0 \frac{\left[12kh_2 - 6(h_2 + h_1)\right]p_i}{(h_2 - h_1)^3} h_i \sin\beta$$

$$+ K_0 \frac{p_i(h_2 - h_1)^2 - \left[6kh_2 - 3(h_2 + h_1)\right]p_i(h_2 + h_1)}{(h_2 - h_1)^3} p_i \sin\beta \tag{4-12}$$

式中，β 为滑面倾角(°)；h、h' 分别为内、外侧由拱顶水平至地面的高度(m)；B 为坑道跨度(m)；γ 为围岩重度(kN/m³)；θ 为顶板土柱两侧摩擦角(°)，当无实测资料时，可按照现行铁路/公路隧道设计规范选取；λ、λ' 为内外、侧的侧压力系数；h_i 为靠山侧任一点 i 至地面的距离(m)。

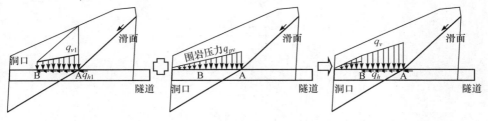

图 4-5　隧道拱部轴向受力分布图

隧道在滑坡推力和围岩压力的作用下，向仰拱底部的土体挤压。若底部滑体已经滑动，则不产生岩土抗力，对隧道无支撑，为梁式结构受力；若底部滑体未滑动，则产生岩土抗力，对隧道起支撑作用，为地梁结构受力。

3) 与滑面相交隧道轴向受力变形分析

目前，我国公路桥隧、路隧过渡段主要采用桥梁伸入隧道与隧道连接的桩基础支撑形式[图 4-6(a)]和路面、桥面与隧道搭接的扩大基础支撑形式[图 4-6(b)]。过渡段桩基础支撑可提供洞口足够的刚性支撑，阻止隧道口产生向下的位移，允许水平方向的运动；洞口的扩大基础一般埋深较浅，且位于滑体内，不能对洞口提供有效的刚性支撑，导致其受力变形与前者差别较大。

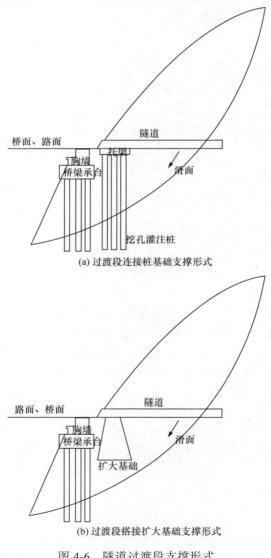

(a) 过渡段连接桩基础支撑形式

(b) 过渡段搭接扩大基础支撑形式

图 4-6　隧道过渡段支撑形式

　　当隧道与滑面相交时,作用于隧道上的外荷载主要为围岩压力和剩余滑坡推力,同时为了保持平衡,对隧道底部土体产生挤压(底部土体未滑动),导致其受到岩土抗力的作用。此时隧道变形破坏主要位于洞口段,基岩中的隧道及滑体以外部分坡体都有足够的刚度,对基岩中的隧道具有支撑作用,可将隧道简化为梁式结构。

　　对于洞口有刚性支撑的隧道-滑坡结构,可将梁式结构简化为简支梁,梁的一端绞支,另一端为固定端。滑体内的隧道作为梁式结构,在轴向承受滑面剩余滑坡推力水平分力的作用,隧道上部的土体由于水平运动趋势产生的摩擦力直接作用于隧道拱部,且大小从滑带处向洞口减小,极易导致张拉裂缝的产生;隧道横向受围岩压力、滑坡推力沿隧道轴向的分量和土体抗力的作用,导致竖直方向的弯曲变形和轴向的拉伸变形,在隧道顶部产生弯张变形,形成环形剪切裂缝。特别是滑面附近,隧道受到的弯矩、剪力和轴力都达到最大,隧道弯曲变形、剪切变形和轴向拉伸变形最大,最终导致隧道在滑面处发生错动,形成剪切错台,如图4-7所示。

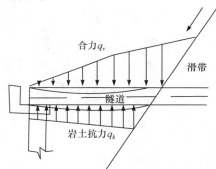

图 4-7　洞口有刚性支撑的隧道受力模式

　　无刚性支撑作用的隧道-滑坡结构可简化为悬臂梁,受力方式与刚性支撑一致,如图4-8所示。由于洞口无支撑,隧道在滑坡推力、围岩压力和岩土抗力

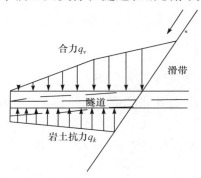

图 4-8　洞口无刚性支撑的隧道受力变形模式

的作用下产生较大的位移，尤其是滑带附近的隧道结构变形量急剧增大，剪力和弯矩明显大于有支撑的情况，导致隧道的破坏更为严重。

4) 隧道截面荷载计算方法

隧道截面拱部结构受围岩压力和滑坡推力的作用，两者叠加即为隧道拱部所受的合力，同时隧道边墙受滑坡推力的影响较小，只承受围岩压力的作用，如图 4-9 所示。则作用于拱部结构的合力为

$$
\begin{aligned}
q_v &= q_{pv} + K_0 q_{z0} \cos \beta \\
&= \gamma h \left(1 - \frac{\lambda h \tan \theta}{B} \right) + K_0 \frac{\left[12kh_2 - 6(h_2 + h_1) \right] p_i}{(h_2 - h_1)^3} h_i \cos \beta \\
&\quad + K_0 \frac{p_i (h_2 - h_1)^2 - \left[6kh_2 - 3(h_2 + h_1) \right] p_i (h_2 + h_1)}{(h_2 - h_1)^3} p_i \cos \beta
\end{aligned}
\tag{4-13}
$$

边墙结构的作用力为

$$
q_h = \gamma \lambda h_i \tag{4-14}
$$

式中，β 为滑面倾角(°)；K_0 为洞口滑坡推力传递系数；B 为坑道跨度(m)；γ 为围岩重度(kN/m³)；θ 为顶板土柱两侧摩擦角(°)，当无实测资料时，可按照现行铁路/公路隧道设计规范选取；λ 为内、外侧的侧压力系数；h_i 为靠山侧任一点 i 至地面的距离(m)。

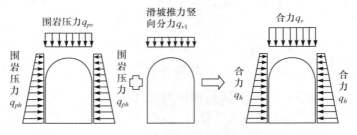

图 4-9　隧道拱部与边墙合力作用模式

4.1.2　隧道位于滑面以下(Ⅰb)

1. 工程地质模型受力变形特征简化分析

隧道位于滑面以下时，作用于隧道上的外荷载主要为围岩压力、岩土抗力和剩余滑坡推力产生的附加荷载。其中附加荷载的影响范围主要与隧道围岩的岩土性质、风化程度、节理裂隙发育情况和水文地质条件有关。在附加荷载的影响下，隧道拱部承受多余的压力而受到偏压作用，拱顶形成受拉区域，出现拉张裂缝，若拱顶岩土体的节理裂隙发育，还会出现拱顶掉块甚至压馈破坏，如图 4-10 所示。

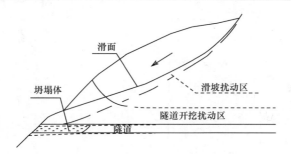

图 4-10　隧道位于滑面以下工程地质模型图

2. 力学作用模式

隧道位于滑面以下时,主要承受滑坡推力产生的附加荷载和围岩压力的作用,剩余滑坡推力在主滑段与抗滑段交界处达最大,且考虑隧道结构的最不利荷载,取该处隧道截面为控制截面,采用经典土力学的方法,计算滑坡推力合力对隧道结构产生的附加荷载。

在滑坡推力的计算中,假定土体不可压缩,上部坡体累积的滑坡推力通过隧道上部的土体传递到隧道结构上,对隧道产生影响,从而导致隧道产生变形破坏,对拱部的影响最大。因此,将隧道后部紧邻滑块的剩余滑坡推力的竖向分力视为作用于滑带上的垂直分布荷载,采用布辛奈斯克法计算其在隧道拱部产生的附加荷载,再将水平分量当作均布荷载分布在滑面上,采用西罗提法计算其在隧道边墙产生的水平压力。

1) 作用于隧道上部土体的滑坡推力分布

通过传递系数法确定隧道上部滑块的剩余滑坡推力 P_i,将此滑坡推力沿水平、竖直方向分解为 P_{ih} 和 P_{iv},如图 4-11 所示。

2) 隧道位于滑面以下截面荷载计算方法和分布

(1) 拱部结构。拱部除了承受上覆土压力(围岩压力)外,还受到滑坡推力竖向分力产生的附加荷载作用。法国的布辛奈斯克提出在弹性半空间表面上作用一个竖向的集中力 P,半空间内任意点处引起的竖向应力为

$$\sigma_z = \frac{3Pz^3}{2\pi R^5} \tag{4-15}$$

几何关系 $R^2 = r^2 + z^2$,代入式(4-15)得

$$\sigma_z = \frac{3Pz^3}{2\pi R^5} = \frac{3}{2\pi} \frac{1}{\left[1+\left(\frac{r}{z}\right)^2\right]^{\frac{5}{2}}} \frac{P}{z^2} = K_v \frac{P}{z^2} \tag{4-16}$$

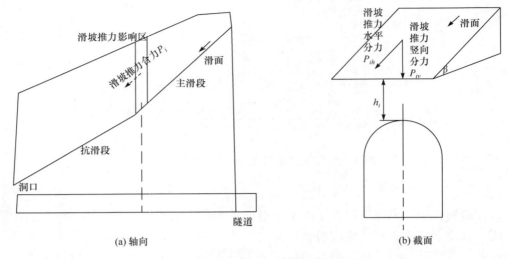

(a) 轴向　　　　　　　　　　　　　　　　(b) 截面

图 4-11　隧道上部土体滑坡推力分布图

式中，$K_v = \dfrac{3}{2\pi}\dfrac{1}{\left[1+\left(\dfrac{r}{z}\right)^2\right]^{\frac{5}{2}}}$，为集中力作用下的应力分布系数；$P$ 为竖向集中

力(kN)；z 为集中力作用点从地面到土体的任意深度(m)；r 为集中力作用点到任意点水平方向上的距离(m)。

代入滑坡竖向集中力 $P_{iv} = P_i \sin\beta$，$z = h$，得滑坡推力对拱部产生的附加应力

$$q_{vf} = K_v \frac{P_{iv}}{h_i^{\,2}} = K_v \frac{P_i \sin\beta}{h_i^{\,2}} \qquad (0 \leqslant r \leqslant B) \tag{4-17}$$

由于滑坡推力作用下隧道拱部的附加荷载是轴对称空间问题，因此可以通过集中力作用线的竖直面进行附加荷载分布讨论。在 P 作用线上，$r=0$，由式(4-17)知

$$K_v = \frac{3}{2\pi}, \quad q_{vf} = \frac{3P_i \sin\beta}{2\pi h_i^{\,2}} \tag{4-18}$$

当 $h_i = 0$ 时，$q_h = \infty$。这一结果是将滑坡推力作用面积看作零导致的，说明该推导公式不适用于滑坡推力作用点附近，同时也说明靠近滑坡推力作用处的附加荷载很大。

从《铁路隧道设计规范》可知偏压隧道拱部 $\left(-\dfrac{B}{2} \leqslant r \leqslant \dfrac{B}{2}\right)$ 的竖向荷载为

$$q_{pv} = \gamma h\left(1 - \frac{\lambda h \tan\theta}{B}\right) \tag{4-19}$$

则拱部受到的合力为

$$q_v = q_{pv} + q_{vf} = \gamma h\left(1 - \frac{\lambda h \tan\theta}{B}\right) + K_v \frac{P_i \sin\beta}{h_i^2} \tag{4-20}$$

式中，h 为拱顶水平至地面的高度(m)；P_i 为传递系数法计算的剩余滑坡推力合力(kN/m)；B 为隧道上方条块的宽度(m)；γ 为围岩重度(kN/m³)；θ 为顶板土柱两侧摩擦角(°)；λ 为内、外侧的侧压力系数。

拱部合力作用模式如图 4-12 所示。

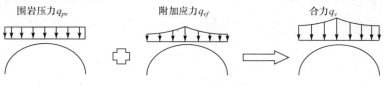

图 4-12　拱部合力作用模式

(2) 边墙结构。传递给隧道顶部滑块剩余下滑力的水平分力沿隧道轴向滑面分布，如图 4-13 所示。

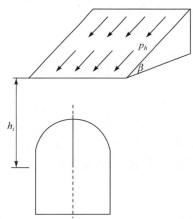

图 4-13　滑坡推力的水平分布

在滑面上截取长为 b、宽为 l 的一块滑面，假设这块滑面上的水平均布荷载为 p_h，根据西罗提法可以求出滑面前端任意深度 Z 点的水平力，假设其深度为 h_i，计算如图 4-14 所示。

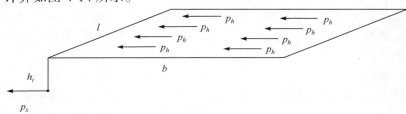

图 4-14　西罗提法计算简图

$$\sigma_z = K_h p_h \tag{4-21}$$

式中，p_h 为水平均布荷载(kN)；$K_h = \dfrac{1}{2\pi}\left[\dfrac{m}{\sqrt{m^2+n^2}} - \dfrac{mn^2}{(1+n^2)\sqrt{1+m^2+n^2}}\right]$，为矩形面积作用均布力时角点下的应力分布系数，参考 $m = \dfrac{l}{b}, n = \dfrac{h_i}{b}$，$h_i$ 为滑面到右边墙某一位置的高度(m)。

代入滑坡水平均布荷载 $p_h = \dfrac{p_i \cos\beta}{bl}$，得滑坡推力对边墙产生的附加荷载为

$$q_{hf} = K_h p_h = K_h \frac{p_i \cos\beta}{bl} \tag{4-22}$$

由《铁路隧道设计规范》可知浅埋隧道边墙两侧的围岩压力为 $q_{ph} = \gamma h_i \lambda$，则边墙结构所受合力为

$$q_h = q_{ph} + q_{hf} = \gamma h_i \lambda + K_h \frac{p_i \cos\beta}{bl} \tag{4-23}$$

4.2　隧道-滑坡正交体系力学计算模型及方法

当滑坡体内只有一层滑面时，隧道-滑坡正交体系中隧道与滑面的相对位置关系有三种不同的情形：①隧道位于滑体内(Ⅱa)；②隧道与滑面相交(Ⅱb)；③隧道位于滑面以下(Ⅱc)[1]。采用结构力学和经典土力学的方法，分别对其相应的工程地质模型进行分析，结合滑坡、隧道相关计算理论可得模型的受力图示和计算方法[2,3]。

4.2.1　隧道位于滑体内(Ⅱa)

1. 工程地质模型受力变形特征简化分析

由于隧道和滑坡坡体的接触面是立体的，因此根据隧道滑坡的变形特征图示，从隧道横截面和纵向分别进行分析，如图 4-15 所示。

工程地质模型中，隧道纵向上出现了弯曲变形，隧道整体向河侧移动，山侧边墙出现横向张裂缝，并随隧道移动。说明滑坡体内的隧道在线路轴向上可作为梁式结构，在其纵向上承受滑坡推力，隧道犹如一薄壁空心箱梁，上侧面受滑坡推力的作用，下侧面受土体被动抗力或滑坡剩余抗滑力作用。由于滑坡中轴附近推力一般较两侧大，因此隧道中部受力较两侧大，弯矩也较大。

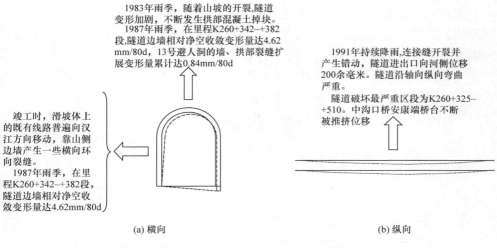

图 4-15　隧道位于滑体内(Ⅱa)工程地质模型图

隧道横向主要受滑坡推力和围岩压力作用,工程地质模型中靠山侧边墙均出现大量的环向裂缝且向上延伸至拱部,说明其受到了较大的滑坡推力作用。滑体内的隧道两端固定,导致边墙内侧受拉、外侧受压。混凝土的抗拉强度较低,其中的抗拉钢筋在滑坡推力作用下屈服时,混凝土开裂,产生横向裂缝。同时左边墙发生倾斜并伴有抬升和错台,说明犹如薄壁箱梁的隧道在推力作用下向河侧弯曲和移动,导致左边墙向河侧倾斜,产生不规则抬升和错台。

模型中右侧边墙出现了少量的环向裂缝,由于右侧滑坡体已经滑动,对其围岩压力减小,导致隧道右侧无支撑,加大了隧道的弯曲变形,使环向裂缝扩展,因此右边墙受到的荷载有所减少。

拱部出现环向裂缝,甚至在模型中靠山侧部分压溃破坏,混凝土压碎掉块。说明拱部受纵向弯曲的影响荷载增大,尤其是靠山侧受力比河侧大,导致靠山侧混凝土承受的轴向力大于其抗压强度值而压碎破坏。

2. 力学作用模式

由第 2 章工程实例分析知,当隧道位于滑体内的时候,就像埋入滑体内的空心薄壁箱梁,两端有支撑,中间受滑坡推力作用,下侧面受土体被动土压力或滑坡剩余抗滑力。如果下侧滑坡体已经滑动,对隧道无支撑,则下侧面受力可忽略不计。在考虑隧道上方正常的上覆土压力或者围岩压力之外,推导着重考虑了滑体的下滑力对隧道的作用,采用传统滑坡下滑力计算方法将隧道后部的滑体进行分块,将隧道后部紧邻滑块的剩余下滑力视为直接作用于隧道上的分布荷载，然后将滑坡推力在水平和垂直方向分解的荷载值与围岩压力叠加，即为隧道在滑坡推力作用下的荷载。其中忽略了隧道本身承载能力对外部荷载的影响，有一定的局限性。

为了便于研究偏压隧道在滑坡推力作用下的受力模式，参考《铁路隧道设计规范》中的偏压隧道围岩荷载分布图示，将只在围岩压力作用下的隧道荷载结构分为拱部结构 q_{pv}、山侧边墙结构 q_{ph}、河侧边墙结构 q_{ph1} 三部分，如图 4-16 所示。

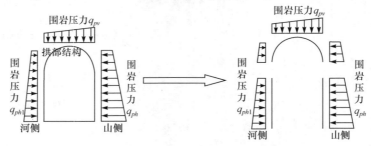

图 4-16　偏压隧道荷载分解图示

1) 作用于隧道上的滑坡推力分布

滑坡推力的研究已经取得了丰富的成果。这些方法都是从平面的角度出发的，即仅以在主滑纵断面处得到的滑坡推力为设计推力，相当于按均布力分布。这样是不合理的，因为实际滑坡中，随着滑体边界的临近，滑坡推力逐渐减小，直到趋近于零，所以，按照常规法得到的设计推力，特别是主滑纵断面两侧横向上的取值过大，使得设计相当保守。

计算空间滑坡推力的方法目前有以下几种：三维简化 Sama 法、三维普通条分法、三维简化 Janbu 法、三维简化 Bishop 法、三维 Morgenstern-Speneer 法。但是在工程中一般从滑坡中取三个剖面，运用传递系数法分别计算每个剖面所在土体滑坡推力的大小，将这 3 个值作为剖面所在滑块的推力平均值，得到整个坡体的滑坡推力分布为三台阶形状，如图 4-17 所示。

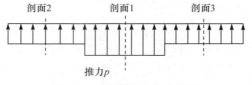

图 4-17　滑坡推力分布形式

作用在隧道上的滑坡推力为推力与围岩压力的叠加，分布如图 4-18(a)所示，将其沿水平方向和竖直方向分解，结果如图 4-18(b)。

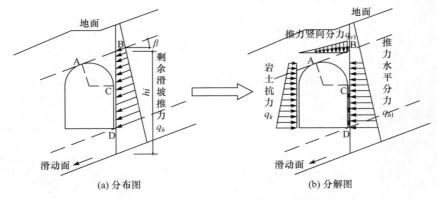

(a) 分布图　　　　　　　　　　　　(b) 分解图

图 4-18　作用在隧道上的滑坡推力

2) 截面荷载的计算方法和分布

(1) 拱部结构(图 4-19)。作用于拱脚到 B 点($h_C \leqslant h_i \leqslant h_B$)的滑坡推力:

水平方向分力为

$$q_{h1} = q_z \cos \beta = \frac{\left[12kh_2 - 6(h_2 + h_1)\right]p_i}{(h_2 - h_1)^3} h_i \cos \beta$$

$$+ \frac{p_i(h_2 - h_1)^2 - \left[6kh_2 - 3(h_2 + h_1)\right]p_i(h_2 + h_1)}{(h_2 - h_1)^3} p_i \cos \beta \tag{4-24}$$

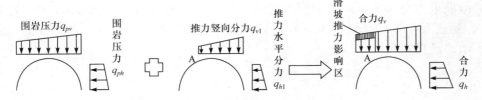

图 4-19　隧道穿越滑体(Ⅱa)拱部合力计算图示

竖直方向分力为

$$q_{v1} = q_z \sin \beta = \frac{\left[12kh_2 - 6(h_2 + h_1)\right]p_i}{(h_2 - h_1)^3} h_i \sin \beta$$

$$+ \frac{p_i(h_2 - h_1)^2 - \left[6kh_2 - 3(h_2 + h_1)\right]p_i(h_2 + h_1)}{(h_2 - h_1)^3} p_i \sin \beta \tag{4-25}$$

则作用于拱部的合力为

水平方向:

$$q_h = q_{ph} + q_{h1} = \lambda h_i \gamma + \frac{\left[12kh_2 - 6(h_2 + h_1)\right]p_i}{(h_2 - h_1)^3} h_i \cos\beta$$

$$+ \frac{p_i(h_2 - h_1)^2 - \left[6kh_2 - 3(h_2 + h_1)\right]p_i(h_2 + h_1)}{(h_2 - h_1)^3} p_i \cos\beta \tag{4-26}$$

竖直方向：

$$q_v = q_{pv} + q_{v1}$$

$$= \frac{\gamma}{2}\left[(h + h')B - \left(\lambda h^2 + \lambda' h'^2\right)\tan\theta\right] + \frac{\left[12kh_2 - 6(h_2 + h_1)\right]p_i}{(h_2 - h_1)^3} h_i \sin\beta$$

$$+ \frac{p_i(h_2 - h_1)^2 - \left[6kh_2 - 3(h_2 + h_1)\right]p_i(h_2 + h_1)}{(h_2 - h_1)^3} p_i \sin\beta$$

$$\tag{4-27}$$

式中，β 为滑面倾角(°)；h、h' 分别为内、外侧拱顶水平至地面的高度(m)；B 为坑道跨度(m)；γ 为围岩重度(kN/m^3)；θ 为顶板土柱两侧摩擦角(°)，当无实测资料时，可按照现行铁路/公路隧道设计规范选取；λ、λ' 为内、外侧的侧压力系数；h_i 为靠山侧任一点 i 至地面的距离(m)。

(2) 山侧边墙(靠山侧)结构(图 4-20)。将作用于山侧边墙底部到拱脚($h_D \leqslant h_i \leqslant h_C$) 的滑坡推力在水平方向和竖直方向进行分解，水平方向滑坡推力如式(4-24)所示，竖直方向推力如式(4-25)所示，则作用于山侧边墙的合力，水平方向如式(4-26)所示，竖直方向：

$$q_{v1} = \frac{\left[12kh_2 - 6(h_2 + h_1)\right]p_i}{(h_2 - h_1)^3} h_i \sin\beta$$

$$+ \frac{p_i(h_2 - h_1)^2 - \left[6kh_2 - 3(h_2 + h_1)\right]p_i(h_2 + h_1)}{(h_2 - h_1)^3} p_i \sin\beta \tag{4-28}$$

式中，β 为滑面倾角(°)；h_i 为靠山侧任一点 i 至地面的距离(m)。

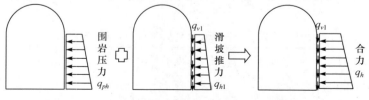

图 4-20　隧道穿越滑体(Ⅱa)山侧边墙合力作用模式

(3) 河侧边墙结构。隧道在滑坡推力作用下，产生向河侧的变形，导致河侧边墙挤压岩土体，河侧岩土体对边墙产生岩土抗力。如果隧道前部滑体随着坡体蠕动而发生滑动，则滑体对隧道的岩土抗力可忽略不计；反之，为了设计的安全，河侧边墙的滑体抗力取隧道前部滑体剩余抗滑力。

抗滑段滑体剩余抗滑力合力 p_{i-1} 可通过滑坡设计的传递系数法求得，其分布荷载表达式与山侧边墙一致，即

$$q_k = \frac{\left[12kh_2 - 6(h_2 + h_1)\right]p_i}{(h_2 - h_1)^3}h_i' + \frac{p_i(h_2 - h_1)^2 - \left[6kh_2 - 3(h_2 + h_1)\right]p_i(h_2 + h_1)}{(h_2 - h_1)^3}p_i$$

(4-29)

3) 隧道轴向荷载的计算方法和分布图

隧道轴向受围岩压力和滑坡推力的作用，如图 4-21 所示。滑坡推力呈中间大两边小分布，其大小用 $p(y) = p_0\lambda(y)$ 表示；围岩压力只与深度有关，而隧道垂直滑动面，所以围岩压力沿隧道轴向不变，参照偏压隧道的荷载分布得

$$q_{ph} = \int_h^{h+H} \lambda h_i \gamma \mathrm{d}h_i$$

(4-30)

则隧道靠山侧边墙所受的合力为

$$q_h = p(y) + q_{ph} = p_0\lambda(y) + \int_h^{h+H} \lambda h_i \gamma \mathrm{d}h_i$$

(4-31)

式中，$\lambda(y)$ 为滑坡推力沿隧道轴向的分布函数；h 为靠山侧拱顶水平至地面的高度(m)；H 为隧道的高度(m)；γ 为围岩重度(kN/m³)。

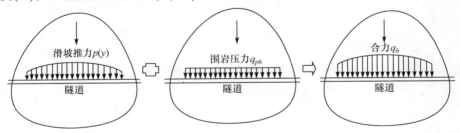

图 4-21　隧道穿越滑体(Ⅱa)隧道轴向受力图示

4) 小结

滑坡推力对隧道产生的影响是通过增加隧道承受的外荷载来实现的。在滑坡推力作用下，隧道靠山侧拱部和边墙承受的荷载明显增大，处于偏压受力状态，从而导致隧道拱部和靠山侧边墙产生大量裂缝。同时，位于滑体内的隧道在剩余滑坡推力作用下发生错动，导致与滑面相交段产生环向裂缝，其变形破坏规律与工程实例一致，如图 4-22 所示。

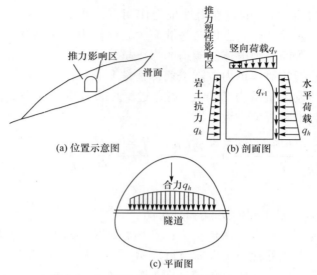

推力影响区
滑面
(a) 位置示意图
推力塑性影响区
竖向荷载q_v
岩土抗力
q_k
q_{v1}
水平荷载
q_h
(b) 剖面图
合力q_h
隧道
(c) 平面图

图 4-22　滑体内隧道(Ⅱa)的受力图示

4.2.2　隧道与滑面相交(Ⅱb)

1. 工程地质模型受力变形特征简化分析

由工程地质模型(图 4-23)知，隧道拱部衬砌均有压溃破坏，混凝土压碎掉块且靠山侧较河侧严重；与滑面相交的靠山侧边墙产生大量的纵向裂缝，甚至错台；河侧边墙产生少许纵向裂缝。说明当隧道与滑面相交时，隧道主要承受滑坡推力、围岩压力和滑体抗力，隧道像埋入坡体内的空心薄壁箱体，因其抗剪截面积较小，在隧道与滑面交界处很容易发生剪切破坏。同时隧道受到偏压作用，导致衬砌断面的弯矩不对称，靠山侧明显大于河侧。这时推力作用一侧

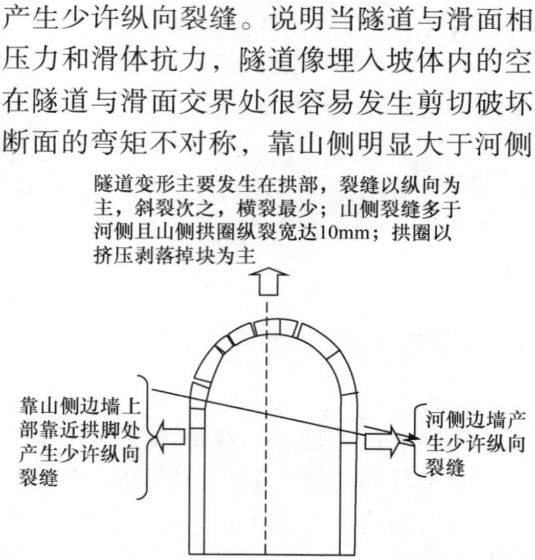

隧道变形主要发生在拱部，裂缝以纵向为主，斜裂次之，横裂最少；山侧裂缝多于河侧且山侧拱圈纵裂宽达10mm；拱圈以挤压剥落掉块为主
靠山侧边墙上部靠近拱脚处产生少许纵向裂缝
河侧边墙产生少许纵向裂缝

图 4-23　柴家坡隧道变形特征图

的滑面以上边墙和拱部弯曲变形最大，破坏也就先从这些部位开始，而且滑面附近的衬砌受剪力作用会比普通偏压隧道大很多，隧道衬砌会有纵向的剪切裂缝甚至错台。隧道靠山侧在偏压作用下整体向另一侧倾斜，导致河侧边墙承受较大的滑体抗力，产生裂缝。

2. 力学作用模式

1) 作用于隧道上的滑坡推力

作用于隧道上的滑坡推力如图 4-24 所示。

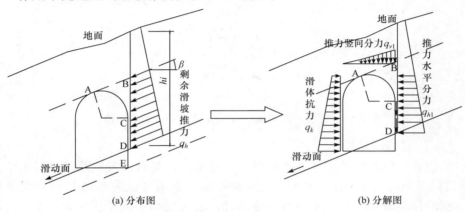

图 4-24　作用在隧道上的滑坡推力

2) 截面荷载计算方法和分布

计算方法与隧道穿越滑体时一样，分为拱部结构、山侧边墙结构、河侧边墙结构。

(1) 拱部结构(图 4-19 和图 4-25)。

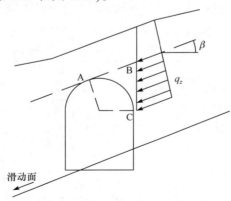

图 4-25　隧道与滑面相交(Ⅱb)拱部结构受力示意图

作用于拱脚到 B 点 ($h_C \leqslant h_i \leqslant h_B$) 的滑坡推力水平方向分力如式(4-24)所示，竖直方向分力如式(4-25)所示。作用于拱部的合力，水平方向如式(4-26)所示，竖直方向如式(4-27)所示。

(2) 山侧边墙结构(图 4-26)。

将作用于靠山侧边墙底部到拱脚 ($h_D \leqslant h_i \leqslant h_C$) 的滑坡推力在水平方向和竖直方向进行分解，水平方向滑坡推力如式(4-24)所示；竖直方向的推力如式(4-25)所示。作用于山侧边墙的合力，水平方向如式(4-26)所示，竖直方向如式(4-28)所示。

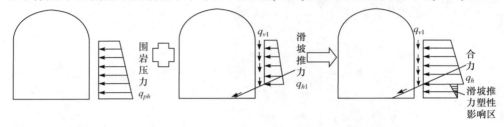

图 4-26　隧道与滑面相交(Ⅱb)山侧边墙合力作用模式

(3) 河侧边墙结构。

隧道在滑坡推力作用下，产生向河侧的变形，导致河侧边墙挤压岩土体。河侧岩土体对边墙产生岩土抗力，如果隧道前部滑体随着坡体蠕动而发生滑动，则滑体对隧道的岩土抗力可忽略不计。反之，为了设计的安全考虑，河侧边墙的滑体抗力取隧道前部滑体剩余抗滑力。

3) 小结

隧道与滑面相交时，在滑坡推力作用下，隧道靠山侧拱部和边墙承受的荷载明显增大，隧道处于偏压受力状态，从而导致隧道拱部和靠山侧边墙产生大量裂缝。同时，滑带处隧道承受剩余滑坡推力最大，导致与滑面相交段隧道产生纵向裂缝，严重时断裂错台，其变形破坏规律与工程实例一致，如图 4-27 所示。

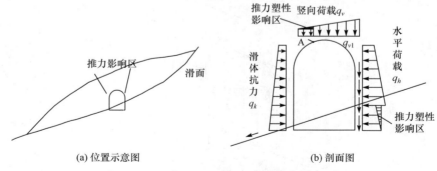

(a) 位置示意图　　　　　　　　(b) 剖面图

图 4-27　隧道与滑面相交(Ⅱb)受力示意图

4.2.3 隧道位于滑面以下(Ⅱc)

1. 工程地质模型受力变形特征简化分析

对工程实例中隧道的变形特征图(图4-28)分析后，得出隧道的破坏和变形模式主要为隧道拱顶下沉变形、开裂。这种现象是由于在滑坡推力的附加应力作用下，隧道拱部受到偏压作用，拱顶形成受拉区域，出现拉张裂缝，若拱顶岩土体的节理裂隙发育，还会出现拱顶掉块甚至压馈破坏。同时隧道边墙也受到滑坡推力附加剪切水平应力的影响，由于影响较小，隧道具有一定的承载能力，因而未发生开裂。

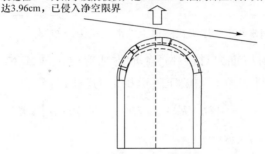

1995年新明月峡隧道施工诱发古错落体上部塌滑，滑带已基本连通，滑带剪出裂缝尚未形成，整体仍处于重力推移、蠕动变形阶段。

1996年塌滑的后缘裂缝张开贯通，两线之间陡坡局部出现方向紊乱的鼓胀裂缝，洞内衬砌亦相继开裂，拱部产生大量的纵向裂缝，裂缝在4~9月雨季发展较快，达1~4cm。拱圈局部压碎掉块，下错达3.96cm，已侵入净空限界。

图 4-28 新明月峡隧道变形特征图

2. 力学作用模式

由地质模型分析知，隧道承受围岩压力的作用，同时还受到滑坡推力产生的附加荷载的影响，从而产生变形破坏，对拱部的影响最大。因此，将隧道后部紧邻滑块的剩余滑坡推力的竖向分力视为作用于滑带上的垂直分布荷载，采用布辛奈斯克法计算其在隧道拱部产生的压力，再将水平分量当做均布荷载分布在滑面上，采用西罗提法计算其在隧道边墙产生的水平压力。

1) 作用于隧道上的滑坡推力分布

通过传递系数法确定隧道后部紧邻滑块的剩余滑坡推力 P_i，将此滑坡推力沿水平、竖直方向分解为 P_{ih} 和 P_{iv}，如图4-29所示。

2) 截面荷载计算方法和分布

滑坡推力对隧道的影响较为复杂，在满足工程需求的基础上，为了简化计算，假定滑坡推力的竖向分力只对隧道拱部产生影响，对边墙影响可忽略不计(有待试验和计算验证其合理性)；水平分力只对靠山侧边墙产生影响，对拱部影响忽略不计。同时为了便于分析，将隧道结构分为拱部结构、左边墙结构、右边墙结构(靠山侧)。

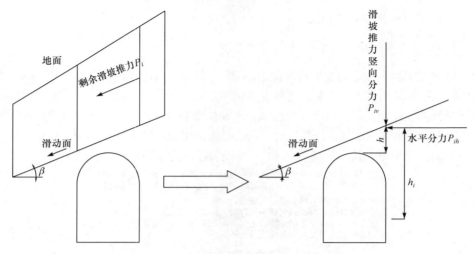

图 4-29　作用在隧道上的滑坡推力分布图

(1) 拱部结构。滑坡推力对拱部产生的附加应力 q_{vf} 如式(4-17)所示。

由《铁路隧道设计规范》知偏压隧道拱部的竖向荷载为

$$q_{pv} = \frac{\gamma}{2}\left[\left(h+h'\right)B-\left(\lambda h^2 + \lambda' h'^2\right)\tan\theta\right] \tag{4-32}$$

则拱部受到的合力 $(0 \leqslant r \leqslant B)$ 为

$$q_v = q_{pv} + q_{vf} = \frac{\gamma}{2}\left[\left(h+h'\right)B-\left(\lambda h^2 + \lambda' h'^2\right)\tan\theta\right] + K\frac{P_i \sin\beta}{h_i^2} \tag{4-33}$$

式中，h、h' 分别为内、外侧拱顶水平至地面的高度(m)；P_i 为传递系数法计算的剩余滑坡推力合力(kN/m)；B 为隧道上方条块的宽度(m)；γ 为围岩重度(kN/m³)；θ 为顶板土柱两侧摩擦角(°)；λ、λ' 为内、外侧的侧压力系数。

(2) 边墙结构。传递给隧道顶部滑块剩余下滑力的水平分力沿隧道轴向滑面分布，如图 4-30 所示。

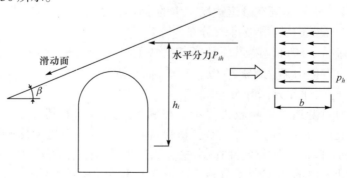

图 4-30　滑坡推力的水平分布

在滑面上截取长为 b、宽为 L 的一块滑面，假设这块滑面上的水平均布荷载为 p_h，根据西罗提法可以求出滑面前端任意深度 Z 点的水平力，假设其深度为 h_i，计算图示如图 4-14。滑坡推力对边墙产生的附加荷载如式(4-22)所示。

由《铁路隧道设计规范》可知偏压隧道边墙两侧的围岩压力分别为 $q_{ph}=\gamma h_i \lambda$ 和 $q'_{ph}=\gamma h'_i \lambda$，则作用于边墙的合力，山侧边墙如式(4-23)所示，河侧边墙为

$$q'_h = q'_{ph} + q'_{hf} = \gamma h'_i \lambda + K_h \frac{p_i \cos \beta}{bl} \tag{4-34}$$

3) 小结

位于滑面以下隧道在滑坡推力作用下承受的附加荷载，靠山侧比河侧大，处于偏压受力状态。同时滑坡推力对拱部结构的影响明显大于边墙结构，这也是拱部首先发生破坏的原因。隧道受力模式如图 4-31 所示。

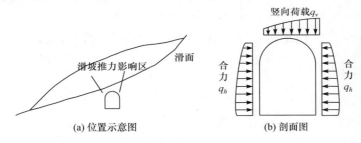

图 4-31　隧道位于滑面以下(Ⅱc)受力示意图

3. 最小安全距离

1) 隧道开挖对围岩的扰动范围

隧道开挖后将引起洞周一定范围内围岩应力调整，即围岩应力重分布。洞室周围形成围岩松动区、塑性区和应力松弛区。由于松区和塑性区的出现将使隧道处于不稳定状态，因此隧道开挖对围岩的扰动范围一直是比较受关注的对象。考虑最不利情况，即隧道开挖后未能及时施加支护结构，隧道扰动范围能够到达最大 $R_{\max}$。以圆形隧道为例，当侧压力系数 $\lambda=1$ 时，洞周出现环向破坏；而 $\lambda<1$ 时，则在围岩两侧中间部位出现"破裂楔体"，该楔体位于围岩扰动范围中应力集中最明显的部位，亦即应力降低和强度丧失最严重的地方。实践中，通常侧压力系数 $\lambda<1$，具有塑性滑移破坏的特性；$\lambda \neq 1$ 的情况亦可以采用 $\lambda=1$ 的滑移线方程来计算"破裂楔体"长度，因此可按照滑移线理论推导隧道开挖对围岩的扰动范围。

　　根据莫尔圆理论，扰动范围内出现的塑性滑移线与最小主应力迹线成 $(45° + \varphi/2)$ 角，亦即与坐标轴成 α 夹角。轴对称时，$\alpha = 45° + \varphi/2$，如图 4-32 所示。

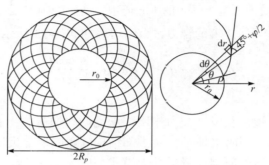

图 4-32　隧道围岩滑移迹线示意图

　　当坐标有一个 $\mathrm{d}\theta$ 的变化，径向也有 $\mathrm{d}r$ 的变化，$\theta：\rho \to \theta$，$r：r_0 \to r$，故有

$$\mathrm{d}r = r\mathrm{d}\theta \cot\left(45° + \frac{\varphi}{2}\right)$$

$$\int_{r_0}^{r} \frac{\mathrm{d}r}{r} = \cot\alpha \int_{\rho}^{\theta} \mathrm{d}\theta$$

$$\ln r - \ln r_0 = (\theta - \rho)\cot\alpha$$

$$r = r_0 e^{(\theta - \rho)\cot\left(45° + \frac{\varphi}{2}\right)} \tag{4-35}$$

式中，r_0 为隧道半径(m)；ρ 为初始破裂角(°)；φ 为围岩内摩擦角(°)。另一组滑移线为

$$r = r_0 e^{-(\theta - \rho)\cot\left(45° + \frac{\varphi}{2}\right)} \tag{4-36}$$

　　由此可知，扰动范围内的塑性滑移线是一组成对交错出现的螺旋线。根据滑移线理论，可求得隧道开挖后最大扰动半径：$R_{p\max} = r_0 e^{(\theta - \rho)\cot\left(45° + \frac{\varphi}{2}\right)}$。图 4-33 为半径 $r_0 = 6.2\mathrm{m}$，初始破裂角 ρ 等于内摩擦角时，隧道最大扰动半径随内摩擦角 φ 的变化情况。

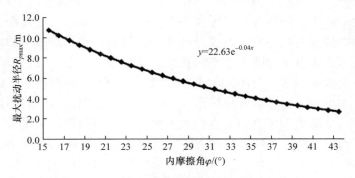

图 4-33　隧道最大扰动半径随内摩擦角的变化曲线

2) 考虑滑坡与隧道相互挤压作用的最小安全下穿距离

(1) 计算模型与基本假定。

根据滑移线理论推导隧道开挖的围岩扰动范围，可求得隧道开挖后最大扰

动半径 $R_{p\max} = r_0 e^{(\theta-\rho)\cot\left(45°+\frac{\varphi}{2}\right)}$。

如图 4-34 所示，当滑坡下方没有开挖隧道时，滑体将沿着滑带向下滑动，滑动过程中对滑床的扰动范围非常小，一般不考虑。然而当滑坡下方开挖隧道时，一方面隧道开挖过程中对围岩有较大扰动，洞周形成松动区、塑性区和应力松弛区，单独考虑隧道开挖后支护结构受到的围岩压力已经有比较详细的理论解；另一方面对于隧道-滑坡体系，隧道开挖后在滑体下方形成较大的临空面，如果隧道拱顶距离滑面较近，则拱顶以上的松散滑体可能直接向隧道塌落，产生类似于冒顶的隧道病害。随着隧道拱顶与滑面距离的增加，隧道扰动上部坡

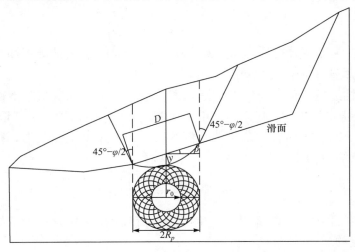

图 4-34　隧道位于滑面以下(Ⅱc)分析模型

体的程度逐渐减小。隧道开挖使坡体一定范围内应力状态发生改变，只要应力调整过程中滑坡应力状态发生改变，就认为隧道的存在对滑坡有影响。此时滑坡蠕动加剧，造成滑体向隧道临空面挤压。隧道拱顶以上、滑面以下的任何部位都可能产生很大的挤压力(图 4-35)。假设在影响范围内的任意平面内挤压力为均布力，大小为 q。隧道开挖后形成扰动，扰动范围内的围岩稳定性较低，很容易塌落，扰动范围竖直向上直到地表面的岩土受隧道影响最大，有向隧道临空方向运动的趋势，并带动两侧土体发生破坏。根据莫尔-库仑理论，岩土材料发生破坏时的破裂面与最大主应力方向成($45° - \varphi / 2$)的角度。由于受到两侧土体的夹持作用，滑坡蠕动挤压岩土的范围越向下越小，最终形成凹槽状挤压带。假设凹槽状挤压带的边界可以用二次曲线来表示，则根据力的平衡可以导出曲线的拱高。

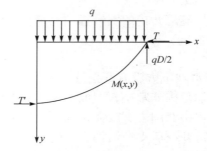

图 4-35　隧道位于滑面以下(Ⅱc)下沉拱简图

根据几何关系可知二次曲线的跨度 D：

$$D = \frac{2R_{p\max}}{\cos\beta} \tag{4-37}$$

式中， $R_{p\max}$ 为隧道开挖后围岩的最大扰动半径(m)； β 为两破裂面在滑面上两个交点连线与水平面的夹角(°)。

(2) 拱轴线方程的确定。假定隧道开挖后，滑坡体向隧道临空面挤压形成的凹槽状挤压带为拱形，其边界可用二次曲线表示。在拱轴线上任取一点 $M(x, y)$，根据岩土材料的特性，拱轴线只能承受压力而不能承受拉力，则所有外力对 M 点的弯矩应为零，即

$$T'y - \frac{qx^2}{2} = 0 \tag{4-38}$$

式中， q 为挤压拱轴线上部岩体产生的均布荷载； T' 为拱顶截面的推力； x 、 y 分别为 M 点的 x 、 y 轴坐标。

由静力平衡方程知，推力 T' 与作用在拱脚的推力 T 数值相等、方向相反，

即 $T=T'$；且拱脚的水平推力 T 必须满足 $T' \leqslant qD/2$，即作用在拱脚处的推力必须小于或者等于反力所产生的最大摩擦力，以保持拱脚的稳定。代入式(4-38)可得拱轴线方程为

$$y = \frac{x^2}{Df} \tag{4-39}$$

根据式(4-39)可求拱轴线上任意一点的高度。

当 $x=D/2$ 时，可得最大拱高 y_{max}：

$$y_{max} = \frac{D}{4f} \tag{4-40}$$

式中，y_{max} 为挤压拱的最大高度；D 为挤压拱的最大跨度，由式(4-37)计算；f 为坡体岩土材料的摩擦系数(表 4-1)，类似于普氏压力拱中的坚固系数。

表 4-1　不同级别围岩的摩擦系数 f 经验值

围岩级别	Ⅰ～Ⅱ	Ⅲ	Ⅳ	Ⅴ	Ⅵ
摩擦系数 f	8～20	5～7	3～4	1～2	0～1

(3) 最小安全下穿距离。当隧道扰动区远离滑坡蠕动的挤压区域时，隧道受到滑坡蠕动挤压的影响较小，此时隧道支护设计可以按照上部没有滑坡的情况考虑；当隧道扰动在滑坡蠕动挤压区域时，隧道受到上部滑坡蠕动挤压作用，必须考虑滑坡蠕动对隧道的影响，即隧道除了受到周围围岩地压之外，还将受到滑坡挤压力。因此，拱顶与滑面的最小安全下穿距离 H_{min} 必须等于隧道扰动范围与隧道滑坡最大挤压范围之和，即

$$H_{min} = R_{p\,max} + \frac{y_{max}}{\cos\beta} \tag{4-41}$$

由式(4-36)、式(4-37)、式(4-40)和式(4-41)得

$$H_{min} = \left(1 + \frac{1}{2f\cos^2\beta}\right) r_0\, e^{(\theta-\rho)\cot\left(45°+\frac{\varphi}{2}\right)} \tag{4-42}$$

由式(4-42)可知，安全距离 H 与隧道开挖半径 r_0、坡体岩土材料摩擦系数 f、滑床材料内摩擦角 φ 以及两侧破裂面在滑面上两个交点连线与水平面的夹角 β 有关。

必须指出由式(4-42)算出的安全距离是隧道、滑坡相互作用时的隧道开挖扰动范围和滑坡蠕动挤压范围推导出来的，而不是单纯的隧道-滑坡的应力或者位移的变化范围，如图 4-36 所示。显然，隧道-滑坡的应力或者位移变化范围

比扰动范围大得多。应力调整或者位移变化的区域有相当大一部分位于弹性区，弹性区岩土还未达到破坏状态，具有一定的自承能力，对隧道安全影响不大。

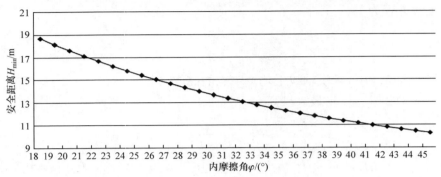

图 4-36　安全距离 $H_{\min}$ 随内摩擦角的变化情况

　　如果隧道拱顶与滑面的距离小于算出的安全距离，则隧道建设过程中必须采取工程措施保障隧道安全；而隧道拱顶与滑面的距离大于算出的安全距离时，在隧道施工过程中只需尽量采用对坡体扰动程度小的施工方法而不需要大规模的工程措施就能保障隧道安全。

　　3) 考虑滑坡与隧道相互力学作用的最小安全距离

　　由位于滑面以下的隧道-滑坡地质模型可知，隧道受滑坡推力的影响，拱部首先破坏，即拱部所受的荷载首先达到其抗压强度值，同时滑坡推力作用线上的附加荷载比其他部位大，因此在安全距离的计算中只考虑滑坡推力对隧道拱部的影响。根据拱部受到的合力 q_v 的计算式，取 $r=0$，求得衬砌承受的最大附加荷载对应的厚度 H_0

$$H_0 = \sqrt{\frac{3p_i \sin\beta}{2\pi q_{\max}}} \tag{4-43}$$

　　针对隧道开挖导致的松动圈问题，偏安全考虑，将隧道的松动范围纳入安全距离中，即将这两方面因素同时叠加。因此，隧道的最小安全距离 $H_{\min}$ 为松动圈厚度 $R_{p\max}$ 和衬砌承受的最大附加荷载厚度 H_0 之和：

$$H_{\min} = H_0 + R_{p\max} = \sqrt{\frac{3p_i \sin\beta}{2\pi q_{\max}}} + r_0 e^{(\theta-\rho)\cot\left(45°+\frac{\varphi}{2}\right)} \tag{4-44}$$

参 考 文 献

[1] 吴红刚. 隧道-滑坡体系的变形机理及控制技术研究[D]. 北京：中国铁道科学研究院，2012.

[2] 赵金. 隧道-滑坡体系受力模式与变形机理研究[D]. 兰州: 兰州交通大学, 2019.

[3] 中铁西北科学研究院有限公司, 西南交通大学, 等. 隧道-滑坡体系的变形机理与控制技术深化研究[R]. 兰州: 中铁西北科学研究院有限公司, 2019.

[4] 吴红刚, 赵金, 李玉瑞, 等. 隧道下穿滑坡附加荷载计算方法研究[J]. 岩石力学与工程学报, 2018, 37(S2): 4375~4383.

[5] 陈小云. 隧道横向下穿滑坡的受力机制及安全距离研究[D]. 北京: 中国铁道科学研究院, 2017.

第 5 章　隧道-滑坡工程防治技术

随着经济建设的推进，中西部的运输需求急剧增加，为了满足中西部地区的运输需要，完善西部铁路和高速公路网，我国铁路和公路的建设不断向西部延伸。中西部地区复杂的地形和地质决定了公路或铁路线路往往要穿过地质不良地段，因此就不可避免地要受到地质灾害的影响。再者我国西部山区不仅滑坡的规模大、类型多，而且分布广泛、发生频繁、危害严重，所以在滑坡地带修建铁路或高速公路时，为避免因修建深路堑时大范围的开挖对坡体产生的扰动，线路多选用隧道的方案[1]。

但由于地质条件复杂，对隧道-滑坡相互作用机理认识不足，已投入运营的许多滑坡段隧道发生整体移动，衬砌严重变形、开裂、剥落、掉块乃至隧道发生坍塌，严重影响线路的正常运营[1]。因此，在现有的资料基础上总结隧道加固和滑坡治理的措施，提出一种综合治理隧道-滑坡的变形控制技术是十分必要的。目前隧道-滑坡地段的加固可分为洞内和洞外两部分，洞内工程有管棚、超前导管等；洞外工程有锚网喷、地表预注浆技术、地面垂直锚杆技术、抗滑桩、微型桩及锚索技术[2]。

隧道-滑坡工程是隧道与滑坡的组合体系，它们之间相互影响，隧道开挖可能导致滑坡的形成或老滑坡的复活，而滑坡失稳产生的滑坡推力直接作用于隧道结构，导致其变形破坏，造成线路中断或停运。由此可知，滑坡的形成是导致隧道-滑坡工程病害的直接原因，其中隧道是被动受力的，所以在隧道-滑坡工程中首先要确保隧道结构的安全，即隧道-滑坡工程防治需紧紧围绕"保证隧道的绝对稳定、完好"核心展开。本章在现有隧道-滑坡治理和加固措施的基础上，提出主、被动组合加固技术理念，并将其划分为主动式加固技术[2]、被动式加固技术[1]。主动式加固理念从治理原则上讲是通过支挡结构来治理滑坡，减小或消除隧道结构上承受的滑坡推力，以确保隧道安全；而被动加固理念恰好相反，通过分析滑坡段隧道的受力和变形特征，以隧道砌体、支撑桩和锚索构成协同受力结构体系，保证隧道的正常运营，但不限制滑坡整体的变形，采取只保全隧道结构，而不治理整个滑坡的原则。

5.1　工程防治基本原则

勘察隧址区滑坡的目的在于有效地预防和治理，消除或减轻其对隧道可能造成的危害，保障线路的顺利运营和重要设施的安全。以往预防和加固治理隧道-滑坡的工程实践中，有成功的经验，也有失败的教训。成功者，一次根治、不留后患，保证滑坡的长久稳定和隧道的绝对安全；失败者，或因对隧道-滑坡认识不足，或因防治工程措施不当，致使隧道-滑坡多次治理而不能阻止隧道病害的发生，甚至造成隧道大面积破坏。经过多年的实践，总结出了治理隧道-滑坡的原则和方法，并将其成功运用到隧道-滑坡治理工程中。

1. 预防为主的原则

隧道-滑坡病害的防治首先应遵循预防为主的原则。隧道-滑坡危害严重，治理费用高昂，因此在铁路和公路选线时应充分重视地质勘察，地质配合选线（即所谓"地质选线"），尽量避免在大型滑坡和多个滑坡连续分布的地段及隧道开挖后可能导致滑坡形成的山体中开挖隧道。岩层层面倾向线路倾角大于10°的长大顺层地段、厚层堆积层分布的山体、路线的顺河区域大断裂带附近、不良岩土地段等均为有潜在滑坡地质病害发生的地段，应尽量立体绕避。不可绕避的尽量采用深埋隧道，将隧道设计在滑面以下的安全距离范围内。地质不良地段的路线应尽量避免浅埋隧道，宁作长隧道而避免短隧道群，隧道设计应贯彻"早进洞、晚出洞"原则。

20 世纪 50～60 年代，由于对隧道-滑坡灾害认识不足，山区铁路不少隧道通过老滑坡体，施工开挖或自然因素作用导致滑坡形成，既增加了投资，也延误了工期。同时在后期的运营中出现了大量滑坡蠕动导致的隧道病害。成昆线林场隧道-滑坡、东荣河隧道-滑坡等都是老滑坡复活导致运营隧道衬砌破坏，经过多次维修加固仍然无法保证隧道的安全，耗费了大量的人力物力。

总之，在易滑坡地层分布区、地质构造复杂地区和地质灾害分布密集区选线时，尽量避免在山体中修建傍山隧道群，采用"立体绕避"的原则。

2. 一次根治、不留后患的原则

治理工程设计中"一次根治、不留后患"的原则，最主要的是针对隧道-滑坡病害的病因而言，即治理工程的设计应建立在对滑坡与隧道病害病因全面掌握的基础上，针对滑坡与隧道病害病因做到有的放矢，不留后患。其次该原则要求病害治理工程措施也要足够，不能只考虑滑坡的治理，而忽略治理工程对隧道的影响。它们是相互作用耦合的关系，在治理中必须两者兼顾，作为一个体系进行，不可隔离开。同时鉴于目前对自然界的特殊岩土和地下结构病害没有全面掌握，隧道-滑坡的治理工程在安全要求的范围内应措施足够，避免因局部工程不够等导致整体治理工程的失败，使得前功尽弃。

3. 综合治理的原则

隧道-滑坡病害常常是在多种因素作用下发生的，而具体到每个隧道-滑坡又有其不同的主要作用和诱发因素。因此，隧道-滑坡治理工程总是针对其主要诱因采取措施消除或控制其影响，同时辅以其他措施进行综合治理，以限制其他因素的作用[3]。一方面由于有多种因素，有时对主要作用因素的确定和把握不一定准确；另一方面，随着时间的推移和外界条件的改变，主要因素也会发生变化。此外，在保证隧道-滑坡整体稳定的前提下，综合考虑主体建筑物、周边建筑物、周边环境以及整体美观协调、适用、经济等特点进行优化设计，力求方案可行、安全可靠、经济合理、绿色环保。

4. 技术可行、经济合理的原则

任何一项工程都应要求技术上可行、经济上合理，隧道-滑坡的防治工程也不例外，在保证预防和治理隧道-滑坡病害的前提下应尽量节约投资。所谓技术上可行，即结合滑坡与隧道病害现场的具体地形、地质条件和保护对象的重要性，提出多个预防和治理方案进行比选，其措施应是技术先进、持久可靠、方便施工、就地取材、经济实惠。一般来说，地表排水工程造价不高，不起控制作用。排除地下水工程有截水隧洞、截水盲沟、支撑盲沟、仰斜排水孔等措施，应根据隧道-滑坡病害的具体条件及地下水在隧道-滑坡病害形成中的作用决定采用哪一种措施或两种措施结合。当地下水比较发育时，截排水工程尤其重要。加固工程如抗滑挡墙、抗滑桩、预应力锚索抗滑桩、预应力锚索框架等，在隧道-滑坡病害治理工程中能立即见效，但造价比较高。总之，技术可行、经济合理是隧道-滑坡治理工程设计的主要原则。

5.2　隧道-滑坡工程防治结构设计

5.2.1　主要工程防治结构及其适用条件

在铁路、公路工程中，加固(支挡)工程结构广泛应用于稳定路堤、路堑、隧道-滑坡以及桥梁两端的路基边坡等，主要用于承受土体侧向土压力。加固(支挡)工程结构是岩土工程中的一个重要组成部分。随着我国国民经济水平的提高与基础建设的不断发展，以及加固(支挡)工程结构技术水平的提高和减少环境破坏、节约用地观念的加强等，加固(支挡)工程结构在岩土工程中的应用越来越广泛，特别是在铁路、公路路基工程中所占的比重越来越大。加固(支挡)工程结构包括挡墙、抗滑桩、预应力锚索(锚杆)等支撑和锚固结构，是用来支撑和加固填土、边坡岩土体或隧道等地下结构，防止其失稳破坏以保持稳定的一种结构物。表 5-1 列举了当前常用的加固工程结构。

表 5-1　隧道-滑坡主要加固工程结构类型一览表

结构名称		特点	适用条件
预应力锚索	PC 格构	①施工难度减小；②批量生产，容易提高质量；③边开挖边坡边锚固，明显缩短工期，容易保证边坡安全；④受雨季干扰小，便于抢险	①工点场地条件较好，容易运输及吊装；②工期紧张或控制环节的工点
	现浇结构	①适用于大吨位锚索工程；②可依据地形灵活调整结构型式；③施工难度较大	①工点场地狭窄；②边坡高陡，坡面不平整
	压力分散型锚索	①锚固段受力比较均匀，在相同的条件下获取较高的锚固吨位；②采用无黏结钢绞线，双层防腐性能良好；③锚固段注浆体拉剪力较小，避免注浆体出现裂纹，有利于运营期间的防腐；④锚固段地层受力均匀，塑性变形较小，降低预应力的损失；⑤锚固段地层条件适用范围扩大，可以减小工程量，节省工程造价[3,4]	①含水量大或具腐蚀性的地层；②锚固段提供的单位黏结力较低的地层
	拉压分散型锚索	①锚固段受力更均匀，在同类地层中提高锚固吨位以及选择锚固地层条件范围方面更容易；②改善自由段与锚固段交界段孔壁地层的受力条件，孔壁地层应力集中程度减小；③自由段孔壁周围地层受力减小，减小土体塑性变形，也减少了锚索的应力损失；④降低了锚索永久性反力结构的受力；⑤减少锚索在运营期受气候条件影响而导致的应力损失[3,4]	①含水量大或具腐蚀性的地层；②锚固段提供的单位黏结力较低的地层；③自由段强度较低的地层
锚杆(滑坡)	精轧螺纹钢锚杆	①与普通预应力锚杆相比，大幅度提高锚固力；与预应力锚索相比，施工工艺简单，综合经济效益良好；②材料生产基本是工厂化，容易控制工程质量；③专用锚杆连接器强度高，避免现场人工焊接过程中造成的材料损伤和焊接质量问题；④拼装式的锚杆主体在制安过程中简化施工工艺，降低施工难度[3,4]	锚固深度不大、锚固力要求不高的工程
	全长黏结型锚杆	①改善自由段的受力形式，降低自由段孔壁周围土体的塑性变形，从而减少预应力的损失；②降低永久性反力结构的受力要求；③节省工期；④节省工程造价[3,4]	各种条件
	BFRP 锚杆	①高比强度(强度和重量之比)；②良好的耐腐蚀性能；③长期性能和疲劳性能优良；④性价比优于其他加固材料，节省工程造价；⑤抗剪强度低[5]	边坡加固的各种地层条件，尤其是含水量大或具腐蚀性的地层

续表

结构名称		特点	适用条件
锚杆 (隧道)	地表垂 直锚杆	①用锚杆从隧道上方加固地层，施工工艺简单，综合经济效益良好；②利用砂浆和周围围岩的凝聚力控制下沉，利用抗剪能力阻止洞口滑坡，保证拱顶、工作面的施工安全和周边环境	隧道开挖的松散地层
	系统 锚杆	①全开挖面网格布设，有多种类型，用得最多的是砂浆锚杆，锚杆纵横间距一般为 1.5～2m；②一般与开挖面上的喷射混凝土同时采用，联合受力	各种地层
	玻璃钢 锚杆	①由玻璃纤维纱、树脂、固化剂等经过挤、拉、高温固化成型；②锚杆杆体形状为全螺纹，螺纹为左旋或右旋；③具有抗拉强度大、易切割、不损坏截齿、重量轻、高抗腐蚀性，可永久支护，是取代金属锚杆的复合增强材料新产品[6]	隧道超前加固的各种地层条件，尤其是含水量大或具腐蚀性的地层
抗滑桩	普通 抗滑桩	①设桩位置灵活，一般成排设在边坡一级平台或坡脚，并可与其他防治措施联合使用；②开挖土石方量小，施工中对坡体的稳定状态影响小；③挖孔桩桩孔可作为探井，可进一步弄清楚工程地质和水文地质情况，检验和修改原设计，使之更完善、更符合实际情况；④在新线施工中，可采用先做桩、后开挖路堑的施工顺序，防止产生新滑坡或老滑坡复活；⑤施工方便，设备简单[3,4]	适用范围广，尤其是对中、厚层大型滑动岩土体，可采用抗滑桩治理。当桩前悬臂段较长时，尽量选用预应力锚索抗滑桩
	锚索 抗滑桩	①属于主动式受力结构，预应力锚索给坡体施加了一个阻止其下滑的外力，提高了边坡的稳定性，可防止边坡大变形的出现；②改变了一般抗滑桩不合理的悬臂式受力状态，类似弹性铰的简支梁式受力结构；③大幅度地减小了桩长和桩身的横截面及桩身内力；④节省钢材和水泥等原材料，工程造价低[3,4]	稳定中、厚层大型滑动岩土体，特别是桩前悬臂段较长的滑坡治理工程
	多锚点 抗滑桩	①属于主动式受力结构，随着锚索锚固位置的不同，抗滑桩受力变成了多点近似铰接，端点近似弹性固定端的连续梁式结构；②给滑坡主动施加了多个阻止其下滑的外力，全方位限制了滑体的移动，张拉完成后可立即阻止滑坡的活动，稳定滑坡；③比单锚点抗滑桩的近似简支梁结构受力更为合理，从而改善了桩身受力分布，可以有效控制桩身位移，进而达到减小桩身内力、桩的横截面及埋置深度等目的；④节省了材料，降低了治理工程造价[7]	稳定中、厚层大型滑动岩土体，特别是桩前悬臂段较长的滑坡治理工程
	埋入式 抗滑桩	①桩顶标高低于滑体表面一定深度；②滑面以上桩的长度显著缩短，相应弯矩值也随之变小，故桩的截面和桩长也相应减小；③节省了材料，降低了治理工程造价[8]	适用范围广，尤其是对中、厚层大型滑动岩土体，特别是桩前悬臂段较长的滑坡治理工程

续表

结构名称		特点	适用条件
微型桩	微型桩组合结构	①施工迅速安全，施工机具小，用普通的地质钻机甚至是手摇钻就能成孔，施工噪声小，非常适合在城市居民集中的地带施工；②桩孔孔径小，对基础和地基土产生的附加应力甚微，施工时对原有基础或边坡坡体影响小，不干扰构造物的正常使用；③可以在地质条件非常复杂的环境下施工；④布置型式灵活，可根据需要或垂直或斜布，也可成排布置或交叉成网状布置，网状布置的微型桩群桩体系具有较好的承载能力，群桩中的单桩可以承受拉应力、压应力、剪力和弯曲应力；⑤抗震能力较强[9]	施工作业面小或者大型施工机械不宜开展的偏远山区，特别是地质条件非常复杂的滑坡治理工程
	旋喷微型桩群	①大厚度顶帽使得各个微型桩筋材联合受力，同时旋喷后的桩间土提高了微型桩筋材与桩间土之间的变形协调能力；②施工速度快；③提高了抗滑支挡结构的耐久性；④布置形式灵活多样[10]	中小型滑坡或塑性较大的土质滑坡工程
	非开挖旋喷抗滑桩	①若干微型旋喷桩按照一定形式排列组合而成，并可通过调整桩的数量和桩径大小，确定抗滑桩群的规模，从而提高施工的灵活性和施工速度，降低施工难度；②可有效地将推力传递下去，垂直主滑方向桩间的孔隙可以有效排水，利于坡体的稳定；③桩顶再以大厚度混凝土形成顶帽刚性连接各个微型桩，最终形成以顶帽固定、桩土一体的微型桩群。同时桩间土旋喷后强度的提高使得微型桩和桩间土变形高度协调，保证其抗剪的同时具有拉弯构件的性能，抗弯能力增大，有效提高其抗滑能力[11]	土体塑性较大的中小型滑坡治理工程
挡墙	普通挡墙	①所承受的荷载是主动土压力；②就地取材，工艺简单；③工程造价低	①一般设置于边坡坡脚；②防止坡面小型坍塌，岩土松弛
	抗滑挡墙	①承受的是滑坡推力；②就地取材，工艺简单；③工程造价低	①一般设置于边坡坡脚；②多用于治理滑坡推力较小的滑坡及作为辅助措施设在大滑坡的前缘两侧；③一般埋深较浅并与边坡渗沟、纵向排水盲沟联合使用[4]
边坡防护工程	骨架护坡	以坡面防护为主，防止坡面在雨水冲刷等作用下出现局部、浅表层的破坏	土质、类土质及部分强风化软岩边坡

结构名称		特点	适用条件
	锚杆挂网喷浆	以坡面防护为主,防止坡面的进一步风化、剥蚀、局部掉块等作用	岩质边坡,随着环保、绿色防护意识的增强,实际工作中该类防护工程应慎重采用
	植物防护	以坡面防冲刷、减轻风化作用程度为主,兼有坡面景观的绿化作用	土质、岩质坡面,但应根据不同坡面具体情况选用适宜的防护形式
隧道超前加固结构	小导管	①稳定开挖工作面的一种非常有效的辅助施工方法;②在软弱及破碎岩层施工中,对松散岩层起到加固作用,注浆后增强了松散、软弱围岩的稳定性,有利于开挖后与完成初期支护时间内围岩的稳定,不至于围岩失稳破坏直至坍塌	隧道拱部软弱围岩,松散、无黏结土层、自稳能力差的砂层及砂砾(卵)石层级破碎岩层
	管棚	①在隧道开挖之前,沿隧道开挖面轮廓,以一定间隔与隧道平行钻孔、插入钢管,再从插入的钢管内压浆,增强钢管外围岩的抗剪强度,并使钢管与围岩一体化,构成棚架体系;②形成梁式结构,防止围岩坍塌和松弛	各种地层
隧道工作面加固	喷射混凝土	①常用于灌筑隧道内衬、墙壁、天棚等薄壁结构或其他结构的衬里以及钢结构的保护层;②将预先配好的水泥、砂、石子、水和一定数量的外加剂装入喷射机,利用高压空气将其送到喷头和速凝剂混合后,以很高的速度喷向岩石或混凝土的表面形成加固结构	各种地层
	临时仰拱	①短台阶式开挖的一种形式,不同的是在上半断面开挖和被覆后,立即在底板上做临时仰拱,使上半断面先形成闭合断面;②因临时仰拱只起临时支护作用,施工中要不断挖掉,提高了工程造价	软岩和砂土地层,特别是城市隧道施工

　　表 5-1 对预应力锚索工程的分类偏重于锚索体本身的受力结构特点,并未根据锚固工程与岩土体之间协同受力的特点进行分类。由于锚固工程结构必须依据布置于锚索端部的反力结构、锚索体本身以及锚索体与岩土体之间的相互作用才能对坡体施加预应力,并将外力传到稳定地层的深部,同时锚固结构与岩土体的相互作用对锚固工程的锚固效果具有非常重要的意义,因此,锚固工程作为一个受力协调体,必须保证各个部分的协同受力与稳定。工程中常见由于锚固工程反力结构等选择不当出现的结构破坏现象,不仅造成大量的浪费,而且产生许多安全隐患。锚固工程根据反力结构的分类见表 5-2。

表 5-2　预应力锚索工程结构类型一览表

结构名称		特点	适用条件
预应力锚索反力结构	框架	具有很好的协同受力能力，对坡面的整体加固效果好，具有对坡面和坡体双重加固作用，但施工难度较大	坡面规整、易于成形的边坡
	地梁	具有一定的协同受力能力，对坡面的防护能力较弱，施工难度较框架小	坡面整体性较好，坡面易于成形的边坡
	格子梁	为单点受力结构、结构间协同受力能力差，对坡面的防护能力较好，施工容易，可用于应急抢险工程	坡面整体性好，坡面较规整
	锚墩	为单点受力结构、结构间协同受力能力差，对坡面的防护能力差，施工容易，可用于应急抢险工程或工程的加固补强	坡面整体性好的所有坡面

5.2.2　挡墙

挡墙是岩土工程中广泛采用的主要加固(支挡)工程结构，是一种能够抵抗侧向土压力，防止墙后土体坍塌和增加稳定性的建筑物。挡墙具有石料来源丰富，取材方便，施工简单的优点。设计一般基于库仑土压力理论，当墙体向外变形、墙后土体达到主动土压力状态时，假定土中主动土压滑带为平面并按滑动土楔的极限平衡条件来求算主动土压力。挡墙工程结构类型具体见表 5-3。

表 5-3　挡墙工程结构类型一览表

名称	特征	适用范围	示意图
重力式挡墙	在支挡工程中一直占有主导地位，但由于其截面大、圬工数量多、施工进度慢，在地形困难、石料缺乏地区应用不便，其缺点也是明显的	适用范围较广，墙身一般不宜太高，特别是当地基承载力较低或地质条件较复杂时应与其他支挡工程进行技术经济比较	
衡重式挡墙	可利用衡重平台上的填土重量迫使墙身整体重心后移，使基底应力趋于均衡，增加墙身的稳定性，适当提高挡土的高度;但衡重式挡墙的构造形式又限制了其基底不可能做得很大	地面横坡较陡的路肩墙和路堤墙	

名称	特征	适用范围	示意图
卸荷板式挡墙	衡重式挡墙的改进型结构形式,在地基承载力较高的情况下,卸荷板上的填料增加了墙体重量,而卸荷板又减少了衡重式挡墙下墙的土压力,增加全墙的抗倾覆稳定性,可节省墙体圬工,从而节省工程投资	墙高大于 6m、小于12m 的路肩墙	
锚杆式挡墙	包括板壁式挡墙和肋板式挡墙 2 种。板壁式挡墙是一种轻型挡墙,由就地灌注的整体板壁和多排小锚杆组成。肋板式挡墙的结构形式与板壁式挡墙结构形式基本相同,墙面由肋柱和挡板组成	永久性锚杆作为控制性构件,锚固段不应设置在未经处理的有机质土、淤泥质土、液限大于 50%的土层、相对密度小于 0.3 的土层等	
土钉墙	一般由土钉及墙面系(钢筋网和喷射混凝土构成的面层)组成,靠土钉拉力维持边坡的稳定	一般地区及破碎软弱岩质边坡加固工程,在地下水较发育或边坡土质破碎时不宜采用,单级土钉墙墙高宜控制在 12m 以内,多组土钉墙上下墙之间应设置平台,每级墙高不宜大于 10m,总高度宜控制在 20m 以内	

　　加固(支挡)工程结构是随着不同的岩土工程需要而不断发展的,在某些特殊地形或特殊地质条件下,岩土工程技术人员为了保证边坡的稳定,往往要设计一些新的结构形式,有些已逐步推广应用。除了以上介绍的目前普遍使用的挡墙,随着工程的需要以及技术革命的不断发展,近年来出现了一些新的挡墙结构,如倒 Y 形挡墙、槽形挡墙、钢筋混凝土预制块拼装式挡墙等。而有些结构,如对拉式挡墙、带洞路基墙、槽式挡墙、轴向预应力挡墙等,在一些特定的条件下发挥了较大的作用,但由于其结构比较特殊或理论研究未跟上,尚未得到推广或后来被其他结构逐渐代替。

5.2.3　锚杆

锚杆是将拉力传递至稳定岩土层的构件。锚固于土层中的锚杆称为土层锚杆；锚固于岩层中的锚杆称为岩层锚杆。按是否施加预应力，分为预应力锚杆和非预应力锚杆。锚杆的材料类型有普通钢筋(HRB335、HRB400 等)、精轧螺纹钢筋、FRP 纤维材料(CFRP 和 BFRP 等)。加固边坡和隧道的锚杆及适用条件参见表 5-4。

表 5-4　加固边坡和隧道的锚杆类型及适用条件

锚杆类型	材料	特点	应力状况	适用条件
普通锚杆	钢筋(HRB335, HRB400)	①施工方便；②能够快速有效地加固岩土体	非预应力	各种土质、岩质边坡；隧道掌子面预加固
精轧螺纹钢锚杆	精轧螺纹钢筋	①与普通预应力锚杆相比，可大幅度提高锚固力；与预应力锚索相比，施工工艺简单；综合经济效益良好；②材料生产基本是工厂化，容易控制工程质量；③专用锚杆连接器强度高，避免现场人工焊接过程中造成的材料损伤和焊接质量问题；④拼装式的锚杆主体在制安过程中简化施工工艺，降低施工难度[4]	预应力或非预应力	锚固深度不大、锚固力要求不高的工程
全长黏结型锚杆	钢筋(HRB335, HRB400)、精轧螺纹钢筋	①改善自由段的受力形式，降低自由段孔壁周围土体的塑性变形，从而减少预应力的损失；②降低永久性反力结构的受力要求；③节省工期；④节省工程造价[4]	预应力	各种条件
FRP 锚杆	玄武纤维、碳纤维等有机材料	①高比强度(强度和重量之比)；②良好的耐腐蚀性能；③长期性能和疲劳性能优良；④性价比优于其他加固材料，节省工程造价；⑤FRP 锚杆抗剪强度低	预应力或非预应力	边坡和隧道掌子面加固的各种地层条件，尤其是含水量大或具腐蚀性的地层

5.2.4　抗滑桩

抗滑桩是中铁西北科学研究院(原铁道部科学研究院西北研究所)于 20 世纪 60 年代研究开发的一种抗滑加固(支挡)工程结构,在各个行业得到广泛的应用,是治理大中型滑坡最主要的加固(支挡)工程结构。抗滑桩是承受侧向荷载用以整治滑坡的支挡构筑物,穿过滑体在滑床的一定深度处锚固,抵抗滑坡推力的作用。工程实践表明,抗滑桩具有抗滑能力强、桩位布设灵活等优点。但是,由于抗滑桩是依靠滑带以下桩周土体的侧向承载力来发挥抗滑作用的，因此一般不适宜于软塑体滑坡。布设于陡坡地段的抗滑桩工程，应注意抗滑桩的锚固段长度，防止抗滑桩锚固段长度不够出现的破坏。

抗滑桩已在工程实践中衍生了多种类型的结构形式(图 5-1)。对于(边)滑坡工程来说，依据"分层开挖、分层稳定、坡脚预加固"原则，抗滑桩(预应力锚索抗滑桩)与钢筋混凝土挡板、桩间挡墙、土钉墙等结构结合，组成复合结构，大量使用在路堑边坡的坡脚预加固工程中。这些复合结构适应了高边坡的变形规律，能够有效地控制高边坡的大变形，在隧道-滑坡治理工程中必将得到广泛运用。

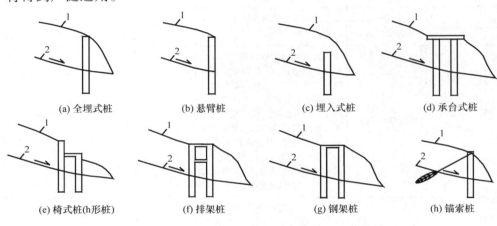

(a) 全埋式桩　　　(b) 悬臂桩　　　(c) 埋入式桩　　　(d) 承台式桩

(e) 椅式桩(h形桩)　　　(f) 排架桩　　　(g) 钢架桩　　　(h) 锚索桩

图 5-1　抗滑桩基本形式

1. 坡面线；2. 滑动面

1. 普通抗滑桩

目前，在普通抗滑桩内力计算分析中，根据抗滑桩的实际受力特点，常以滑动带为界，上、下段分别考虑，滑动带以上视为弹性定向铰支的悬臂梁，滑动带以下视为 Winkler 弹性地基梁[12]。在抗滑桩与坡体的相互作用中，滑带上段首先直接受到坡体的推力，这个坡体推力再通过桩体传至滑带下段，最后由滑带下段传到稳定地基中。因而，在分析抗滑桩内力时，关键分析作用于滑带上段的荷载模式，该荷载模式不同会造成桩体内力及地基抗力产生很大差异。在滑坡开挖过程中，作用在抗滑桩上的荷载，首先是桩后潜在滑体向下滑移而造成的坡体压力，其次是桩前的岩土体抗力(悬臂式除外)。为便于统一分析，按埋入式抗滑桩分析作用于滑带上段的荷载模式。

通常情况下，由于抗滑桩桩头附近位移比下部大，因而受力要比下部小，又因为滑体与滑带之间存在摩擦阻力作用，所以滑带附近坡体压力比上部略小。滑带以上的桩后坡体推力，上部较小，中下部较大，其实测曲线可以用形心偏下的抛物线拟合。为了确定这一分布形式，做如下假定：

(1) 作用于抗滑桩滑带上段的坡体压力分布为形心偏下的抛物线型，见图 5-2，A 点为滑带与桩的交点，OA 段为桩在滑带以上的部分。

(2) 坡体与抗滑桩的相互作用是由于潜在滑带以上的滑体向下滑动受到桩的阻抗而形成的，桩后滑体推力的合力作用点应位于桩非锚固段相应的中间区域内。同时，因桩后滑体内的岩体结构一般较为复杂，通常有不同的岩层组合，因此假定桩的非锚固段分布荷载合力 E_q 作用点的重心为 B，方向水平，见图 5-2。

(3) 由于坡体压力沿竖向呈上小下大分布，故其最大值作用点应处于此段的下半部分，假定该点到滑带的距离为此段合力作用点到滑带距离的一半，见图 5-2。

一般在分析设桩后的坡体潜在滑体后，桩后坡体的潜在滑带同时也可得到。根据潜在滑带与桩的位置关系，可以判断出桩体的锚固段与非锚固段，即桩体在滑带以上的部分为非锚固段，而滑带以下的部分为锚固段，由此可进一步对桩后的坡体压力进行分析。

设桩非锚固段的高度为 h_a，作用于本段桩桩间坡体推力的平均集度为 E_q，本段桩后岩体中不同岩层(设为 n 层)由上而下的容重与重心至滑带的高度分别为 γ_i 与 h_i $(i=1，2，3，\cdots，n)$，本段合力作用点距滑

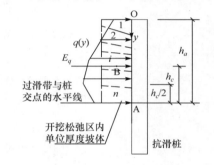

图 5-2　桩后坡体压力计算模型示意图

带的距离为 h_c，抗滑桩间距为 L，则由假定(1)可得桩后坡体压力 $q(y)$ 随变量 y(由桩顶向下沿桩身变化的高度)的变化曲线方程为

$$q(y) = ay^2 + by + d \tag{5-1}$$

式中，a、b、d 为待定常数。

由假定(2)，将桩非锚固段后各岩层重心至滑带的高度 h_i 对其容重 γ_i 取加权平均值，便得到本段桩后坡体压力合力作用点到滑带的高度 h_c，即

$$h_c = \sum_{i=1}^{n} (\gamma_i h_i t_i) / \sum_{i=1}^{n} (\gamma_i t_i) \tag{5-2}$$

式中，t_i 为第 i 层岩层的平均厚度。根据对某岩石滑坡工程若干工点的计算，h_c 一般为 h_a 的 0.4~0.5 倍，即桩后坡体压力合力作用点位于桩非锚固段中点略偏下的位置。

根据假定(3)与假定(1)以及式(5-2)可以得到

$$h_a - \left[-b / (2a) \right] = h_c / 2 \tag{5-3}$$

而由静力平衡条件，本段桩上分布 $q(y)$ 的合力应等于相邻两桩"中—中"部分的坡体作用于本桩上的推力，分布力 $q(y)$ 对滑带 A 处的合力矩应等于 E_q 对 A 点的力矩。于是可得

$$\int_0^{h_a} q(y)\mathrm{d}y = E_q L \tag{5-4}$$

$$\int_0^{h_a} q(y)(h_a - y)\mathrm{d}y = E_q L h_c \tag{5-5}$$

把式(5-1)代入式(5-4)和式(5-5)，计算并整理得

$$\frac{h_a^3 a}{3} + \frac{h_a^2 b}{2} + h_a d = E_q L \tag{5-6}$$

$$\frac{h_a^4 a}{4} + \frac{h_a^3 b}{3} + \frac{h_a^2 d}{2} = E_q L (h_a - h_c) \tag{5-7}$$

将式(5-3)、式(5-6)与式(5-7)联立得

$$\begin{bmatrix} \dfrac{h_a^3}{3} & \dfrac{h_a^2}{2} & h_a \\ \dfrac{h_a^4}{4} & \dfrac{h_a^3}{3} & \dfrac{h_a^2}{2} \\ 2h_a - h_c & 1 & 0 \end{bmatrix} \begin{Bmatrix} a \\ b \\ d \end{Bmatrix} = \begin{Bmatrix} E_q L \\ E_q L (h_a - h_c) \\ 0 \end{Bmatrix} \tag{5-8}$$

解式(5-8)便可求出待定常数 a、b、d，从而得到作用于滑带以上桩后坡体压力 $q(y)$ 的表达式。当桩后区域坡体潜在滑体范围内的岩土体是抗剪强度以内摩擦角为主的材料(如砂土、堆积层等)时，其黏聚力很小，一般桩顶处的坡体压力也很小，为简化计算，可以假定为零。此时相当于前述 $d=0$ 的情况，于是可以省略假定(2)，此时的 3 个待定常数为 a、b、h_c，同样解式(5-8)可以得出其值，这里不再赘述。滑带上段桩前岩土体抗力的计算，与桩后坡体推力的计算方法相似，只是此时应用作用于本段桩桩间岩土体抗力的平均集度代替前述的 E_q。同时应该注意，为减小因设抗滑桩而使桩前岩土体抗力计算值的增大，此时桩前岩土体抗力应取桩前岩土体的剩余抗滑力、被动土压力以及弹性抗力中的最小者[8]。除此之外，还应当注意，从数学意义上讲，抛物线实际上是对三角形、矩形及梯形等分布荷载的统一，具有一般性。

2. 埋入式抗滑桩

埋入式抗滑桩指桩顶标高低于滑体表面一定深度的普通抗滑桩。由于埋入式抗滑桩滑面以上桩的长度显著缩短，相应弯矩值也随之变小，故桩的截面和桩长也相应减小，这大大地减少了砼等材料消耗量，也使得埋入式桩经济有效，在工程中得以大面积推广使用[8]。然而其设计计算方法目前还没有统一的标准，基于工程设计经验和普通抗滑桩的设计理论，总结以下埋入式抗滑桩计算方法，供参考。

1) 桩身所受滑坡推力分布形式

根据相关文献可知，埋入式抗滑桩桩后滑坡推力呈梯形分布，桩前滑体抗力基本呈矩形分布。试验表明，不是所有的滑坡推力都是由埋入式抗滑桩承担，桩前土体抗力也起一定的作用[8]。

2) 桩身内力计算方法

埋入式抗滑桩的受力模型见图 5-3。其中，非锚固段按桩前作用均布荷载 $q_{抗}$ (其值不应大于桩前岩、土的剩余抗滑力或被动土压力)、桩后作用梯形分布荷载(桩顶端量值为 $q_1 = q + q'$，滑面处量值为 $q_2 = q$)的悬臂梁模型计算。滑面处桩身内力(剪力、弯矩)算出之后，锚固段部分就可按弹性抗滑桩计算。

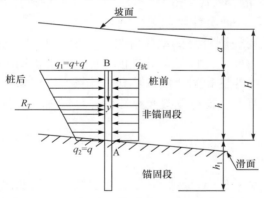

图 5-3 埋入式抗滑桩受力模型[8]

(1) 滑面以上桩身线分布荷载。

$$q_1 = q + q' = \frac{R_T \cos\alpha}{H} + \frac{2aR_T \cos\alpha}{Hh} \tag{5-9}$$

$$q_2 = q = \frac{R_T \cos\alpha}{H} \tag{5-10}$$

式中，H 为桩处滑体厚度(m)；h 为滑面以上桩身长度(m)；R_T 为界面上滑坡推力合力(kN)；a 为地面至桩顶深度(m)；α 为滑面倾角(°)。

(2) 滑面以上桩身内力。

$$\begin{cases} Q(y) = \left[q + \dfrac{q'(h-y)}{h} + q_1 \right] \times \dfrac{y}{2} - q_{抗} \cdot y \\ M(y) = \left[q + \dfrac{q'(h-y)}{h} + q_1 \right] \times \overline{y} - \dfrac{q_{抗} \cdot y^2}{2} \end{cases} \tag{5-11}$$

当 $y=h$，即滑面处，桩身内力分别为

$$\begin{cases} Q_1 = (q_1 + q_2 - 2q_{抗}) \times \dfrac{h}{2} \\ M_1 = (q_1 + q_2) \times \overline{y} - \dfrac{q_{抗} \cdot y^2}{2} \end{cases} \tag{5-12}$$

(3) 锚固深度的确定。一般根据控制锚固段桩周地层的强度来考虑锚固深度，即要求抗滑桩传递到滑面以下的地层应力不大于桩侧容许抗压强度，桩身对地层的侧壁压应力 σ_{max} (kPa) 应符合下列条件：

$$\sigma_{max} \leqslant \frac{4}{\cos\varphi}(\gamma y \tan\varphi + c) \tag{5-13}$$

式中，γ 为地层岩土的容重(kN/m³)；φ 为地层岩土的内摩擦角(°)；c 为地层岩土的黏聚力(kPa)；y 为地面至计算点深度(m)。

一般计算时主要检测桩身侧壁压应力最大处，如果不满足式(5-13)，则调整锚固深度或桩截面尺寸，直至满足为止。对于抗滑桩锚固段内力计算，一般根据实际情况分为弹性桩和刚性桩，其具体计算方法可参考相关文献，也就是说在计算出弯矩、剪力后就可以按照弹性桩计算锚固段桩身内力以及桩侧岩体反力等。

3. 预应力锚索抗滑桩

预应力锚索抗滑桩是 20 世纪 80 年代初由铁科院西北研究所研究的一种加固(支挡)工程结构，有关单位对其设计理论的完善和试验测试也做了大量的工作。预应力锚索抗滑桩 1986 年首次实际应用于重庆綦江松藻矿务局蓬春煤矿工业广场滑坡治理工程中，随后在铁路、公路等大型滑坡的治理工程中得到广泛应用。

预应力锚索抗滑桩由锚索和抗滑桩组成，由于桩顶设置预应力锚索，桩的变形受到约束，大大改善了普通抗滑(悬臂)桩的受力及变形状态，从而减小了桩的截面和埋置深度。预应力锚索抗滑桩不仅应用于滑坡整治，在高路堤及高边坡的加固工程中得到广泛应用，也出现了适应不同条件的组合类型，如锚拉

式桩板墙、锚索桩板墙等。目前，对于预应力锚索抗滑桩有两种计算方法，其力学模型示意图见图 5-4。

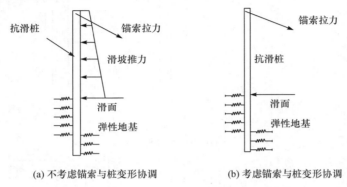

(a) 不考虑锚索与桩变形协调　　　　　(b) 考虑锚索与桩变形协调

图 5-4　预应力锚索抗滑桩力学模型示意图

第一种计算方法的力学模型没有考虑锚索与抗滑桩的变形协调，直接将预应力与滑坡推力施加在桩上，认为锚索的拉力在工作过程中保持不变。滑面以上按静力结构问题计算，滑面以下按弹性地基梁理论计算。这种方法计算简单，但理论上有明显不足。

第二种计算方法的力学模型，在第一种计算方法的理论基础上考虑了锚索与抗滑桩的变形协调，且锚索拉力在工作状态中是变化的。这种计算方法相对第一种在理论上较为合理。

4. 多锚点抗滑桩

多锚点抗滑桩，简称多锚点桩，顾名思义，桩身设置多个锚索点，桩身受力状态得到改善，较大程度地降低桩身弯矩。多锚点桩与单锚点桩统称为锚索桩(或锚索抗滑桩、预应力锚索抗滑桩)。

多锚点桩的特点如下：

(1) 具有两个或两个以上的锚点，上下排锚索间距大于桩截面长边尺寸，小于长边尺寸的视为一个锚点。单锚点桩在桩头有多排锚索，但每排锚索间距(约为1.0m)小于桩截面长边尺寸(一般>3.0m)，故只能视为 1 个锚点，如图 5-5(a)所示。

(2) 除桩头外，其他锚点均布置于桩坑内。

符合以上 2 个特征的才是多锚点抗滑桩，如图 5-5(b)所示。

多锚点预应力锚索抗滑桩仍是主动式受力结构。随着锚索锚固位置的不同，抗滑桩受力变成了多点近似铰接，端点近似弹性固定端的连续梁式结构。多锚点抗滑桩，实质上是通过多根锚索的协同受力来减小桩身弯矩，全方位限制滑体的移动，张拉完成后可立即阻止滑坡的活动，稳定滑坡。它比单锚点抗滑桩的近似简支梁结构受力更为合理，从而改善了桩身受力分布，可以有效控

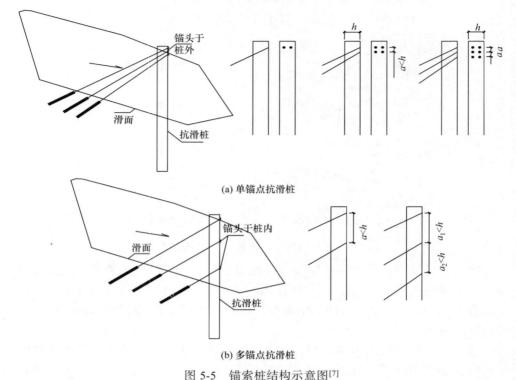

(a) 单锚点抗滑桩

(b) 多锚点抗滑桩

图 5-5　锚索桩结构示意图[7]

a、a_1、a_2 为上下排锚索间距；h 为抗滑桩横截面长度

制桩身位移，进而达到减小桩身内力、桩的横截面及埋置深度等目的，同时节省了材料，降低了治理工程造价。

5.2.5　微型桩

1. 微型桩组合结构类型

微型桩一般是指桩径小于 300mm 的钢筋混凝土钻孔灌注桩。施工简单，成孔后在孔内插入钢筋、钢管或其他筋材，再以一定的注浆压力向孔内灌注水泥砂浆，是一种长细比较大的小直径桩，有时也称为小口径灌注桩。一定数量的微型桩按一定的组合形式与连接方式组成、布置在坡体内，抵抗土压力或滑坡推力的一类新型支挡结构就是微型桩组合抗滑结构。近年来微型桩组合抗滑结构作为一种新型的边坡支挡结构，在工程实践中得到越来越多的应用。根据工程实际提出了可供工程应用的微型桩组合抗滑结构类型以及每类结构的受力机制和适用条件[9-11]。

1) 独立布置的微型桩组合结构

独立布置的微型桩组合结构就是在边坡的坡面按照一定的纵横向间距，在一定范围内布置一定数量的微型桩，每根桩相互独立。当微型桩工作时，桩与桩的相互作用仅通过桩间岩体进行传递，如图 5-6 所示。由于细长微型桩的抗弯性能差，因此这种结构形式主要是增强滑面的抗剪强度。这种结构形式比较适合于滑面确定、滑体相对变形小的坡体，或者各岩层完整性较好且强度较高的顺层岩质边坡。

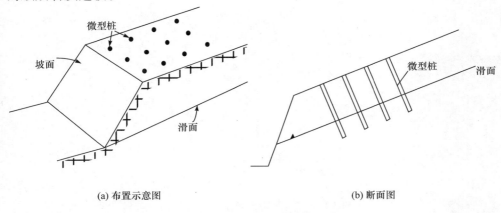

(a) 布置示意图　　　　　　　　　　　　(b) 断面图

图 5-6　独立布置微型桩体系[9]

2) 平面刚架式微型桩组合结构

坡面上布置的多根微型桩通过连系梁将顶端横向连接在一起而形成的结构体系称为平面刚架式微型桩组合结构，如图 5-7 所示。该结构形式适合于坡体内节理裂隙比较发育，滑面确定且滑体完整性较差，滑体内相对变形较大的情况。各根微型桩除了增强滑面的抗剪强度外，多根微型桩连接起来的组合结构还有一定的抗弯能力。这种结构适合于各层岩体较破碎的顺层岩质边坡或滑体呈块状的滑坡。在这种结构布置形式中，连系梁对桩顶位移有一定的控制作用，可防止微型桩由于位移过大而失效，从而起到对边坡的加固作用。

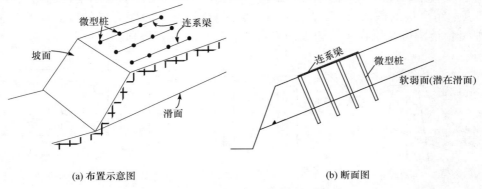

(a) 布置示意图　　　　　　　　　　　　(b) 断面图

图 5-7　平面刚架式微型桩组合结构[9]

3) 空间框架式微型桩组合结构

空间框架式微型桩组合结构是在平面刚架型微型桩体系的基础上，用连系梁将沿着边坡走向分布的多排微型桩连接在一起而形成的空间框架式的微型桩组合结构，如图 5-8 所示。

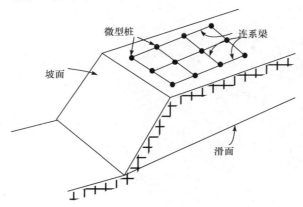

图 5-8　空间框架式微型桩组合结构[9]

该结构形式适合于坡体内节理裂隙比较发育，滑面确定且滑体完整性很差，岩体软弱破碎，滑体内相对变形很大的情形。各根微型桩除了增强滑面的抗剪强度外，纵横向多根微型桩连接起来的组合结构还具有更好的抗弯能力。这种结构适合于各层岩体破碎的顺层岩质边坡或滑体呈碎裂状的滑坡。在这种结构布置形式中，纵横向连系梁对桩顶位移有较好的控制作用，可防止微型桩由于位移过大而失效，从而起到对边坡的加固作用。

4) 顶板连接的微型桩组合结构

顶板连接的微型桩组合结构是将多根微型桩的顶部用顶板连接，如图 5-9 所示。其中，A 表示剖面编号，L 表示组合桩的桩间距，e 表示单桩纵向间距，a 表示组合桩的截面长度，f 表示单桩横向间距，b 表示组合桩的截面宽度。这种组合结构可布置在每级边坡的平台上，也可布置在坡顶。

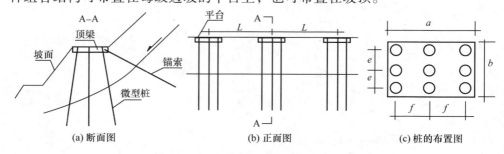

图 5-9　顶板连接的微型桩组合结构[9]

　　根据工程情况，顶板形状可以是矩形、正方形、圆形等，也可在顶梁上加预应力锚索(锚杆)，以增强其抗滑能力。图 5-9(a)中桩向下的形式可以是倾斜式或直立式，图 5-9(c)中微型桩在顶板上的布置是三排桩，根据需要也可以是更多排数的桩。这种结构的设计中，需要考虑一些关键问题，如微型桩的数量、每根桩的截面积与长度、布置形式及纵横间距[如图 5-9(c)中的 e 和 f]、组合桩的桩间距[如图 5-9(b)中的 L]等。这种结构组合形式较好，具有较强的抗滑能力，适用范围较广。

　　微型桩组合抗滑结构也可布置在坡脚第一级平台、坡顶或其他位置。图 5-10 就是坡脚、坡体内与坡顶布置的微型组合桩。设置在坡脚第一级平台上的微型组合桩，应该和坡面防护结合起来。例如，图 5-10(a)中坡面采取了喷锚或植被防护；图 5-10(b)和图 5-10(c)采用了埋入式的组合桩，以便于平台和坡面采用植被防护，增加更多的景观效果；图 5-10(d)是设置在坡顶的微型组合桩，设计时应重点考虑坡顶建筑物在坡体内引起的附加荷载。坡脚和坡顶布置的微型桩可以是顶板连接式，也可以是框架连接式。

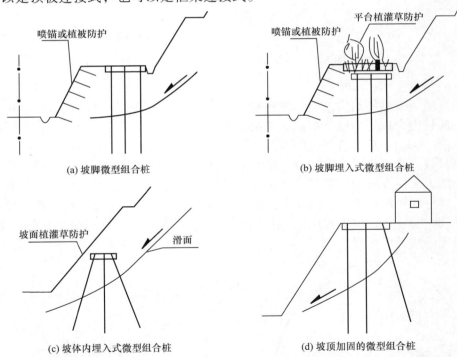

(a) 坡脚微型组合桩　　　　　　　　(b) 坡脚埋入式微型组合桩

(c) 坡体内埋入式微型组合桩　　　　(d) 坡顶加固的微型组合桩

图 5-10　坡脚、坡体内与坡顶布置的微型组合桩[9]

5) 框架梁连接的微型桩组合结构
框架梁连接的微型桩组合结构将多根微型桩的顶部用框架连接。如果布置在平台，则用纵横梁来固定露出在平台上的多根微型桩顶部以形成框架，间隔一定距离设置伸缩缝，如图 5-11 所示。这种结构的框架梁断面一般是矩形、正方形等，微型桩向下的形式也可以是倾斜式或直立式。微型桩的纵横距离根据设计计算确定。图 5-11 中是三排微型桩，根据平台宽度和计算结果的需要也可以是更多排数的桩。这种结构的设计中，需要考虑一些关键问题，如微型桩的数量、每根桩的截面积与长度、布置形式及纵横梁间距等。这种结构组合形式较好，具有较强的抗滑能力，适用范围也较广。

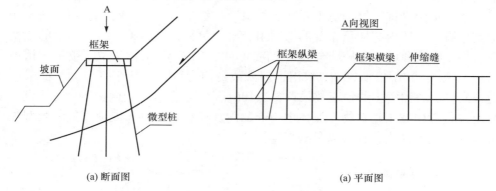

(a) 断面图　　　　　　　　　　　　　　(a) 平面图

图 5-11　框架梁连接的微型桩组合结构[9]

6) 旋喷微型桩群结构

旋喷微型桩群结构由微型桩筋材、旋喷桩、顶帽组成，其特征是由多根微型桩筋材组合成矩形微型桩群，在微型桩群的四个顶角和桩群中央布置 5 根旋喷桩(图 5-12)，矩形微型桩的顶部由顶帽刚性连接成整体。大厚度顶帽使微型桩筋材联合受力，同时旋喷后的桩间土提高了微型桩筋材与桩间土之间的变形协调能力，保证微型桩群具有抗剪性能的同时也具有拉弯构件的特性，有效提高了群桩的抗滑能力。优点如下：①将旋喷技术引入了中小型滑坡治理工程或塑性较大的土质边坡工程中；②施工速度快；③提高了抗滑支挡结构的耐久性；④布置形式灵活多样。

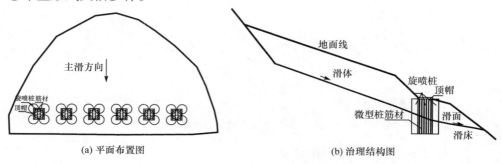

(a) 平面布置图　　　　　　　　　　　　(b) 治理结构图

图 5-12　旋喷微型桩群结构[10]

7) 非开挖旋喷抗滑桩结构

非开挖旋喷抗滑桩结构是若干微型旋喷桩按照一定形式排列组合成的抗滑桩群，可通过调整桩的数量和桩径确定抗滑桩群的规模，从而提高施工的灵活性和施工速度，降低施工难度，适用于土体塑性较大的中小型滑坡(边坡)治理工程。

设计方法：根据现场实际可将旋喷桩按照 X 行 Y 排的形式排列，旋喷桩在主滑方向紧密布置，垂直主滑方向桩间留有空隙，每根旋喷桩中心插入筋材，桩顶使用顶帽连接成一个整体。沿主滑方向紧密布置的旋喷桩可以有效地将推力传递下去，垂直主滑方向桩间的孔隙可以有效排水，有利于坡体的稳定，桩顶再以大厚度混凝土形成顶帽刚性连接各个微型桩，最终形成顶帽固定、桩土一体型的微型桩群，如图 5-13 所示。大厚度混凝土顶帽使微型桩联合作用，同时桩间土旋喷后强度的提高使得微型桩和桩间土变形高度协调，力的传递顺畅，保证其抗剪的同时具有拉弯构件的性能，抗弯能力增大，有效提高其抗滑能力。

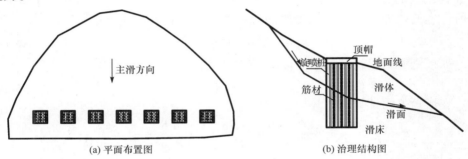

(a) 平面布置图　　　　　(b) 治理结构图

图 5-13　非开挖旋喷抗滑桩结构[11]

上述 7 种微型桩组合抗滑结构除了布置形式不同外，单根微型桩在材料和结构上也可以是多样的。例如，可以是打入的钢管桩，在管内注浆；也可以在钻孔内放入螺纹钢筋，再向孔内注浆。另外，除了用以加固路堑边坡外，还可以布置在路肩或下边坡平台，用以加固下边坡或路堤边坡。这些微型桩组合抗滑结构虽然已不同程度地在工程中有所应用，但设计理论还严重滞后，需要进一步研究。

2. 独立布置微型桩的设计方法

独立布置的微型桩是细长桩，抗弯性能差，主要是增强滑面的抗剪强度。从单桩的抗剪能力入手，说明独立布置微型桩体系在顺层岩质边坡中的加固机理及微型桩抗剪能力的计算方法。在此基础上，提出独立布置微型桩体系的设计理论和方法，为设计和施工提供理论支持。

对于各岩层完整性较好且强度较高的顺层岩质边坡，开挖之后潜在滑动范围内的滑体主要沿层间软弱结构面整体向下滑移，此时微型桩桩体的抗剪能力是滑坡稳定的决定因素。一般情况下，岩体中的滑移面是有一定厚度充填物的软弱结构面。

当发生滑移时，由于滑体内相对位移很小，可假设滑体在滑面上刚体位移，即假设坡顶位移 DD' 与滑面顶部位移 AA' 相等(图 5-14)。也就是说，滑体发生位移时微型桩 AB 受拉而位移到 BA'，此时产生拉力 T。微型桩的 BC 部分因在基岩内而未发生位移，AD 部分平移到 $A'D'$ 的位置。假设滑面充填物的厚度 $AB=h$，滑面内充填物的抗剪强度指标为黏聚力 c 和内摩擦角 φ，并假设发生滑移破坏时，微型桩中钢筋的抗拉和抗剪力都达到设计值，此时单根微型桩提供的抗剪力 R_1 为

$$R_1 = R_2 + R_3 \tag{5-14}$$

式中，R_2 为微型桩的许用抗剪力，若只计其中钢筋的抗剪力，则 $R_2 = A[\tau]$，其中 A 为钢筋的受剪面积，$[\tau]$ 为钢筋的许用抗剪强度；R_3 为图 5-14 中 AB 受拉变形所产生的拉力 T 在滑面上产生的抗剪力，其计算方法如下：

$$R_3 = T\sin\theta + T\cos\theta\tan\varphi \tag{5-15}$$

如果钢筋的设计拉应力为 $[\sigma]$，拉力 T 为

$$T = A[\sigma] \tag{5-16}$$

变形角 θ 的计算：

$$\varepsilon = \frac{[\sigma]}{E} = \frac{\Delta l}{AB} = \frac{A'B - AB}{AB} = \frac{A'B}{AB} - 1 = \frac{A'B}{A'B\cos\theta} - 1 = \frac{1}{\cos\theta} - 1$$

因此

$$\cos\theta = \frac{1}{\dfrac{[\sigma]}{E} + 1} \tag{5-17}$$

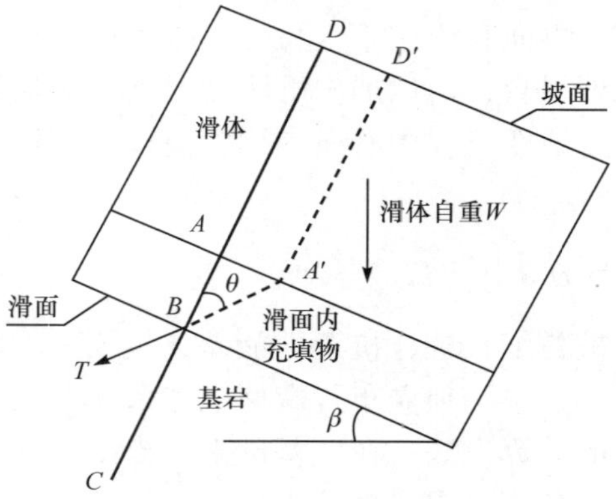

图 5-14　单根微型桩的抗剪分析

通过上述分析提出如下设计方法:

(1) 确定单宽体的滑面长度 L 及滑体自重 W;

(2) 确定滑面内充填物的抗剪强度指标黏聚力 c 和内摩擦角 φ;

(3) 确定滑面的抗剪力 R, $R = cL + W\cos\beta\tan\varphi$;

(4) 确定滑体下滑力 F,若仅考虑滑体自重 W,当滑面倾角为 β 时,$F = W\sin\beta$;

(5) 设 K 为安全系数,若 $R \geqslant KF$,则坡体稳定;若 $R < KF$,则坡体不稳定,令 $N = KF - R$;

(6) 确定不稳定坡体所需微型桩的根数 n,即 $n = N/R_1$,由式(5-14)确定 R_1;

(7) 确定基岩内的微型桩 BC 的长度,为保证 T 作用下基岩内的微型桩不被拉出,BC 应有足够的长度,即

$$BC = \frac{T\cos\theta}{\pi D[\tau_s]} \tag{5-18}$$

式中,D 为微型桩的孔径;$[\tau_s]$ 为基岩与微型桩体间的摩阻力。

5.2.6　预应力锚索

在国外预应力锚索技术用于岩土工程已有很长的历史,随着锚索技术的迅速推广,加固理论和设计方法逐步完善。我国 20 世纪 60 年代开始引进这项技术,在国防、水电、矿山、铁路等领域逐步推广。20 世纪 90 年代后,预应力锚索理论研究的不断深入,国内预应力锚索技术所需的高强度、低松弛钢绞线材料及施工机械的发展与价格的降低,大大促进了预应力锚索技术的运用。预应力锚索具有施工机动灵活、消耗材料少、施工快、造价低等特点,广泛应用于滑坡、高边坡、危岩等加固工程中,在加固路堑高边坡等工程中发挥了巨大的作用,锚索加固技术也得到较大发展,并迅速在全国山区铁路、公路路基支挡工程中推广应用。

预应力锚索由锚固段、自由段及锚头组成(图 5-15),通过对锚索施加预应力以加固岩土体使其达到稳定状态或改善结构内部的受力状态,采用高强度、低松弛钢绞线制作,可用于土质、岩质地层的边坡及地基加固,锚固段应置于稳定地层中。锚索也常与抗滑桩结合组成锚索桩,以减小抗滑桩的锚固段长度及桩身截面。预应力锚索与不同类型的反力结构结合组成不同的预应力锚索结构,如预应力锚索与钢筋混凝土框架结合组成锚

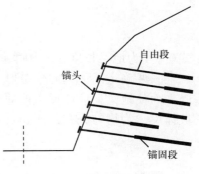

图 5-15　预应力锚索加固

索框架,与钢筋混凝土梁结合组成锚索地梁,与钢筋混凝土墩结合组成锚索墩等。

一般来说,锚索框架适用于任何岩土组成、坡面比较规整的边坡,尤其是松软岩土;锚索地梁更适用于岩体较完整、坚硬的边坡,且坡面坑洼不平;锚索墩由于使用灵活,适用于小范围的不同方向锚固,因此多用于危岩体加固。需要强调的是,锚索地梁和锚索墩的整体受力协调性较差,一般与挡墙、护墙或护坡组合使用。

从以上加固(支挡)工程结构使用和发展情况可以看出,加固(支挡)工程结构往往是适应某种特殊工程条件需要而出现的。反过来,加固(支挡)工程结构中大量推广运用新技术、新结构、新工艺,丰富了岩土工程克服不同地形和不同地质条件工程建设的技术手段,也促进了支挡工程技术水平的不断发展和提高。随着我国建设工程的不断发展,科技水平的不断提高,还会不断出现新的结构形式,我国的支挡技术水平也将不断迈上新的台阶。

预应力锚索地梁结构是锚固于坡体深层的预应力锚索通过置于坡面的抑制构件(地梁)对坡体施加锚固作用力。置于坡面的地梁对整个支挡加固结构正常发挥功效起着十分重要的作用[13]。

锚索框架地梁是工程中应用较多的边坡支挡加固结构,在滑坡边开挖边加固施工中,用于每级开挖边坡的坡体和坡面预加固,能够较为有效地控制滑坡的开挖变形失稳。

1) 反力结构设计计算

要对地梁进行设计,首先应确定作用于地梁上的坡体反力。锚索张拉完毕后,锚索的张力全部达到设计值,此时地梁上锚索张力为已知。地梁可以看成倒置于坡面的连续梁,连续梁的支座即为地梁上的锚索抑制点。因而,根据静力平衡条件 $\sum F_y = 0$,作用于地梁上的坡体反力 $q(x)$ 的合力应等于锚索张拉力 P_i 合力,即

$$\int_0^l q(x)\,\mathrm{d}x = \sum_{i=1}^n P_i \tag{5-19}$$

式中,l 为地梁长度;n 为同一地梁上的锚索根数。

只要确定了 $q(x)$ 的分布形式,就可确定其大小。此时,由于锚索拉力主动施加而使地梁下坡体反力被动产生,因此为简化计算,可假定作用于地梁上的坡体反力为均匀分布,即 $q(x)$ 为常量 q_a,则有

$$q_a l = \sum_{i=1}^n P_i \tag{5-20}$$

即作用于地梁上的坡体反力为

$$q_a = \sum_{i=1}^{n} P_i / l \tag{5-21}$$

求出 q_a 后就可按静力平衡条件进行地梁的内力计算。这种计算方法对于均质坡面上的刚性地梁较为适用，在其他情况下计算结果存在较大误差。一般应根据地梁与坡体的相互作用，按 Winkler 地基假定或者弹性半无限体地基的假定来计算。通常按 Winkler 地基假定的计算适用于坡体浅层岩土体刚度比较小且具有一定弹性的情况，而地基为弹性半无限体地基的假定则比较适用于坡体的岩土体刚度比较大、弹性性质较好的情况。

2) 锚索加固机理

在岩土边坡中埋设预应力锚索后，由于预应力锚索既有支护边坡，又有加固岩土体的作用，所以预应力锚索的设计，应考虑岩土体与锚索之间的相互作用进行合理计算。目前的设计往往按锚固段剪应力均匀分布的假定初步设计锚固段长度。一般认为，在锚索张拉阶段是外力张拉锚索，通过锚固段与岩土体之间的黏结作用使岩土体与锚固之间产生剪切变形，此时锚索是主动受力，岩土体为被动受力；而在工作阶段，由于锚索的存在，岩土体边坡的变形受到抑制，锚索处于被动受力状态。

5.2.7　管棚

1) 管棚加固机理

管棚孔钻好后，在孔内安设钢管。钢管穿过松散破碎岩土体或地下水丰富地层，深入到稳定地层部位后可起到骨架、格栅作用，使开挖工作面流砂层保持稳定。管棚注浆后，浆液进入钢管周围的流砂层中，形成稳定的复合固结体，最终形成管棚注浆加固帷幕，使流砂层力学性质得到改善，稳定性能增强，可有效地防止流砂层塌落和地表下沉，保证斜井工作面稳定安全。

2) 大管棚的受力分析

对于管棚而言，开挖面附近的钢管纵向应变最大，隧道开挖一个进尺且未支护的条件下管棚受力最不利。因此可将单根管棚作为研究对象，采用双参数弹性地基梁模拟管棚的受力，其受力示意图见图 5-16[14]。

地基反力采用反参数模型中的 Pasternak 模型进行计算，由弹性地基理论可得地基反力及管棚的挠曲线方程为

$$p(x) = kw(x) - G_p \frac{\mathrm{d}w^2(x)}{\mathrm{d}x^2} \tag{5-22}$$

(1) 在 BC 段，围压压力 $q(x) = \gamma h$，地基反力 $p(x)=0$，其控制方程为

$$EI \frac{\mathrm{d}w^4(x)}{\mathrm{d}x^4} = b\gamma h \tag{5-23}$$

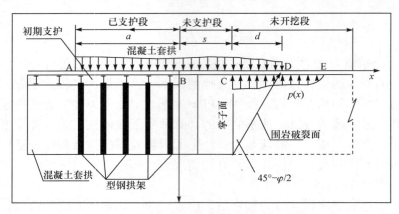

图 5-16　双参数弹性地基梁模拟管棚的受力示意图[14]

(2) 在 CD 段，围压压力 $q(x)=\gamma h$，地基反力 $p(x)=kw(x)-G_p\dfrac{\mathrm{d}w^2(x)}{\mathrm{d}x^2}$，其控制方程为

$$EI\frac{\mathrm{d}w^4(x)}{\mathrm{d}x^4}-G_pb^*\frac{\mathrm{d}w^2(x)}{\mathrm{d}x^2}+kb^*w(x)=b\gamma h \tag{5-24}$$

(3) 在 DE 段，围压压力 $q(x)=0$，地基反力 $p(x)=kw(x)-G_p\dfrac{\mathrm{d}w^2(x)}{\mathrm{d}x^2}$，其控制方程为

$$EI\frac{\mathrm{d}w^4(x)}{\mathrm{d}x^4}-G_pb^*\frac{\mathrm{d}w^2(x)}{\mathrm{d}x^2}+kb^*w(x)=0 \tag{5-25}$$

式中，b^* 为考虑双参数弹性地基梁连续情况下梁的等效宽度(m)，且 $b^*=b\times\left[1+\left(\dfrac{G_p}{k}\right)^{\frac{1}{2}}\middle/b\right]$；$b$ 为弹性地基梁宽度(m)；E 为管棚的弹性模量(GPa)；I 为管棚的惯性矩(m^4)；$w(x)$ 为管棚的挠度(mm)；G_p 为地基剪切模量(kN/m)；k 为基床系数。

由边界条件可求出待定系数，将其代入控制微分方程中，即可得到管棚的各段挠度方程，根据公式

$$\theta(x)=\frac{\mathrm{d}w(x)}{\mathrm{d}x} \tag{5-26}$$

$$M(x)=EI\frac{\mathrm{d}w^2(x)}{\mathrm{d}x^2} \tag{5-27}$$

$$Q(x) = -EI\frac{\mathrm{d}w^3(x)}{\mathrm{d}x^3} + G_p\frac{\mathrm{d}w(x)}{\mathrm{d}x} \tag{5-28}$$

可得管棚纵向应变公式为

$$\varepsilon(x) = \left(\frac{D}{2} - \delta\right)\frac{\mathrm{d}w^2(x)}{\mathrm{d}x^2} \tag{5-29}$$

式中，D 为管棚的外直径(m)；δ 为钢管厚度(mm)。

5.2.8 超前小导管

超前小导管的主要作用是提高围岩的抗剪强度，预先支护围岩，把因开挖引起的松弛控制在最小范围内，从而在施工过程中保证底层安全稳定，减小施工引起的地表沉降，是滑坡地段隧道施工中一种常用的超前支护方式[15]。

1. 布置形式

超前小导管的布置应当根据隧道的地质条件、地形地貌、隧道尺寸和形状、施工现场条件以及周边环境等因素来确定。超前小导管的布置应当确保其超前支护的作用能够充分发挥，同时也应当充分考虑环境和经济方面的因素。各种条件综合考量下，确定一个最合理的布置方案。在纵向布置上，沿隧道轴线大致平行的方向，以一定的外插角将超前小导管前端打入提前钻好的孔中，后端与钢拱架连接在一起形成支撑体系，如图 5-17 所示。在横向布置上，沿隧道开挖轮廓线边缘，超前小导管以不同的角度单排或双排布置。大量工程实践经验表明，超前小导管的布置情况通常有弧形布置、半圆形布置、上部一侧布置、全周布置、门形布置等多种形式。

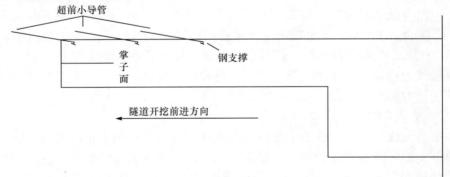

图 5-17 超前小导管纵断面布置简图

2. 构造

根据超前小导管注浆支护的技术特点，为了达到超前支护的目的并满足施工要求，小导管在构造上主要有出浆孔、止浆段和管箍，前端为锥形，方便小导管打入围岩中。出浆孔一般采用梅花形布置，止浆段内不钻孔，尾部加焊管箍。小导管的前端通过预先钻好的孔道插入围岩中，后端预留一定距离与钢拱架焊接。超前小导管构造示意图如图 5-18 所示。

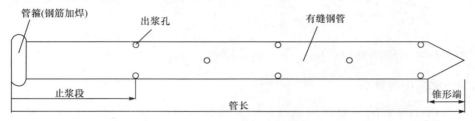

图 5-18　超前小导管构造示意图

3. 自身加固作用机理

超前小导管在构造和施作上，跟锚杆具有相似的特点，因此，小导管自身在超前支护中具有和锚杆类似的作用机理。小导管自身加固作用表现在以下两个方面：

1) 小导管的锚杆作用

小导管的锚杆作用是其自身加固作用的主要原理，主要包括连接作用、组合作用和悬吊作用。

(1) 连接作用。隧道围岩存在不稳定的岩块和岩层时，小导管能够将其有效地连接起来并深入到稳定的岩层中，使松散破碎围岩的整体性提升。

(2) 组合作用。在未受锚杆锚固时，各个岩层是简单叠在一起的，在受到荷载作用时也是各自受力，产生弯曲变形。当锚杆打入以后，各个岩层形成一个类似组合梁或组合拱的整体，其受力也变成共同变形，应力和变形都大大降低。同样的，打入小导管也能产生和锚杆同样的效果，对围岩起到加固的作用。

(3) 悬吊作用。当小导管打入后就形成了锚杆系统，将不稳定的岩体锚固在深层较为稳定的岩体上，防止滑脱。这种作用类似吊杆，能够有效减小隧道开挖过程中围岩的变形。

2) 小导管的梁拱效应

布置完成后，小导管的前端打入掌子面前方未开挖围岩中，后端支撑在钢拱架上，形成两端固定的梁。掌子面开挖时，上方围岩的荷载通过这个"梁"分散传递到掌子面前方围岩和后方的钢拱架上，从而减小掌子面上方围岩应力。打入超前小导管前，隧道开挖时掌子面上方的应力主要依靠隧道自身形成的拱来承受。打入超前小导管后，在一定程度上，小导管之间也会形成拱效应来承受围岩上部荷载。以小导管作为拱脚，跨度为小导管的间距，虽然远远小于隧道自身拱的跨度，但也能与隧道自身拱共同受力，大大提升隧道承受围岩应力的能力。另外，由于小导管形成的拱跨度小，在隧道开挖时能够快速达到平衡，及时提供支护抗力。多根小导管之间形成拱作用，组合起来具有拱群效应，能够有效地约束围岩，减小隧道在开挖过程中产生的位移。然而小导管承载拱也存在负面效应，即在拱顶竖向荷载作用下，拱脚处会产生水平反力。超前小导管通过梁拱效应实现对隧道的加固作用，加上其本身具有锚杆的特点，综合作用形成了对隧道围岩稳定的有效保障。

5.3　主动式加固隧道-滑坡设计方法

5.3.1　主动式加固方法概述

坡体的主动式加固技术是基于这样一种认识提出来的，即一般的工程滑坡在开挖前是稳定的，开挖后失稳可能是因为开挖施工对边坡的扰动过大，使边坡内部的应力场发生剧烈调整，形成了过大的开挖影响区，松动区的岩土体就沿潜在滑带发生滑移破坏[2]。因此采用合理的施工方法，对坡体进行加固后开挖，或在开挖过程中对开挖断面进行支护，尽量减少开挖施工对坡体的扰动，使坡体的变形和开挖影响区在允许范围内，确保坡体开挖后稳定，或者用少量的工程措施就能有效地支挡加固坡体[2]。工程中常用的加固方法有减重反压、坡体预加固抗滑桩、预应力锚索结构加固等。

减重反压在隧道-滑坡的治理工程中运用极其广泛，由于无需砌石或别的圬工，设计和施工简单，通常也比较经济。山区铁路隧道多建于峡谷地段，山高坡陡，坡体病害多以后壁较高、主滑段较陡为特征[16]。因此治理时，在滑坡后缘及主滑段采用刷方减载的措施，可大大减小滑坡推力，减缓下滑速度，甚至可使滑坡趋于稳定，使其对隧道产生的影响减弱，达到控制坡体变形、保护隧道的目的。若抗滑段较长，有反压条件，可采用减重与反压相结合的措施。这种方法已在成昆线毛头马 1 号隧道-滑坡病害治理中得到运用，如图 5-19 所示。减重反压后，采用抗滑桩或者预应力锚索来截断隧道山侧滑坡推力时，一方面，因滑坡推力减小而抗滑桩根数减少或桩截面减小，锚索根数减少或锚索吨位减小；另一方面，刷方减载可以使抗滑桩开挖深度较小，锚索长度缩短[16]。总之，减重反压得当，可大大减少抗滑桩工程量，降低工程造价。

对于坡体预加固抗滑桩而言，若在滑坡体中率先设置抗滑桩再进行隧道开挖，可限制桩后土体的变形，并使桩前土体的附加应力(因隧道开挖产生)适当调整，大部分由抗滑桩来承担；若开挖隧道后再在滑坡体中设置抗滑桩，坡体应力调整已基本完成，传递至抗滑桩设置处的土体应力已部分传递给桩前土

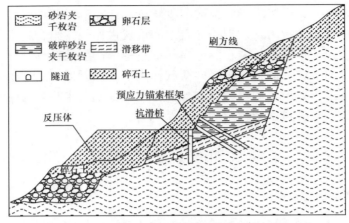

图 5-19　成昆线毛头马 1 号隧道-滑坡治理断面图

体，坡体位移(变形)增大，隧道衬砌受力使得此时的桩后土压力比设置预埋式抗滑桩时的桩后土压力小[2]。其设计计算方法在本节进行单独说明。

对于预应力锚索结构而言，在滑坡体中率先设置锚索框架(地梁)再进行隧道开挖，可限制坡体的变形，并使因隧道开挖产生的坡体附加应力适当调整，大部分由锚索结构来承担；若开挖后再在滑坡体中设置锚索框架(地梁)，坡体应力调整已基本完成，传递至锚索框架(地梁)设置处的土体应力已部分传递给隧道围岩，隧道结构受力，使得坡体位移(变形)也增大[2]。

因此，主动式加固技术具有控制坡体变形、保证隧道施工、节约工期等优点，特别适用于滑坡地段隧道的施工和运营隧道的维修加固。

5.3.2　设计计算方法

在隧道-滑坡主动式加固技术中，各种抗滑支挡结构得到了广泛的应用，其设计计算方法也日趋成熟。但与一般滑坡治理中的支挡设计相比，以整治滑坡地段隧道变形为主要目的的支挡结构设计具有特殊性。例如，在支挡结构类型的选择和合理位置的确定上，必须考虑滑坡成因和隧道在滑坡体中的位置；在支挡结构受力分析时，应考虑支挡结构与隧道衬砌的相互作用等。支挡结构设计方法是否合理，是滑坡地段隧道变形整治能否成功的关键[16]。

同时抗滑桩在滑坡治理中应用最为广泛，衍生了很多的组合结构，在隧道-滑坡治理中也最为常见和有效。因此，着重对隧道-滑坡地段抗滑桩的设计计算方法进行说明，其他支挡结构可以参照进行设计。

1. 抗滑桩类型的选择

抗滑桩是滑坡地段隧道变形整治中广泛采用的措施之一。根据抗滑桩与隧道的相对位置关系及在隧道稳定中所起的作用，抗滑桩可分为"上挡式"、"下托式"和"上挡下托式"三类。表 5-5 给出了这三类抗滑桩在隧道变形整治中的作用和各自的适用条件。根据埋设条件，抗滑桩又可分为全埋式普通桩、全埋式(预应力)锚索桩和埋入式抗滑桩等。上述两种分类法组合后的部分抗滑桩的典型图式也列于表 5-5 中。

表 5-5　三类抗滑桩的适用条件及典型图式[16, 17]

抗滑桩类型	作用	适用条件	典型图式
上挡式	截断山侧来力对隧道的挤压作用，从而避免隧道产生变形和破坏	①推动式滑坡；②隧道位于抗滑段，或隧道位于主滑段且距离抗滑段较近；③在隧道山侧布设一排抗滑桩截断山侧来力后，桩前滑体能够自身稳定而不再引起隧道变形	全埋上挡式锚索抗滑桩　　埋入式上挡抗滑桩
下托式	阻止隧道下方坡体滑动，从而保证斜坡上部的稳定和隧道安全	①牵引式滑坡；②隧道及隧道上部滑面尚未完全形成；③在隧道下方布设一排抗滑桩稳定坡脚后，桩后滑体能够自身稳定而不再引起隧道变形	全埋下托式抗滑桩
上挡下托式	上挡抗滑桩截断山侧来力对隧道产生的挤压作用，下托抗滑桩阻止两排桩间滑体的滑动，从而消除滑坡对隧道产生的影响，保证隧道的安全	①隧道位于主滑段，且距离抗滑段较远；②在隧道山侧布设一排抗滑桩后，桩前滑体不能维持自身稳定而隧道仍会发生变形破坏	全埋上挡下托式抗滑桩

在上述各类抗滑桩中，埋入式抗滑桩在隧道埋深较大、滑动面较深或具有多层滑面滑坡的治理中具有重要意义。与一般抗滑桩相比，埋入式抗滑桩滑面以上桩身较短，滑坡推力作用于抗滑桩的作用点较低，桩的受力条件得到了改善，因而能够承受较大的推力，同时又因桩身较短，可大大节省材料和投资，特别适合于抗滑桩施工后隧道拱顶以上浅层滑动对隧道无影响或可以不予考虑的情况。在选择抗滑桩类型时，首先应根据地勘资料和有关的测试报告分析滑坡形成的原因、滑面的贯通情况以及隧道在滑坡体中所处的位置，依据各类抗滑桩的适用条件，确定抗滑桩与隧道的相对位置关系。

在确定了抗滑桩与隧道的相对位置关系后，应根据滑面埋深、布桩位置的工程地质条件、抗滑桩的越顶检算和滑坡推力大小等确定抗滑桩的埋设类型。当滑面埋藏较浅、滑坡推力不大时，可按全埋式普通桩考虑设计。如果桩后滑面较陡，滑床为较完整岩体，能够提供较大锚固力，且滑坡推力较大而经比较采用普通抗滑桩不经济时，可采用(预应力)锚索抗滑桩。如果滑面埋藏较深并经检算滑坡体不会从桩顶剪出，或滑坡体存在多重滑面而浅层滑坡对隧道影响不大时，则可选用埋入式抗滑桩。

2. 抗滑桩合理位置的确定

1) 上挡式抗滑桩合理位置的确定

对于上挡式抗滑桩来说，一方面要尽可能地减少传递到隧道衬砌上的滑坡推力，另一方面施工又不能影响隧道的正常运营。为了研究合理的桩隧间距，进行了大型室内地质力学模型试验，结果显示：当桩隧间距为 16m 时，传递到隧道衬砌上的滑坡推力很小，隧道两侧边墙上的弯矩基本对称，隧道的变形和受力状态得到了明显改善，同时抗滑桩施工未对隧道稳定产生明显影响。因此，一般情况下桩隧间距在 16m 左右是合理的。就具体工程而言，可运用传递系数法进行滑坡推力计算，绘出隧道上方滑体的滑坡推力和极限抗力分布曲线，找出剩余推力和最大剩余推力的分布部位，选择能最大限度阻挡滑坡推力的点作为布设抗滑桩的合理位置。

2) 下托式抗滑桩合理位置的确定

在隧道变形整治中，下托式抗滑桩主要是针对牵引式滑坡设置的。由于牵引式滑坡是下部坡体失稳引起的，如河流冲刷坡脚、不合理的边坡开挖或采矿等，滑面由坡体下方逐渐向上延伸，作用于隧道衬砌上的滑坡推力一般不大，隧道变形主要表现为随滑坡体的整体外移、纵向弯曲和向滑坡体下侧整体倾斜等，因此只要滑坡体能保持稳定，隧道变形就可得到遏制。所以在确定抗滑桩的合理位置时，除需要考虑抗滑桩施工对隧道的影响外，还应考虑隧道衬砌结构能否承受上方(山侧)滑体的推力。在此基础上尽可能选择滑坡推力小的点来布设抗滑桩，使抗滑桩承受的载荷小，有利于节约工程投资。

3) 上挡下托式抗滑桩合理位置的确定

上挡下托式抗滑桩中上挡桩的位置可根据以上介绍的方法确定。由于上挡桩截断了部分作用于隧道衬砌上的滑坡推力，设置下托桩的目的主要是保证上挡桩以下滑体的稳定。为了减小滑坡推力和两桩间滑体变形对隧道稳定的影响，下托桩应尽可能地靠近隧道布置。值得注意的是，在计算上挡桩下方滑体的滑坡推力时，应将上挡桩对桩前岩土体产生的反力作为下滑力进行计算。

3. 抗滑桩设计中应注意的问题

1) 合理桩间距问题

桩间距的确定是抗滑桩设计的一个重要内容，但目前尚无完善的计算方法。在具体工程设计时，桩间距过小会使工程量增加，造成浪费；桩间距过大又容易导致桩间土挤出滑移，使抗滑桩失去功能。因此如何确定合理的桩间距是一个值得研究的问题。由于组成滑坡体的岩土材料纷繁复杂、力学特性千差万别，因此对桩间距问题进行系统研究尚存在不少困难。

在失稳致灾严重或滑坡体上有重要建(构)筑物的滑坡治理中，设计人员可以采用设置桩间挡土板的办法来解决难以确定合理桩间距的问题。设置桩间挡土板后，桩间滑坡推力通过挡土板传递到两侧抗滑桩上，保证了桩间滑体的稳定性。此时，合理的桩间距只需通过技术经济比较即可确定。

2) 滑坡推力计算中的问题

(1) 滑动面的确定是否正确，直接影响推力的大小。在实际工程中，滑动面不可能测得绝对正确，而且滑动面具有非确定性。因此在计算滑坡推力时，应分析滑动面可能的变化范围并分别加以计算，得出推力的变化范围和经常出现的推力大小。

(2) 在选择计算断面时，应分析滑体的受力特征。牵引式滑坡，下部先动影响上部，计算断面以下部为主；上部被牵引部分受下部牵引而拉开，因此它的底面不是滑动面，只是土体内一个主动状态的破裂面，在计算中可假定黏聚力 $c=0$kPa。对推动式滑坡，计算断面应以上部为主，下部被挤压破碎部分的底面也不一定是滑动面，而往往是滑体内部被动状态的破坏面，计算指标值应通过常规试验方法取得。

(3) 比较复杂的滑坡往往不是一层滑动面，应通过勘察等手段弄清滑面和隧道的相对位置关系，分析各层滑坡对隧道的危害程度，从中选定危害最大者建立相应的计算断面。

3) 受荷段桩前抗力问题

对于上挡式抗滑桩或上挡下托式抗滑桩中的上挡桩来说，在承受滑坡推力的同时必然会对桩前岩土体产生反力，而该反力最终将传递到隧道衬砌上，对隧道稳定不利。因此在设计时，不宜对受荷段桩前抗力估计过高。对下托式抗滑桩来说，由于常用于牵引式滑坡，桩前滑体并不稳定，因此不应考虑受荷段的桩前抗力。对上挡下托式抗滑桩中的下托桩，桩前抗力则可根据布桩位置的工程地质条件、桩前滑体的稳定性和滑面贯通情况等，由桩前滑体剩余抗滑力、被动土压力或弹性抗力中的最小值确定。

5.4 被动式加固隧道-滑坡设计方法

5.4.1 被动式加固方法概述

通过对目前常用的滑坡隧道加固措施分析得知，滑坡隧道的治理都是先治理滑坡，再处理隧道的病害。在滑坡中修建隧道时，常根据滑坡的类型，采用设置上挡下托式、上挡式、下托式等抗滑桩措施，截断滑坡推力，在滑体中形成一个安全区域，在此区域内修建隧道[16,17]。当滑体厚度大，且隧道位于滑面附近时，从经济指标上考虑，采用以上方法治理费用非常高，且施工难度大[1]。

隧道加固措施是指提高隧道围岩自稳能力，如围岩固结注浆和锚杆锚固等措施，利用改善围岩的力学参数，使隧道衬砌结构受力减小，或者使加固后的围岩与隧道衬砌共同承受滑坡推力，后者往往作为一种辅助措施[1]。

可以看出，以前的加固方法虽然都能治理滑坡隧道，但是治理费用高，导致经济不合理。因此，被动式加固技术是非常有必要的[1]。

本章在新型加固技术基础上，提出被动式加固理念。所谓"被动式"加固，从治理原则上讲就是根据滑坡段隧道的受力和变形特征，只保全隧道结构，而不治理整个滑坡，探索性地提出隧道砌体、支撑桩和锚索构成的协同受力结构体系，以保证隧道的正常运营，而不限制滑坡整体的变形[18-21]。结合工程实际，作出如下假定：

(1) 被动治理结构仅适用于整体稳定程度较高，局部变形破坏的滑坡。

(2) 该结构只承受因开挖隧道形成的不对称松动围岩土压力作用，而不是整个滑动坡体。

(3) 仅限于理论探讨，有待于今后实际工程验证。

5.4.2　新型加固结构类型

根据相关文献可知，在隧道-滑坡正交体系下，隧道容易在与滑面交界处发

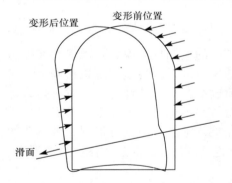

图 5-20　与滑面相交时隧道的变形示意图

生剪切破坏，如图 5-20 所示，从而导致隧道变形，以衬砌开裂破损为主，因隧道底部位于稳定岩体中，纵向弯曲变形和整体位移次之[1,18]。

根据受力模式并结合相关模型的数值简化结果，隧道与滑坡相交时的受力模式见图 5-21。隧道山侧与滑体相交处用一根刚度系数较大的弹簧和滑动支座来代替约束隧道的变形条件，河侧用固定支座来进行约束，不考虑隧道与

滑面相交部分以下对隧道的岩土抗力作用，其受力示意图见图 5-22。

为了改变隧道与滑面交界处发生剪切破坏的受力模式，确保位于滑体内隧道结构的安全等问题，以隧道-滑坡正交体系为例，提出了两种新型隧道-滑坡加固结构。

第一种新型结构：在隧道衬砌上打锚索(杆)，使隧道既可作为支挡围岩保持其稳定，又可作为抗滑结构发挥其抗滑作用，使滑面改变达到局部治理滑坡的目的。

当隧道与滑面相交时，加固方法见图 5-23，锚索(杆)穿过滑面把隧道锚固于稳定的基岩内，隧道衬砌作为锚索(杆)的反力装置，从而达到局部治理滑坡

的目的。

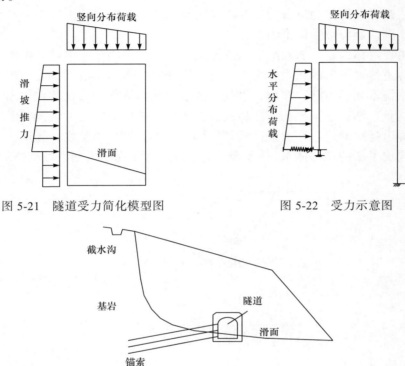

图 5-21　隧道受力简化模型图　　　　　图 5-22　受力示意图

图 5-23　隧道与滑面相交加固结构示意图

当隧道位于滑体内时，同样通过锚索提供抗滑力，但隧道底部地基处理措施有两种，一种是采用隧道底部注浆加固滑体，另一种是采用支撑桩将隧道顶住，加固原理见图 5-24。

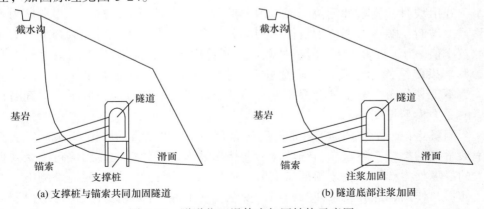

(a) 支撑桩与锚索共同加固隧道　　　　　(b) 隧道底部注浆加固

图 5-24　隧道位于滑体内加固结构示意图

第二种新型结构：通过锚索(杆)、支撑桩，使隧道衬砌既可作为支挡围岩保持其稳定，又可作为抗滑结构发挥其抗滑作用，对隧道周围岩土体进行局部加固，达到回避滑坡主体推力的目的。

隧道在滑体内时，加固结构示意图见图5-25。加固结构中隧道边墙下的桩除承受隧道传递下来的较大轴力外，还直接和间接地承受滑坡推力的作用。加固结构中锚索和隧道共同作用，直接抵抗滑坡推力的作用。在这种加固结构的作用下，整个结构牢牢地扎根在稳定的滑床岩土体中，即使滑坡体要滑动，也只能从隧道越顶而过，而隧道结构和加固结构不会破坏。总之，隧道、支撑桩和锚索构成了新的结构体系，保证整个结构的安全，而不限制滑坡整体的变形、破坏。

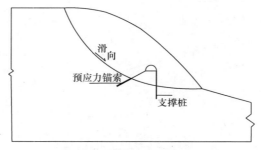

图 5-25　　隧道在滑体内加固结构示意图[19,20]

5.4.3　设计计算方法

1) 力学模型

当隧道与滑面相交时，隧道衬砌受力最不利，滑体内的衬砌受滑坡推力作用，滑床内的部分衬砌受围岩压力作用，隧道顶部受上覆土体压力。当滑坡为牵引式滑坡时，隧道外侧位于滑体内的部分衬砌不考虑土体抗力；当滑坡为推移式滑坡时，隧道外侧位于滑体内的部分衬砌受力为土体抗力和剩余下滑力中的较小值。为了计算方便，隧道外侧位于滑体内的部分都不考虑土体抗力作用，计算结果使结构偏于安全。隧道底部仰拱受力与隧道底部土体的力学性质有关，不管其分布多复杂都会根据变形协调自动满足竖直方向力的平衡，其简化后的受力模型见图5-26[18]。

当隧道位于滑体内时，隧道衬砌病害最严重，也是目前隧道-滑坡病害实例中最常见的类型。隧道靠山侧坡体滑动挤压隧道，导致隧道靠山侧衬砌受到很大的滑坡推力作用，隧道顶部受上覆土体压力。为计算方便，隧道外侧不考虑土体抗力作用，计算结果使结构偏于安全。隧道底部仰拱受力根据变形协调自动满足竖直方向力的平衡，其简化后的受力模型见图5-27[21]。

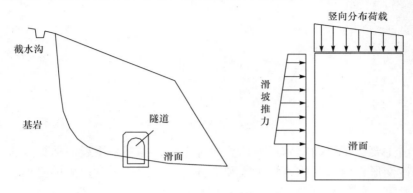

图 5-26　隧道与滑体相交加固力学模型[18]

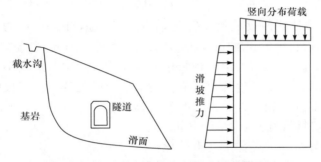

图 5-27　隧道在滑体内加固力学模型[21]

2) 荷载计算

(1) 滑坡推力计算。对于起伏不平滑面的滑坡稳定性分析，国内常采用不平衡推力法，亦称传递系数法或剩余推力法。由于该法计算简单，并且能够为滑坡治理提供设计推力，因此在水利、铁路、交通以及三峡库区的工程中得到了广泛应用，国家规范和行业规范都将其列为推荐方法使用。

(2) 滑坡推力分布形式。一般认为滑坡推力的分布形式有三角形、矩形和梯形三种。设计采用较复杂的梯形分布。

(3) 围岩压力。隧道顶部衬砌受到上覆滑体的压力，由于埋深较浅且为滑动土体，工程性质较差，不考虑构造应力和滑坡滑动对土体应力的改变，即围岩压力仅为自重产生，其大小 $P = \gamma \cdot h$。

(4) 锚索水平刚度系数。水平刚度系数是指单位长度锚索产生单位水平位移时所需水平方向力的大小，其示意图见图 5-28。锚索的变形由锚索本身在外荷载作用下的变形和由地层徐变引起的变形组成。由地层徐变引起的锚杆变形，可以通过徐变系数计算锚杆在不同时期的徐变位移。锚索本身在外荷载作用下的变形以弹性变形为主，因此下面介绍锚索弹性变形的计算方法。

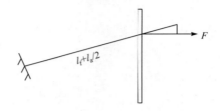

图 5-28　水平刚度示意图

目前主要有试验确定和近似估算两种方法，本书采用近似估算方法计算锚索的弹性变形，取值为锚索自由段和二分之一锚固段长度产生的变形。

$$K_h = \frac{E_s A}{l_f + 0.5 l_a} \tag{5-30}$$

式中，K_h 为锚索水平刚度系数；E_s 为锚索弹性模量(MPa)；A 为锚索截面面积(mm^2)；l_f 为锚索自由段长度(m)；l_a 为锚索锚固段长度(m)。

对于预应力锚索而言，由于预张拉荷载作用，产生变形较小。当预应力小于锚索设计值时，锚索产生的变形为荷载增量对应的变形；当预应力大于锚索设计值时，在荷载作用下，将不再产生变形增量。

3) 隧道越过滑面的新型结构分析

新型结构分析前，做如下几点简化：

(1) 假定每排锚索承受相邻两排锚索之间的滑坡推力，即每根锚索承载考虑为分担。

(2) 滑坡推力自地面按三角形分布，结构承受的滑坡推力为隧道竖向相应高度段的推力，呈梯形分布。

(3) 隧道外侧滑体可能滑走，不考虑隧道外侧滑体的抗力作用，计算结果对结构偏于安全。

(4) 不计隧道与岩土间的摩擦力。

(5) 锚索简化为弹簧，假定锚索的变形由自由段及锚固段产生，锚索的刚度系数由式(5-30)确定，假设锚索水平间距为 b，那么单位隧道弹簧作用的等效刚度系数 $K = \dfrac{K_h}{b}$。

根据以上简化，计算模型见图 5-29。其中，k_1、k_2 为竖向分布荷载，P、P_1、P_2 为水平分布荷载，K_1、K_2 为单位隧道弹簧作用的等效刚度系数。由于隧道外侧滑面下的岩土体对衬砌有水平约束作用，加上内侧在滑面下的衬砌上也打了一个锚索，因此可以把滑面处考虑为固定端约束。

该结构为五次超静定结构，采用力法计算结构的内力，基本静定结构见

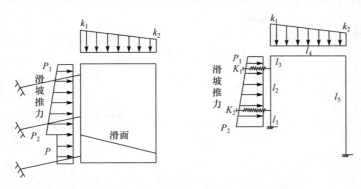

图 5-29　隧道与滑体相交加固力学计算简图

图 5-30。去掉右端固定支座，以剪力、轴力、弯矩作为未知反力；去掉两个弹性支座，以水平反力作为未知力，因轴力作用变形较小，不予考虑，则典型方程式为

$$\begin{cases} X_1\delta_{11} + X_2\delta_{12} + X_3\delta_{13} + X_4\delta_{14} + \Delta_{1P} = 0 \\ X_1\delta_{21} + X_2\delta_{22} + X_3\delta_{23} + X_4\delta_{24} + \Delta_{2P} = 0 \\ X_1\delta_{31} + X_2\delta_{32} + X_3\delta_{33} + X_4\delta_{34} + \Delta_{3P} = 0 \\ X_1\delta_{41} + X_2\delta_{42} + X_3\delta_{43} + X_4\delta_{44} + \Delta_{4P} = -X_4 / K_1 \\ X_1\delta_{51} + X_2\delta_{52} + X_3\delta_{53} + X_4\delta_{54} + \Delta_{5P} = -X_5 / K_2 \end{cases} \qquad (5\text{-}31)$$

式中，X_i 表示未知力(基本未知量)；Δ_{iP} 表示由荷载产生的沿 X_i 方向的位移；δ_{ij} 表示由单位力 $X_j=1$ 产生的沿 X_i 方向的位移，常称为柔度系数；K_i 表示弹性支座的刚度系数。基本结构在 $X_1=1$、$X_2=1$、$X_3=1$、$X_4=1$、$X_5=1$ 作用下的弯矩见图 5-31～图 5-36，忽略轴向力和剪力的影响，各系数计算如下：

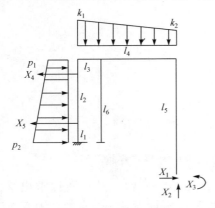

图 5-30　基本结构(隧道穿越滑面)

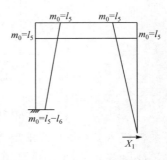

图 5-31　$X_1=1$ 作用下的弯矩图(隧道穿越滑面)

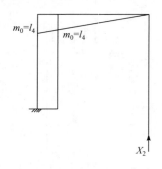
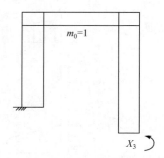

图 5-32　$X_2=1$ 作用下的弯矩图(隧道穿越滑面)　图 5-33　$X_3=1$ 作用下的弯矩图(隧道穿越滑面)

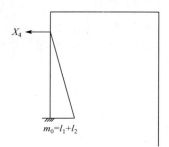
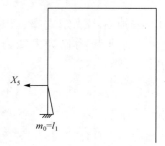

图 5-34　$X_4=1$ 作用下的弯矩图(隧道穿越滑面)　图 5-35　$X_5=1$ 作用下的弯矩图(隧道穿越滑面)

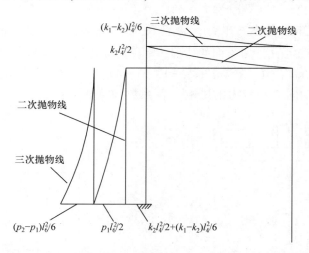

图 5-36　基本结构在外荷载作用下的弯矩图(隧道穿越滑面)

　　将系数代入式(5-31)，求出 X_1、X_2、X_3、X_4、X_5，从而可以求出结构的内力。成昆线东荣河 1 号隧道进口段滑坡深层滑面深达 60 多米，由于老隧道变形严重修建了新隧道，但新隧道又与深层滑带相交，采用本书的加固方法，治理费用将大大降低。

4) 隧道位于滑体内的新型结构分析

隧道位于滑体内时，简化方法与上节相同。由于隧道底部滑体可能产生滑动，需考虑工程加固，保证隧道底部土体的稳定性，可以分为隧道衬砌设计和隧道底部滑体加固两部分。

(1) 隧道衬砌设计。隧道由锚索拉住，支撑桩位于隧道底部，只给隧道衬砌一个竖直方向的支撑作用，不考虑衬砌与滑体的摩擦作用，因此没有水平约束反力，隧道衬砌为全封闭式结构，在计算时把两端作为竖向滑动支座，简化模型见图 5-37。

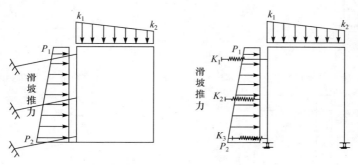

图 5-37　隧道在滑体内的加固力学简图

该结构为四次超静定结构，采用力法计算结构的内力，去掉右端约束支座，以轴力 X、弯矩 XZ 为未知反力；去掉两个弹性支座，以 X_3 为未知反力(假设向右)。基本静定结构以及在单位力作用下的弯矩示意图见图 5-38～图 5-43。其理论求解方法与式(5-31)相同，可列出方程式：

$$\begin{cases} X_1\delta_{11} + X_2\delta_{12} + X_3\delta_{13} + X_4\delta_{14} + \Delta_{1P} = 0 \\ X_1\delta_{21} + X_2\delta_{22} + X_3\delta_{23} + X_4\delta_{24} + \Delta_{2P} = 0 \\ X_1\delta_{31} + X_2\delta_{32} + X_3\delta_{33} + X_4\delta_{34} + \Delta_{3P} = -X_3 / K_1 \\ X_1\delta_{41} + X_2\delta_{42} + X_3\delta_{43} + X_4\delta_{44} + \Delta_{4P} = -X_4 / K_2 \end{cases} \quad (5\text{-}32)$$

(2) 隧道底部滑体加固。由于隧道底部滑体所受滑坡推力由衬砌转移给锚索承担，那么只需保证满足承载力和防止产生不均匀沉降的要求，就可保证结构竖向的平衡，主要加固措施为隧道底部注浆和采用两排支撑桩。成昆线林场隧道、襄渝线狗磨湾隧道都采用了此种加固措施，本书提出的加固方法可以用于隧道工程治理。

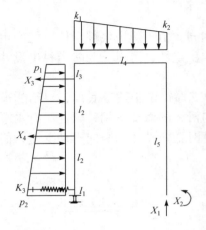

图 5-38　基本结构(隧道位于滑体内)

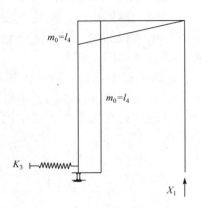

图 5-39　$X_1=1$ 作用下的弯矩图(隧道位于滑体内)

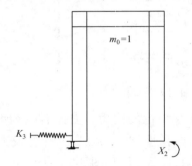

图 5-40　$X_2=1$ 作用下的弯矩图(隧道位于滑体内)

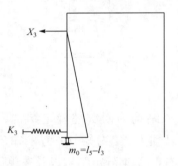

图 5-41　$X_3=1$ 作用下的弯矩图(隧道位于滑体内)

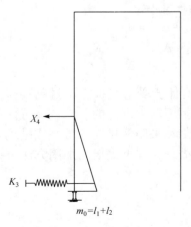

图 5-42　$X_4=1$ 作用下的弯矩图
(隧道位于滑体内)

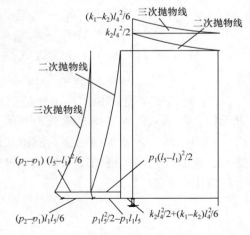

图 5-43　基本结构在外荷载作用下的弯矩图
(隧道位于滑体内)

5.5　滑坡地段隧道施工技术

滑坡地段隧道施工技术是指在滑坡段开挖隧道过程中，根据滑坡的地形地貌、地质条件以及和隧道的相互作用关系，采用调整工序和工艺的方法对隧道结构进行预加固，避免隧道在开挖过程中发生病害，并规避以后可能发生滑坡病害的风险。

滑坡地段隧道施工与正常隧道施工有很大不同，正在变形的滑坡会加大隧道开挖产生的位移，同时隧道的开挖还会使老滑坡复活或加快滑坡的蠕滑变形，隧道开挖断面位于滑带处的情况最为严重。工程中通常先对滑坡体进行加固，使其稳定后再对隧道进行开挖，施工过程中对隧道进行合理的预加固和必要的变形监测可保证隧道的安全施工。

5.5.1　滑坡地段隧道施工方法

结合以往滑坡地段隧道建设经验和长大隧道施工关键技术的科研成果，分析各种隧道施工方法的力学特性和适用条件，提出适用于滑坡地段隧道的施工方法，详细介绍三台阶七步分部开挖法和软弱围岩大断面施工技术[22,23]。

1. 滑坡地段隧道施工方法概述

滑坡地段隧道的常用施工方法有台阶法、上导坑先拱后墙法，大断面隧道通常采用双侧壁导坑法、交叉中隔壁法、预留核心土台阶法等多分部开挖和软弱围岩大断面开挖施工技术。目前这些方法已在滑坡地段隧道开挖中大量使用。

2. 适用于滑坡地段隧道的施工方法

1) 侧壁导坑法

侧壁导坑法是一种基于在开挖断面中设置支撑壁的分部顺序开挖方法，可衍化为中隔壁法、交叉中隔壁法和双侧壁导坑法等形式。其实质是用临时支撑壁将大断面分隔成若干小断面施工，由于小断面变形比大断面容易控制，因此是较好解决浅埋大断面施工安全的方法。国内外工程实践表明，侧壁导坑法尤其是双侧壁开挖引起的地表沉降量比较小。方法的关键是要做到各分断面的及时封闭，如果做不到，其安全性将大受影响，尤其是中隔壁的稳定性容易受后续开挖影响。

双侧壁导坑法(曾称为"眼镜法")在国内大秦铁路西坪隧道出口段首次使用，开挖面积为 $140m^2$，开挖深度为 13.7m。采用此方法，拱顶下沉速率最大为

14mm/d。该技术荣获 1988 年铁道部科技成果三等奖，并被确定为 1991 年度国家级工法。

交叉中隔壁法在陇海铁路宝兰二线新曲儿岔隧道下穿既有铁路段首次采用，开挖面积为 120m²，开挖深度为 13.7m。有效控制地表沉降在 80mm 以内，是一种适合黄土滑坡地段隧道的开挖方法。

侧壁导坑法的施工速度比较慢，尤其是双侧壁导坑法和交叉中隔壁法，因为施工中需要架设和拆除大量的临时支撑，工序比较多，容易相互影响，另外作业空间狭小不利于大型机械施工。调查显示，三车道公路隧道(开挖宽度 15m)采用双侧壁导坑法的施工进度约 25m/月，交叉中隔壁法为 40m/月。铁路双线隧道采用交叉中隔壁法的施工进度平均约 30m/月。

2) 预留核心土台阶法

预留核心土台阶法是一种基于掌子面预留核心土台阶分部开挖的顺序施工方法，由于采用上台阶环核心土开挖先行，所以也称为"弧形导坑法"。相对侧壁导坑法，该方法不需要架设大量的临时支撑，作业空间大，便于机械快速施工，在施工成本和效率上均优于前者。经过优化和改进，该方法控制围岩变形的能力大幅提高，近年来在滑坡地段大断面隧道施工中的应用逐渐多起来。

黄延高速公路道南富水隧道曾采用短台阶七步流水作业法[22]，分层预留核心土短台阶开挖，图 5-44 为其施工示意图。该隧道紧急停车带处相当三车道断面，最大开挖面积 138m²，黄土天然含水率达到 23.0%～28.0%。施工采用短台阶七步流水作业法和大管棚，同时用 4m 锁脚锚杆加固拱脚。现场监测表明，虽然拱顶下沉达到 150mm，但水平收敛只有 20mm，喷层无开裂。该方法于 2000 年被铁道部确定为部级工法。根据围岩情况和断面大小，该工法可设置 2 台阶、3 台阶，甚至 4 台阶。其中，三台阶七步开挖可用于滑坡地段具备一定自稳条件的Ⅳ、Ⅴ级围岩大断面隧道的施工。

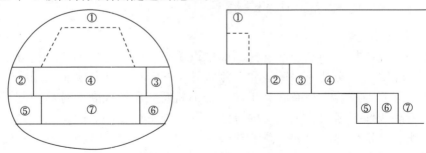

图 5-44　短台阶七步流水作业法施工示意图

①～⑦表示开挖顺序编号

对大断面隧道采取预留核心土台阶分层顺序作业，施工速度快。调查显示，预留核心土台阶法在双线电气化铁路Ⅳ、Ⅴ级围岩隧道(开挖面积 120m²)中月进度可以达到 70m 以上，明显高于双侧壁导坑法和交叉中隔壁法。

上述台阶法的实质是在掌子面后方预留足够的核心土作为稳定掌子面的支撑手段，辅助拱脚加固、仰拱超前封闭，必要时喷射混凝土封闭掌子面。该方法不失为一种较高效率和快捷的施工方法，相对侧壁导坑法可有效提高施工速度、降低成本。

3) 软弱围岩大断面隧道开挖技术

随着隧道施工技术的进步，围岩补强方法的开发以及快速施工采用大型施工机械的要求，特别是高速铁路以及三车道公路隧道的大量修建，出现了开挖断面面积达到 170～220m² 的大断面隧道，开挖方法向尽可能地选择大断面或者全断面开挖上转变。滑坡地段软弱围岩隧道施工中采用全断面法的情况越来越多。

从国内外软弱围岩施工的实例，特别是开挖断面早期闭合的实例中，总结软弱围岩隧道大断面施工技术如下[23]：

(1) 尽可能地采用大断面开挖技术，是实施"快挖"的前提条件。在技术条件成熟时，可选择全断面法或超短台阶的全断面法；日本的隧道工程，基本上采用全断面法和超短台阶的全断面法。根据统计，日本在建和已建的隧道 70%以上是采用台阶法施工的。开挖进尺大多控制在 1.0～2.0m，最差的采用 1.0m，最好的也不超过 2.0m，即采用所谓的"短进尺、多循环"的开挖循环方式。实际上，在有足够长超前支护的条件下，进尺采用不小于 1.0m 是比较合适的。

(2) 采取有力措施缩短开挖循环的作业时间，如多数采用单臂掘进机开挖、机械架设型钢钢架、锚杆机械手、大容量的喷混凝土机等，确保在要求的闭合距离内完成相应的作业。

(3) 施工机械也很有针对性，如能够从下半断面进行上半断面开挖的钻孔机械、预先打设拱脚锚杆或锚管的施工机械等。应该说，在提高施工的安全性方面，施工机械的开发与应用起着重要的作用。例如，从掌子面撤出作业人员，而采用远距离控制掌子面的机械进行开挖作业，是目前世界各国都在实施或研究的方法。

(4) "快支"包括两方面，一方面是初期支护，一方面是预支护。在初期支护不能控制围岩松弛(变形)的条件下，必须采取预支护的对策，变被动为主动。

(5) 根据围岩分级选定初期支护参数、钢架量测数据判断，初期支护不能满足控制变形要求时，主要采取变更其规格，而不是采取增加厚度、加密间距等方法，如采用高强度喷混凝土、变更钢架的规格、增加短超前支护(如小导管)等。因为无论增加喷混凝土厚度，还是缩短钢架的间距，都将增加作业时间，并无谓地扩大开挖断面，从安全性和经济性上看是不利的。

(6) 采用解析方法或经验预计隧道开挖后可能发生的变形量级，是最大的难题。日本规定，软弱围岩隧道量测的位移超过 100mm(围岩的单轴抗压强度为 5MPa，极限应变为 2.0%，开挖半径为 5.0m，可能量测的位移是总位移值 50%条件下的净空位移值)，就属于大变形的范畴。量测位移超过 100mm 意味着实际位移可能超过 200mm。因此，日本是以 100mm 作为基准。也就是说，必须采取各种措施把软弱围岩隧道量测位移控制在 100mm 以内。这也是日本隧道在极为软弱围岩中设置预留变形量的一个基准(在其他情况下均不设预留变形量)。因此，建议施工目标把量测位移控制在 100mm 以内。

当挤出位移较大时(例如，根据计算或量测，位移可能超过 50mm 时)，必须采用补强围岩的对策予以控制。

在台阶法中，控制脚部下沉异常重要，要采用预加固措施对脚部围岩予以补强。

(7) "快闭合"指尽可能地缩短闭合距离，让开挖断面早期闭合。一般来说，闭合距离应控制在开挖断面宽度 1 倍以内。也就是说，开挖后到变形收敛也应在这个距离内完成。断面越大这个距离要越短。日本收集了 30 座发生挤压性大变形隧道的实例，其中72%采用了所谓的超短台阶的全断面法。在通过断层破碎带和围岩强度应力比为 0.7～1.2 的软弱破碎蛇纹岩地带的三远公路隧道中，断面闭合距离取距上半断面掌子面 7～19m，而意大利采用全断面法开挖时，闭合距离只有开挖断面宽度一半左右。

(8) 必须坚持二次衬砌在变形收敛后设置的原则，即二次衬砌不承载的原则，只要各项技术到位是完全可以做到的。但在断层破碎带及特殊围岩中，为了承受可能产生的"后荷"现象，必须修筑二次衬砌(这意味着其他场合可以不修筑二次衬砌，把初期支护加围岩作为永久支护)。

(9) 重视对揭露的掌子面围岩的观察，加强初期位移速度的量测，为预测最终位移创造良好条件。

(10) 把"技术到位"、"精益求精"作为重点，加强施工管理。在大规模的隧道工程建设中，存在一个非常实际的问题，就是技术不到位。如果这个问题解决了，很多不应该出现的问题将迎刃而解。例如，喷混凝土要求一天的初期强度达到 9～11MPa，锚杆都要设置垫板，钢架要求与围岩或喷混凝土密贴等，但都存在技术不到位的问题，由此引发的大变形、塌方等事例是不少的。开挖断面早期闭合的方法，普遍适用于软弱围岩及特殊围岩，特别是对控制大变形具有指导意义。方法的价值在实际施工中也开始体现，积累了一些经验。把掌子面前方围岩的补强与掌子面后方开挖断面早期闭合结合在一起，在有水的条件下再组合掌子面前方围岩的超前钻孔预测，是解决滑坡地段隧道施工的基本方法。

5.5.2　隧道围岩大变形控制技术

在滑坡地段修建隧道时，滑坡体的破碎和松散常导致隧道围岩松动圈扩大，产生大变形。因此，施工的核心是控制大变形和松动圈的范围。隧道开挖后围岩的变形动态是三维的，不仅产生径向变形，同时也发生纵向变形，如掌子面纵向挤出变形。因此，特别是在滑坡地段的软弱围岩开挖后变形的控制技术中，考虑纵向变形对隧道围岩稳定性的影响是不可或缺的。

1. 大变形的定义

一般来说，围岩作为一种特殊天然材料，与其他材料一样也具有固有的变形特性。但解决围岩的变形特性问题，远比单纯地解决岩石或土的变形问题难得多，因为围岩是由构造不同、岩性不同的岩石或土构成的，具有强烈的不均质性和不确定性。其次，围岩条件沿隧道纵向变化频繁、时软时硬，其变形动态也是变化的。因此，开挖后的变形动态很难用单一的模式表述，而是围岩特性的综合反映。

经验和理论研究表明，变形研究特别是大变形的研究要以开挖后大量揭露的掌子面围岩状况为基础，结合经验判定，利用统计分析等方法进行。如果仅仅从变形的角度出发，开挖后发生弹性变形是必然的，也是容许的，发生少许塑性变形也是容许的，但不容许发生超过围岩极限应变的变形。因为超过极限应变的变形，实质上是围岩稳定性开始丧失的变形，所以是不容许的。因此，从理论上说，如果把容许变形定义为围岩极限应变的变形，或者定义为容许发生一定塑性变形的变形，则超过容许变形值的变形都可定义为大变形或过度松弛变形。

2. 大变形发生的机制

围岩开挖后的动态是多种多样的，外观的综合表现就是变形(包括掌子面的挤出变形、体积膨胀的变形)、掉块、滑移或松弛(动)、流动、崩解等。仅用"变形"一词很难概括隧道开挖后的围岩动态。围岩开挖后动态的不同决定了对应的支护对策和施工方法的不同。仅从变形的概念来说，可能发生大变形动态的围岩主要是指易于发生塑性动态(初期挤压或岩石膨胀)的挤压性围岩或膨胀性围岩以及浅埋的松散围岩。

一般来说，发生大变形都与掌子面的稳定性有关。例如，意大利学者 Pietro Lunardi 教授提出的掌子面前方围岩的变形响应，具有如图 5-45 所示的 3 种可能的状态。

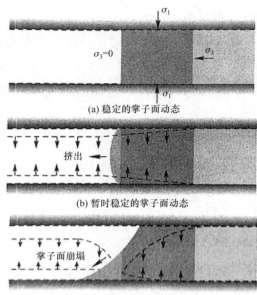

(a) 稳定的掌子面动态

挤出

(b) 暂时稳定的掌子面动态

掌子面崩塌

(c) 不稳定的掌子面动态

图 5-45　掌子面动态的分类[23]

σ_1为第一主应力；σ_3为第三主应力

　　稳定的掌子面动态是自身形成稳定的状态。图 5-45(b)和(c)的动态属于暂时稳定和不稳定的状态，为使它们处于稳定状态，就必须采取事前的约束围岩措施。此分类的重要性在于隧道变形不能仅考虑平面变形，还必须考虑掌子面的纵向变形，即所谓的掌子面挤出(压)变形。Pietro Lunardi 教授利用三维解析方法得到的掌子面前方围岩开挖后产生的塑性区如图 5-46 所示，说明掌子面后方的变形动态与掌子面前方围岩的动态是紧密相关的。如果能够控制掌子面前方围岩塑性区的发展，就可以极大地减小掌子面后方围岩的变形。同时也说明，易于发生大变形的围岩，必然伴随发生较大的掌子面挤出变形，两者是密切相关的。

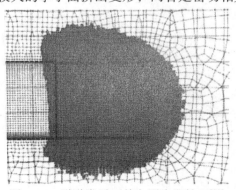

图 5-46　隧道掌子面前方围岩塑性区[23]

　　结合上述围岩动态的分类方法，隧道开挖后的三维变形动态如图 5-47 所示。无论变形大小，整治变形的技术都应以此为基础展开。例如，一般变形只要控制好净空位移(或拱顶下沉)即可。但对大变形来说，整治的重点就应放在先行位移和掌子面变形上，即掌子面前方围岩的变形上。实际上过去经常采用的留核心土或超前支护的方法，就是维护掌子面稳定的方法。但对控制大变形来说，仅仅用留核心土或超前支护的方法有时也是勉为其难的，需要采取更强有力的方法才行。例如，近期出现的补强掌子面前方围岩的方法，发展极为迅速。

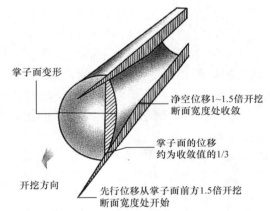

掌子面变形

净空位移1~1.5倍开挖
断面宽度处收敛

掌子面的位移
约为收敛值的1/3

开挖方向

先行位移从掌子面前方1.5倍开挖
断面宽度处开始

图 5-47　软弱围岩隧道开挖后的三维变形动态示意图[23]

　　3. 变形控制的基本原则

　　一般来说，开挖和支护的基本原则就是把对周边围岩的变形控制在容许变形值范围之内，不让大变形发生、开挖后的围岩不松弛是理想状态，但实际上是不可能的，因此只能要求把松弛控制在最小限度。从目前的隧道开挖方法看，盾构法是周边围岩松弛最小的方法，开挖和支护基本上是同时进行的。掘进机及其他机械开挖方法次之，围岩松弛主要是由机械振动造成的。而矿山法周边围岩的松弛，则与围岩性质及开挖支护技术有关。

　　"变形"控制实质上是"围岩松弛"控制，可能发生的围岩变形大小或围岩松弛程度不同，控制方法也有所不同[23]。

　　在隧道工程实践中，通过开挖和支护两大技术来控制变形或松弛。因此，合理地解决开挖和支护的关系对控制变形是非常重要的。

　　从变形控制的众多实践中，总结出以下几种控制变形的方法[23]。

　　(1) 从信息角度来说，切实地掌握掌子面前方围岩的状况，是确保施工安全，决定开挖、支护对策的基础，因此"探查先行"，摸清掌子面前方围岩的状况是非常重要的。

(2) 从开挖角度来说,全断面一次开挖是最理想的控制围岩松弛(变形)的方法,其次是台阶法。全断面一次开挖对围岩的扰动最少,在硬岩中如果能够合理地控制爆破震动的影响就更为理想,但大断面开挖需要大型施工机械的支援。在软弱围岩中,则需要创造大断面施工的条件,如对掌子面前方围岩的预补强,才能实现全断面开挖。这是目前隧道开挖技术发展的主流。

(3) 从支护角度来说,控制变形的方法是多种多样的。在以复合式衬砌为主的我国和日本,基本上是用初期支护控制开挖后的围岩变形,促使全断面早期闭合,使隧道构造稳定。但在软弱围岩及土砂围岩中,仅仅用初期支护控制变形是有困难的。根据围岩变形的大小,可采用不同的方案:①加强初期支护,如采用高强度喷混凝土、锚杆及钢架等;②超前支护(小导管、长钢管超前支护、旋喷注浆等)加初期支护;③掌子面补强(掌子面喷混凝土、掌子面锚杆、掌子面旋喷注浆等)加初期支护;④初期支护加二次衬砌等。

(4) 控制大变形的基本方法:以掌子面前方地质超前预报为主导,补强掌子面前方围岩为主;掌子面后方开挖断面初期支护早期闭合为辅;切实地把围岩变形控制在容许范围之内。

依上所述,控制大变形的技术对策如下[23]。

第 1 步:确定易于发生大变形的围岩。易于发生大变形的围岩为膨胀性围岩、挤压性围岩以及断层破碎带等松散围岩。

第 2 步:根据现行围岩分级,确定围岩级别。可能发生大变形的围岩,基本上为Ⅳ、Ⅴ、Ⅵ级围岩。

第 3 步:确立大变形的控制基准。不分围岩级别,把可能量测到的变形控制在 100mm 以内(意味着开挖后的全变形为 200mm 左右)。

第 4 步:预测可能发生的大变形级别,确立规范化控制大变形的技术对策。

例如,不考虑围岩级别,施工方法基本上采用全断面法和台阶法。

Ⅳ级围岩:超前支护+初期支护+断面早期闭合($1.0D \sim 1.5D$ 闭合,D 为开挖断面宽度);

Ⅴ级围岩:掌子面局部补强+超前支护+初期支护+断面早期闭合(小于 $1.0D$ 范围内闭合);

Ⅵ级围岩:掌子面全面补强+超前支护+初期支护+断面早期闭合(小于 $1.0D$ 范围内闭合)。

控制大变形要变被动为主动,不要在大变形发生后再去处理,而是主动采取预防大变形发生的对策,取得事半功倍的效果。

5.5.3　反向开挖建造技术

反向开挖建造技术[2,24]是基于隧道-滑坡体系,根据开挖隧道方向的不同,对正、反向开挖产生的滑坡地段隧道的稳定性影响进行分析；明确正、反向开挖的适用条件，并在施工中进行参数控制；形成滑坡地段隧道反向开挖的施工技术，进而为滑坡地段隧道的施工提供借鉴。

1. 技术原理简介

秦安隧道进口段是王家墩古滑坡体且下穿天巉公路，施工条件恶劣，不确定因素较多，因此为了确保隧道施工的安全，项目部根据模拟试验结果及现场监测数据综合考虑，采用大断面黄土隧道反向开挖建造技术穿越古滑坡体，如图 5-48 所示。反向开挖建造技术，顾名思义就是根据现场实际情况放弃按照"早进洞，晚出洞"原则进行隧道进洞施工，直接从 1 号斜井向进口小里程方向掘进施工，直到打通为止。秦安隧道通过采用反向开挖建造技术保证了滑坡体与隧道间岩土体的稳定性，降低了滑坡体复活的可能性，确保了秦安隧道安全顺利的贯通。

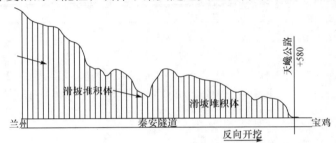

图 5-48　秦安隧道反向开挖建造技术示意图

2. 计算工况设计

王家墩滑坡为一巨型切层古滑坡，滑坡发育范围大，次生滑坡多，整体处于基本稳定状态，线路无法完全绕避。工程地质选线时绕避了不稳定的地段，选择在稳定的地段通过。根据有关地质资料，秦安隧道基岩为Ⅳ～Ⅴ级围岩，基岩计算参数为重度 $\gamma=20\text{kN/m}^3$，弹性模量 $E=2\text{GPa}$，泊松比 $\mu=0.28$，内摩擦角 $\varphi=27°$，黏聚力 $c=200\text{kPa}$。滑体材料为黏质黄土，根据有关试验参数及计算经验，计算参数取为重度 $\gamma=19\text{kN/m}^3$，弹性模量 $E=50\text{MPa}$，泊松比 $\mu=0.30$，内摩擦角 $\varphi=22°$，黏聚力 $c=25\text{kPa}$。根据滑坡处于极限状态的实际情况，接触面(滑面)材料计算参数根据经验确定为法向刚度 $K_n=500\text{MPa}$，切向刚度 $K_s=200\text{MPa}$，滑面摩擦角 $\varphi=15°$，黏聚力 $c=12\text{kPa}$。

根据研究需要，计算设计了 3 种工况：

工况一：自然状态，隧道没有开挖施工。分析接触面点安全系数分布，滑体点安全系数分布。

工况二：隧道正向开挖时，从宝鸡端进洞开挖全部隧道。分析滑面点安全系数变化，判断隧道施工对滑坡的最不利影响。

工况三：隧道反向开挖时，从兰州端(部分)进洞开挖全部隧道。分析接触面点安全系数变化，判断隧道施工对滑坡的最不利影响。

通过设置数值计算监测点对比 3 种工况，反向开挖建造技术的优越性凸显。

3. 计算模型概化

根据工程区纵断面图，概化出计算模型，如图 5-49 所示，整个剖面长度为3222m。若以整个剖面进行建模计算，由于网格数限制不能保证计算精度，因此，以最可能出现隧道-滑带相互影响的区域为重点，划分出计算域。计算域左侧距模型左边界 1333m，计算域长度为 1475m。

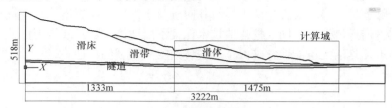

图 5-49　概化的计算模型

计算模型按准三维模型处理，纵向拉伸 24m(为隧道高度的 2 倍)，划分的网格如图 5-50 所示。计算域离散为 28035 个节点和 21680 个单元。

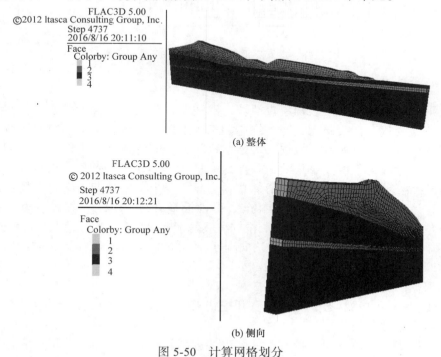

(a) 整体

(b) 侧向

图 5-50　计算网格划分

4. 各工况施工过程

1) 自然状态

自然状态主要分析计算域的应力场是否合理，以保证后续工况计算结果的正确性，同时对滑坡自然状态的稳定性进行分析。

最大主应力场如图 5-51(a)所示，竖向正应力分布如图 5-51(b)所示。应力场成层分布，符合边坡应力场特征，表明模型建立正确。

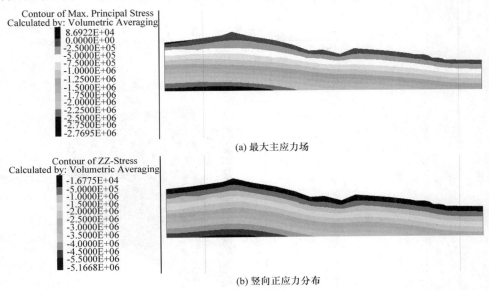

(a) 最大主应力场

(b) 竖向正应力分布

图 5-51　自然状态下的应力分布云图

接触面点安全系数如图 5-52 所示。从接触面点安全系数分布来看，点安全系数与上部滑体的厚度密切相关。在滑体厚度较大处，点安全系数较小，局部接近 1.0，而当滑体厚度较小时，点安全系数较大，甚至达到 2.0 以上。

2) 隧道正向开挖建造

隧道正向开挖建造从滑坡剪出口端施工开始开挖隧道。本章的计算模型为准三维模型，Y 方向开挖隧道的宽度约为 12m，开挖示意图如图 5-53 所示，即挖掉隧道岩组(组 4)的中间部分。纵向上，为了分析隧道掘进过程中滑带点安全系数的变化，共设计了 7 次开挖，每次开挖长度约 200m。

图 5-54 为隧道正向开挖后的坡体最大主应力分布(隧道中轴线纵向剖面)，虽然等值线总体仍然呈层状，但相较于自然状态出现了较大的调整。

图 5-55 为隧道正向完全开挖后，接触面点安全系数分布。总体分布规律与自然状态基本一致，但局部发生了明显调整，尤其是进口段(滑坡剪出口端)，分布曲线形态极不规则。

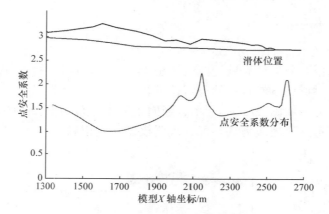

图 5-52　自然状态下接触面点安全系数分布

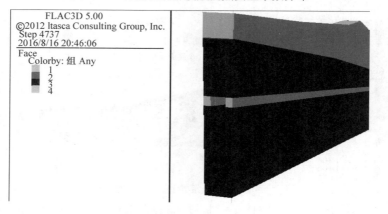

图 5-53　隧道正向开挖示意图

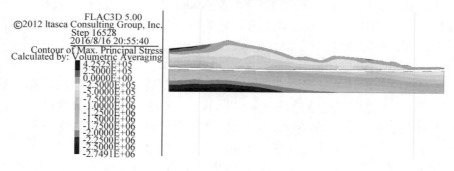

图 5-54　隧道正向开挖后的坡体最大主应力分布云图

3) 隧道反向开挖建造

隧道反向开挖建造从滑体后缘侧向前开挖。图 5-56 为隧道反向开挖后的坡体最大主应力分布(隧道中轴线纵向剖面)，虽然等值线总体仍然呈层状，但与隧

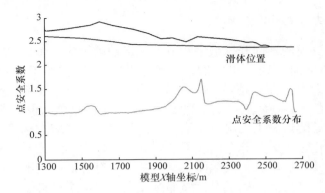

图 5-55　隧道正向完全开挖后接触面点安全系数分布

道正向开挖一样，相较于自然状态出现了较大的调整。

图 5-57 为隧道反向完全开挖后，接触面点安全系数分布。总体分布规律与自然状态基本一致，但局部发生了明显调整，尤其是开挖起始端与滑坡剪出口端，分布曲线形态均呈现不规则的变化。

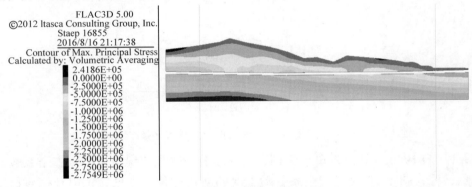

图 5-56　隧道反向开挖后的坡体最大主应力分布云图

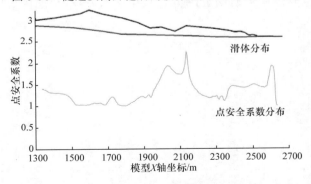

图 5-57　隧道反向开挖后接触面点安全系数分布

5. 不同建造方式对比分析研究

为了比较隧道的不同开挖顺序对滑坡稳定性的影响，将自然状态工况、正向开挖工况和反向开挖工况下的接触面点安全系数分布汇总比较，结果如图 5-58 所示。注意，曲线是各工况隧道完全开挖后的点安全系数分布曲线。可见，①自然状态下接触面点安全系数虽然有差异，但总体来说，分布较为平滑，曲线较规则。而隧道施工工况下，滑带受到开挖扰动，应力场发生变化，因此点安全系数变化也较大，分布曲线不规则。②总体而言，无论正向开挖还是反向开挖，隧道开挖扰动后，接触面点安全系数均有降低，但不同的位置降低幅度不一样。尤其是反向开挖工况，局部点安全系数甚至较自然工况略大。③与反向开挖比较，正向开挖的点安全系数较反向开挖降低更加明显。就滑带平均点安全系数而言，反向开挖后为 1.330，而正向开挖后为 1.224，所以，反向开挖对滑坡稳定性影响更小。

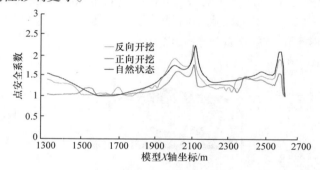

图 5-58　3 种工况接触面点安全系数分布比较

以 X=1980m 处滑带单元为例，进一步分析开挖工况对滑带点安全系数的影响过程，图 5-59 为点安全系数随工况的演化过程。可见，正向开挖对稳定性影响明显，点安全系数有明显降低，且第一次开挖(开挖至滑坡剪出口部位)

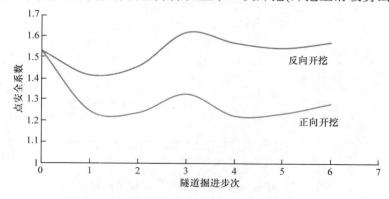

图 5-59　X=1980m 处接触面单元点安全系数演化

影响最为明显，而反向开挖对接触面点安全系数影响较小。

5.5.4　滑坡地段隧道综合施工工艺调整技术

1. 长大隧道施工工艺

宝鸡至兰州铁路客运专线是国家《中长期铁路网规划》的重要组成部分，设计时速 250km/h。渭河隧道全长 10016m，为单洞双线隧道，线间距 4.6m，开挖断面面积为 143.48～158.37m²，位于甘肃省天水市花牛镇至渭南镇境内，为多种土体并存的复合地层，隧道先后穿越耤河南岸的黄土梁峁区、耤河河谷区、耤河北山黄土梁峁区至渭河南岸，最大埋深 350m，最小埋深 36m。

为了确保隧道的安全开挖及按期完成，在隧道开挖过程中采用了综合施工工艺及方案，包括施工机械的改造、综合管理等。

1) 超前支护注浆预加固

超前支护采用 Φ108mm 或 Φ89mm 中管棚，长度 6m，环向间距 30cm，纵向搭接长度 1.2m，履带式全气动钻机钻孔，施工效率及精度高；管棚间增设 Φ42mm 超前小导管进行补强，长度为 2.5～3.0m，间距 30cm，沿管棚壁梅花形布置，纵向搭接长度不小于 1m，管棚进行后退式注浆预加固细砂层，注浆压力 2～3MPa，超前小导管每 2 榀拱架施作一次，采用风动凿岩机施工，振动力较大，施作调整为喷射混凝土厚度达到 1/2 或挂网封闭掌子面后进行，以减少振动引起的砂层滑塌造成超挖。

初期支护完成后，及时进行注浆回填，注浆孔深度 100cm，注浆孔间距按照纵向间隔 300cm、环向间隔 300cm 布设，解决初期支护与围岩间不密实的问题。初期支护与围岩共同受力，减小初期支护的下沉变形量。

2) 灵活运用多台阶开挖方法

复合地层类型一般分为上软下硬复合地层、上硬下软复合地层、断面两侧软硬不均复合地层和软硬互层 4 种类型。根据地质情况，采用以下施工工艺。

(1) 多台阶划小施工单元开挖方法。在原三台阶预留核心土七步流水法基础上改进优化施工方法，降低台阶高度，增加台阶数量，划小施工单元，减少软弱地层的临空面，实现快开挖、快速封闭围岩，从而降低施工安全风险和施工成本。①上软下硬复合地层：对上部软弱地层，台阶高度控制在 1m 左右，拱架拱脚设置在下部较硬地层，锁脚锚管施作在较硬地层部位；下部自稳性好的较硬地层台阶高度控制在 3.6m，一次开挖到位；钢架全部按照台阶高度 1.8m 加工，需使用 3.6m 时 2 榀 1.8m 组合。②上硬下软复合地层：对上部较硬地层，为便于大型机械作业，台阶高度控制在 3.6m 左右，一次开挖到位；下部软弱地层台阶高度控制在 1.8m，并采取拱脚加固措施，提高软弱地层承载力。③断面两侧软硬不均复合地层：软硬地层一侧台阶高度控制在 3.6m 左右，另一侧台阶高度控制在 1.8m 左右；软弱地层一侧较硬地层超前施工 3～5 榀钢架。④软硬互层：软硬地层互层厚度一般为 2～3m，台阶高度一般控制在 1.8m，拱架拱脚尽量设置在下部较硬地层上。若现场条件达不到，可采取提高拱脚软弱地层承载力的措施。

(2) 开挖后防漏砂方法。复合地层开挖，容易导致地层滑塌漏砂，若不及时采取支护防范措施，容易引发安全事故。所以，在工程施工过程中采取合理的工艺方法尤为重要。①科学合理组织，减少围岩暴露时间。多机多人作业实现三快，即掌子面实行快速开挖、快速完成钢架支护安装和快速喷射混凝土封闭，力争在围岩自稳时间内完成封闭工作。②在掌子面开挖时，采用新型复合材料快速封闭岩面。由 2～3 名工人用小型喷射设备将水泥和速凝剂的混合物及时喷涂到岩面上，保留砂层的天然含水率，减少砂层滑塌量。③管棚及超前小导管上方挂设钢筋网片或填塞木板及时喷射混凝土封闭，掌子面最后一榀拱架与围岩间存在空隙挂网喷砼，减少临空面，减少砂层漏砂量。④增大受力面积，改良拱脚地层，提高其承载力：一是采取扩大拱脚增大受力面积，扩大拱脚设置在原三台阶的上台阶或中台阶拱脚部位，扩大拱脚宽度为 80cm，高度为 1.2m，拱架背面增加工字钢架牛腿，要求牛腿钢架与拱架有效连接，扩大拱脚采用与初期支护同标号喷射混凝土；二是采取 2 排竖向 $\Phi42mm$ 小导管注浆加固拱脚地层，小导管长度 1.2～1.5m，纵向间距 30cm，排距 20cm；三是拱脚设置永久纵向通长槽钢形成纵向托梁，增加拱脚受力面积，槽钢设置螺栓孔，上下台阶拱架通过螺栓孔将槽钢固定在两榀拱架连接板之间，纵向槽钢采用钢板焊接连接；四是必要时采取厚 50cm 的三七灰土换填拱脚地层。

(3) 挖掘机斗齿改造施工。挖掘机在开挖隧道两侧壁及上台阶左右拱脚时，会造成 20cm 左右的超挖，而且局部还需人工开挖。为了提高开挖效率，在挖掘机斗两侧各增加一斗齿，新增斗齿连同齿座一起焊接在挖掘机斗上，见图 5-60，开挖时间比之前减少了 0.5～1h。

图 5-60 挖掘机斗齿改造施工

2. 长大隧道的施工工艺调整

通过中铁西北科学研究院提供的相关滑动面断面的监控量测数据以及施工单位长期的监控观察，结合宝兰客运专线秦安隧道 1 号斜井开挖过程现场的施工工艺和监控要点可知，合理调整施工工艺和监控方案取得了较好的效果，为长大隧道穿越黄土滑坡地段的治理提供了经验和新思路[24]。

1) 工程概况

在建宝兰客运专线秦安隧道位于天水市秦安县，隧道进口端ⅢDK813+500～ⅢDK814+430 段下穿王家墩滑坡前缘。隧道进口及地表为第四系黏质黄土覆盖层，隧道洞身主要为上第三系泥岩、震旦系下统变砂岩、华力西期花岗岩；隧道进口端ⅢDK813+500～ⅢDK814+430 段位于葫芦河的一、二级阶地第四系松散层中。隧道洞身穿越王家墩滑坡体前缘堆积区及阶地顶面，隧道洞身自滑坡堆积体下面一、二级阶地面通过，ⅢDK813+500～ⅢDK814+430 段隧道路肩位于第三系强分化泥岩和第四系粗、细圆砾土及粉质黏土层中，拱顶及部分洞身位于王家墩滑坡堆积体形成的黏质黄土层中。

施工开挖过程中在隧道洞身ⅢDK813+794～ⅢDK813+770 段发现大的滑动面，见图 5-61。滑动面横穿隧道洞身，沿隧道纵轴线延长约 25m，位于上台阶的滑坡体滑动面清晰可见。滑动面的角度先陡后缓，滑坡体前缘倾角为 50.4°，滑坡体后缘倾角为 33.5°，开挖过程中滑动面附近出现了地下水渗出的现象，且渗水量较大。

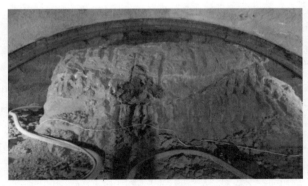

图 5-61　开挖过程中的滑动面

2) 施工进度调整

隧道洞身开挖时应根据围岩情况、断面大小、埋深、地表沉降等选择适宜的施工进度。秦安隧道穿越滑动面部位先前制订的开挖进度为每天 1.8m。施工中发现滑动面以后，为降低古滑坡体对隧道洞身稳定产生的影响，尽量减小开挖对围岩的扰动，实际开挖进度调整为每天 80cm，并采用松土器进行松土开挖。

如此一来虽然延长了隧道开挖的工期，但最大程度地减小了开挖对围岩稳定的影响，削弱了古滑坡体对隧道开挖产生的负面作用，保证了隧道洞身及现场施工人员的安全。

3) 隧道洞身支护加强

(1) 钢拱架及钢筋网调整。钢拱架是软弱围岩隧道支护中较好的支护措施，可以有效地加强支护刚度，还可以提供一定的支护抗力，通过调整其受力情况可以使之与围岩变形相适应。钢拱架与钢筋网联合使用对于断层破碎带及松散岩体洞段效果更好，可以有效地限制小范围围岩因失去自稳能力而发生的局部坍塌，及时提供支护抗力。施工中发现滑动面以后，施工方采取了隧道洞身支护加强的措施。原来设计要求拱架采用 I22a 工字钢，间距为 60cm/榀，钢筋网间距 200mm×200mm，直径为 8mm，调整后钢架仍采用 I22a 工字钢，间距调整为 40cm/榀，钢筋网间距 150mm×150mm，直径为 8mm。

(2) 锚杆调整。锚杆是地下工程的支护手段之一。对于硬岩，锚杆可以保持岩块和控制岩块的移动，使围岩成为一体，促进平衡拱的形成；对于软岩，锚杆的作用是增加内压，以减小围岩塑性区和隧道变形；对于土砂类围岩，锚杆的作用主要是加强拱脚稳定和防治掌子面崩塌。秦安隧道穿越黄土滑坡堆积体地段，围岩等级较差，锚杆支护可以有效地提高拱脚的稳定性，保证掌子面开挖过程的安全。施工现场发现滑动面以后，施工方积极采取了锚杆支护的措施：拱部锚杆设计为 $\Phi 25mm \times 7$ 中空锚杆，长度 $L=4m$，调整后 $L=5m$；边墙锚杆设计为 $\Phi 22mm$ 砂浆锚杆，长度 $L=4m$，调整后 $L=5m$；锁脚锚杆设计为 $\Phi 42mm$ 无缝钢管，长度 $L=4m$，每节点布置 2 个，调整后 $L=4m$，每节点布置 4 个。

(3) 超前管棚及纵向连接筋调整。管棚支护是预先构建的管棚，在拱顶形成一个固结的保护拱壳，起到承载拱的作用，承受拱上部的地面荷载和岩层重量，有效减小拱内围岩承受的荷载，使隧道衬砌仅承受拱部的围岩压力。施工现场发现滑动面后，施工方调整了超前管棚，具体调整：$\Phi 89mm$ 管棚，长度 $L=12m$，搭接长度为 1m，每环纵向间距 9m，每环 31 根，环向间距为 60cm，外插角设计为 0°～30°；$\Phi 42mm$ 小导管，长度 $L=4m$，搭接长度为 1m，每环纵向间距 3m，每环 31 根，角度为 10°，环向间距为 40cm。此外对纵向连接筋也进行了调整，纵向连接筋环向间距设计为 1m，调整后环向间距为 60cm。

(4) 拱顶预留变形量调整。大型黄土隧道拱顶沉降的规律：初期支护封闭前，拱顶下沉发展较快，断面初期支护全部封闭后，仍有小幅度增大，并逐渐趋于稳定。施工方发现隧道穿越黄土古滑坡体地段时，考虑到古滑坡体可能导致拱顶下沉加剧，采取了调整拱顶预留变形量的措施，将设计的拱顶预留变形量 15cm 调整为 30cm。

(5) 开挖方式调整。秦安隧道的开挖方式为三台阶七步法(图 5-62)。三台阶法开挖中，上台阶拱部开挖对地层变形的影响较大，是对地层扰动很大的开挖阶段，当工程条件较差时应考虑必要的超前预支护等综合措施有效地控制地层沉降和保证施工安全；中台阶开挖是整个施工过程中最为关键的一步，也是对地层扰动最大的阶段，因此施工中应该在台阶左右两侧交错开挖，及时支护，才能有效地控制地层变形；下台阶开挖对地层的扰动相对较小，但是仰拱的施作要紧跟下台阶，仰拱施作不及时也会引起地层较大的变形或下沉。施工现场开挖上台阶发现滑动面以后，中铁西北科学研究院相关专家论证认为，开挖中应尽量减小对上台阶土体的扰动以防止古滑坡体复活。施工方当即决定保持原有的开挖方式不变，但尽量减小开挖对上台阶围岩造成的扰动，所以对三台阶开挖中的台阶开挖高度进行了调整：上台阶开挖高度设计为390cm，调整后为280cm；中台阶开挖高度设计为 341cm，调整后为 360cm；下台阶开挖高度设计为 305cm，调整后为 396cm，如图 5-63 所示。

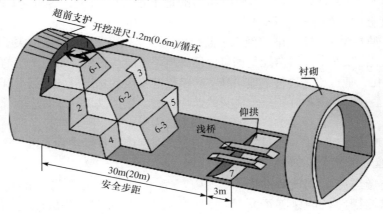

图 5-62　开挖进尺及安全步距调整(括号内为调整后参数)

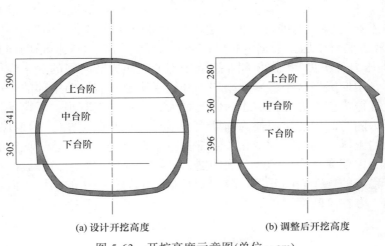

(a) 设计开挖高度　　　　　　(b) 调整后开挖高度

图 5-63　开挖高度示意图(单位：cm)

(6) 安全步距调整。施工安全步距对隧道施工进度和安全具有关键性作用。秦安隧道穿越黄土滑坡堆积体地段，因此必须采取科学的施工方法、有效的技术措施、合理的安全步距，才能确保黄土隧道的施工安全和施工进度，控制拱顶沉降及地表下沉、周边收敛等，从而达到防止隧道坍塌等事故的发生。施工中发现滑动面以后，为确保隧道施工过程的安全，施工方对隧道施工的安全步距做了进一步的调整。将设计的仰拱至掌子面安全步距 30m 调整为 20m，安全步距调整后，隧道施工人员及隧道洞身的安全得到了进一步保障。

Ⅰ．地下水及时抽排。隧道施工中发现滑动面的断面有大量地下水涌出。经相关专家论证，水的渗透是造成古滑坡体复活的重要因素，因此古滑坡体有复活的可能性。施工方及时对隧道洞身涌出的地下水进行抽排，并增加洞内抽水机、运水车的数量，保证隧道内涌出的地下水及时抽排，尽可能地减小地下水在隧道土体内的渗透，降低了古滑坡体复活的概率。

Ⅱ．监控量测调整。隧道施工中监控量测是一项很重要的任务，关乎隧道洞身及施工人员的安全。通过监控量测可以清晰地了解隧道各施工阶段地层与支护结构的动态变化，把握施工过程中地层和支护结构的稳定性状态。隧道洞身开挖中发现滑动面以后，施工方加强了隧道洞身的监控量测，增加拱顶、左右边墙及仰拱监控点的数量，将每天监控量测一次的措施改为每天早、中、晚各监控量测一次，并及时分析监控量测的数据，一旦发现异常情况及时向施工技术主管通报。

4) 施工工艺调整效果分析

秦安隧道施工发现滑动面后，施工方项目部从施工工艺、施工方法等多个方面采取措施，确保隧道开挖过程中隧道洞身的稳定及施工人员的安全。根据中铁西北科学研究院及施工方监控量测数据，隧道穿越古滑坡体地段所采取的施工工艺、施工方法是有效的。这为隧道穿越滑坡地段的施工提供了宝贵的技术和经验，为进行长大隧道滑坡设计及加固提供了借鉴。

(1) 隧道洞身土压力数据分析(图 5-64～图 5-67)。对秦安隧道断面Ⅲ DK813+784 的土压力分析可知，拱顶和左边墙中部的土压力随时间的变化规律为前期缓慢增大，中期突然减小，后期略增加并趋于稳定；右边墙中部的土压力随时间的变化规律为前期先缓慢减小后缓慢增大，中期突然减小，后期保持稳定；仰拱土压力随时间的变化规律为前期缓慢增加，中期突然增大，后期保持稳定。四个断面的土压力随时间的变化关系都具有中期突变、后期趋于稳定的变化规律。土压力中期突然变化的规律表明隧道开挖过程中围岩应力释放的突然性，后期趋于稳定的规律表明开挖后隧道洞身是稳定的，围压的土压力恒定，同时也证明施工方在该断面所采用的施工工法、施工工艺是正确有效的。

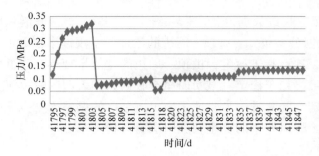

图 5-64　ⅢDK813+784 拱顶土压力随时间变化关系

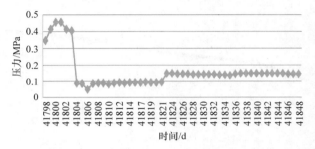

图 5-65　ⅢDK813+784 左边墙中部土压力随时间变化关系

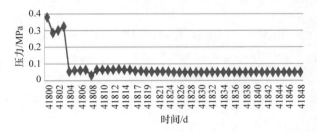

图 5-66　ⅢDK813+784 右边墙中部土压力随时间变化关系

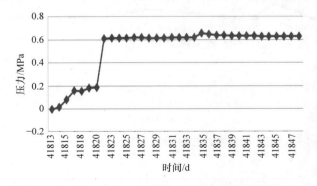

图 5-67　ⅢDK813+784 仰拱土压力随时间变化关系

(2) 隧道净空收敛数据分析(图 5-68～图 5-73)。对秦安隧道断面Ⅲ DK813 +790 的收敛数据分析可知，拱顶、周边的累计值呈现逐渐增大的趋势，但增大幅度越来越小，逐渐趋于稳定；拱顶、周边的差值呈现逐渐降低的趋势，中间偶有波动，但最终趋于稳定。该断面净空收敛数据表明，隧道洞身的变形逐渐变小并趋于稳定。同时进一步验证了施工方采取的调整施工方案的措施是切实有效的，保证了隧道施工的安全及隧道洞身的稳定。

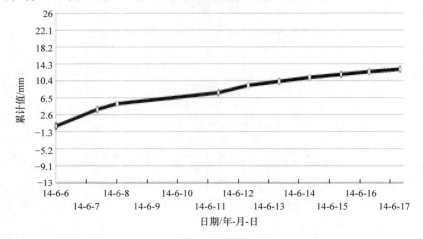

图 5-68　　Ⅲ DK813+790 拱顶累计值-时间曲线

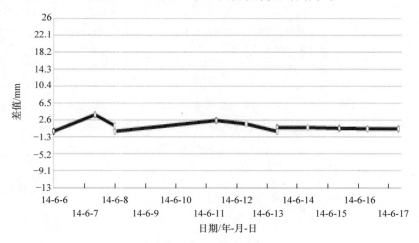

图 5-69　　Ⅲ DK813+790 拱顶差值-时间曲线

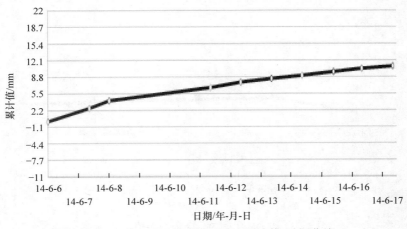

图 5-70 ⅢDK813+790-01 周边累计值-时间曲线

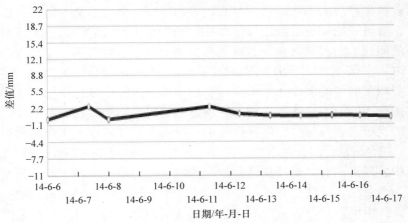

图 5-71 ⅢDK813+790-01 周边差值-时间曲线

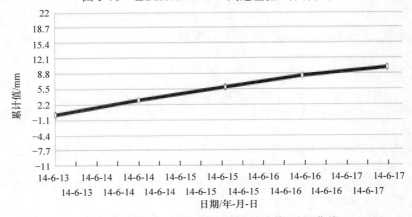

图 5-72 ⅢDK813+790-02 周边累计值-时间曲线

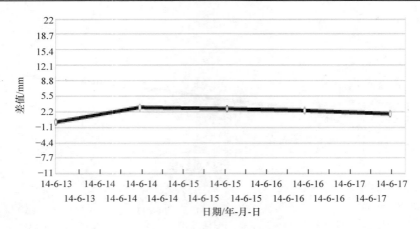

图 5-73　ⅢDK813+790-02 周边差值-时间曲线

　　随着国家经济的不断发展，越来越多的铁路、能源、交通隧道将修建在山岭地区，隧道开挖穿越滑坡地段的可能性也将越来越大。隧道、滑坡是两个比较复杂的问题，二者结合在一起有更多复杂的问题需要解决。隧道开挖穿越滑坡地段时，应该注意以下几个方面的问题：①当确认隧道施工正在穿越滑坡地段时，要调整施工进度，在原来设计基础上尽量减慢进度，尽可能地降低开挖对滑坡体产生的影响；②滑坡地段的隧道开挖时要加强隧道洞身的支护，对原来设计的支护要进行加强，以确保隧道洞身安全；③隧道施工穿越滑坡地段时要坚持"三台阶法"的开挖方法，三台阶开挖对围岩应力的释放有很大的益处，当隧道中发现滑面时，要根据滑面的位置调整三台阶的高度，确保开挖过程中滑坡体不会复活；④隧道开挖中如果遇到地下水涌出要及时抽排，减少地下水在隧道土体中的渗透；⑤发现隧道施工正在穿越滑坡地段时，要加强隧道洞身的监控量测，增加测点的数量和监控量测的次数，及时对监控量测的数据进行分析，把握隧道洞身变形的特性。黄土滑坡堆积体滑坡地段的隧道施工经验具有重要意义，可以为同行业中其他类似项目的施工提供经验和技术借鉴。

参 考 文 献

[1] 颜洪刚. 滑坡段隧道加固新型结构研究[D]. 成都: 西南交通大学, 2010.

[2] 吴红刚. 隧道-滑坡体系的变形机理及控制技术研究[D]. 北京: 中国铁道科学研究院, 2012.

[3] 王曙光. 山区高速公路滑坡安全监测及稳定性分析[D]. 长沙: 中南大学, 2011.

[4] 毕辉. 岩质高边坡稳定性及支护结构体系有限元分析[D]. 武汉: 湖北工业大学, 2010.

[5] 冯君, 王洋, 吴红刚, 等. 玄武岩纤维复合材料土层锚杆抗拔性能现场试验研究[J]. 岩土力学, 2019, 40(07): 2563-2573.

[6] 周大威. 玻璃钢螺纹横压成型研究[D]. 武汉: 武汉理工大学, 2008.

[7] 王桢. 全埋式多锚点抗滑桩的发展及应用[J]. 岩土工程学报, 2011, 33(S1): 319-324.

[8] 张乾翼. 埋入式抗滑桩的设计计算方法研究[D]. 兰州: 兰州交通大学, 2014.

[9] 青海省公路建设管理局, 中铁西北科学研究院有限公司, 等. 青海高原特殊条件下公路沿线大型滑坡和高边坡病害防治技术研究[R]. 兰州: 中铁西北科学研究院有限公司, 2008.

[10] 吴红刚, 冯文强, 陈小云, 等. 一种旋喷微型桩群: CN205688449u[P]. 2016-11-16.

[11] 吴红刚, 陈小云, 冯文强, 等. 一种旋喷抗滑桩: CN205576898u[P]. 2016-09-14.

[12] 戴自航. 抗滑桩滑坡推力和桩前滑体抗力分布规律的研究[J]. 岩石力学与工程学报, 2002, 21(4): 517-521.

[13] 欧源. 预应力锚索地梁下坡体压力的研究[D]. 成都: 西南交通大学, 2009.

[14] 赵勇, 等. 隧道设计理论与方法[M]. 北京: 人民交通出版社股份有限公司, 2019.

[15] 王珏. 软弱围岩隧道超前小导管支护参数分析及应用研究[D]. 重庆: 重庆交通大学, 2016.

[16] 陶志平. 滑坡地段隧道变形机理及灾害预测和治理研究[D]. 成都: 西南交通大学, 2013.

[17] 铁道部科学研究院西北分院. 坡体病害地段服隧道变形机理及其防治技术[R]. 兰州: 铁道部科学研究院西北分院, 1998.

[18] 陈小云, 吴红时, 艾挥. 正交体系下隧道与滑带相交力学模型与加固研究[J]. 科学技术与工程, 2017, 17(09): 73-78.

[19] 邓荣贵, 尹静, 钟志彬, 等. 滑坡区隧道自锚式新型加固结构理论研究[J]. 岩石力学与工程学报, 2015, 34(07): 1315-1324.

[20] 尹静, 邓荣贵, 李凯甜, 等. 滑坡区隧道自锚式加固结构受力变形研究[J]. 岩石力学与工程学报, 2016, 35(10): 2062-2079.

[21] 杜升涛. 抗滑桩在隧道-滑坡正交体系下的加固技术研究[D]. 北京: 中国铁道科学研究院, 2014.

[22] 赵勇, 李国良, 喻渝. 黄土隧道工程[M]. 北京: 中国铁道出版社, 2011.

[23] 关宝树. 矿山法隧道关键技术[M]. 北京: 人民交通出版社, 2016.

[24] 兰新铁路甘青有限公司, 中铁西北科学研究院有限公司, 等. 长大隧道穿越大型滑坡的工程安全性分析与监控技术研究[R]. 兰州: 中铁西北科学研究院有限公司, 2015.

第 6 章　隧道-滑坡典型工程案例

6.1　隧道变形与坡体病害类型及其防治措施

6.1.1　隧道-滑坡治理典型工程案例

通过对滑坡地段隧道病害和治理工程的调查、归纳和总结，将典型隧道-滑坡工程案例进行汇总，如表 6-1 所示[1,2]。

表 6-1　隧道-滑坡治理工程案例[1,2]

工程名称	地质条件	病害特征	工程措施	治理效果
成昆线毛头马隧道-滑坡	陡倾、顺坡，软硬岩层互层，局部强烈褶曲，倒转，具顺坡缓倾断层	①降雨入渗，滑带软化，致使坡体蠕滑变形，水沟挤裂错动 5~10cm，延长 160m；②隧道边墙、拱脚开裂、错动，拱部掉块、开裂	①对隧道段坡体进行刷方减载，坡脚回填反压；②在隧道内侧桩排中心与线路中线距离 20m 处设置平行线路的抗滑桩(上挡式抗滑桩)；③隧道采用镶嵌钢轨全封闭加固结构，并配以系统锚杆、围岩注浆对现有衬砌进行全面加固	随着治理工程的实施，变形趋于稳定，隧道运行良好
成昆线东荣河隧道-滑坡	反倾，硬质岩层为主夹软层，具顺坡缓倾(17°~25°)断层，围岩具膨胀性	①坡体以推动式蠕滑挤压为主；②新隧道左拱部压溃破坏；老隧道左边墙倾斜，拱部掉块、开裂，拱脚错出，线路上隆外移	①东荣河 1 号隧道内架立临时钢轨拱架及在滑体上方进行大规模减载；②分两排于隧道两侧交错布置抗滑桩(上挡下托式抗滑桩)	经整治，滑坡变形停止，隧道运行良好
贵昆线小冲隧道-滑坡	陡倾、反坡，软硬相间岩层，强风化带深厚，具有顺倾(25°~30°)泥化夹层	①煤系地层以弯曲-层间剪切蠕滑为特征，隧道上、下坡体整体蠕滑挤压；②边墙剪断、错动，拱部压碎、挤裂有错牙	—	—
成昆线林场隧道-滑坡	基座式水平层状岩层，半成岩，具有崩解性，泥化夹层	①坡体前部坍塌缓慢变形，随降雨的增加而整体滑动；②隧道沿轴向弯曲，以环向开裂为主，连接缝开裂错动，边墙下沉或抬升	①隧道上部坡体刷方减载后，在线路两侧布置抗滑桩，靠安宁河侧桩的数量较多(上挡下托式抗滑桩)；②采用压注水泥浆和挂网喷浆处理衬砌裂缝、错台，恢复衬砌受力性能，改变曲线交点，拨移线路，使线路中心满足隧道界限	三年施工整治后，滑坡未再变形发展，至今列车正常运行

续表

工程名称	地质条件	病害特征	工程措施	治理效果
新渔坝隧道-滑坡	陡倾，顺坡，片理化软岩，泥化夹层发育，具膨胀性	①坡体前部位移量大、后部小，变形部位集中于古错落带位置；②隧道靠山侧拱部、边墙大于河侧，拱顶挤裂、掉块，边墙错台	改线绕避	—
武罐路阳坡里隧道-滑坡	浅层基岩+堆积体型滑坡，上为块石土堆积层，下为陡倾、顺坡砂岩，强风化带深厚	①滑坡后壁拉裂，降雨入渗使滑动面进一步软化，滑坡体整体剪切滑移失稳；②隧道衬砌结构产生不利的挤压性剪切变形	①仰坡上方、滑坡中下部布设预应力框架锚索；②坡脚设置三排组合钢管抗滑桩；③隧道穿越碎石堆积层潜在滑移面以下至强风化基岩层进行地表深孔压力注浆	经整治，滑坡变形已基本稳定，隧道安全进洞并运营至今
西汉高速良心隧道-滑坡	表层为第四系残坡积砂黏土，洞身以风化(碎裂)混合花岗岩为主，局部夹断层泥	①坡体出现大范围的拉张与剪切裂缝，蠕滑变形；②初期支护的边墙及拱部产生弧形裂缝，严重超、侵限，拱部出现环向挤压掉块	①支立临时钢拱架确保施工安全；②对于洞口段没有出现变化的衬砌进行保护，施作 2 组衬砌，确保洞口的稳定；③对变形段的洞身及周壁围岩进行导管注浆加固；④隧道右侧山坡坡脚分层反压回填	治理后，山体及洞身围岩均已稳定，二衬顺利施工且未见裂缝产生
重庆巫奉路孙家崖隧道-大坪滑坡	滑坡区属河谷岸坡地貌，呈陡—缓—陡—缓—陡的地形，上为较厚的堆积层，下为风化严重的泥灰岩夹泥岩组成	①随着隧道开挖的延伸，深层滑坡出现蠕动变形，老滑坡复活；②隧道出现整体下沉，地表塌陷；③采取换拱措施后，二衬仍出现开裂等变形现象	①应急工程，在二级路下部靠河侧设置抗滑桩；②一期工程，在隧道靠山侧及黄果树中桥靠山侧各设置一排埋入式抗滑桩；③二期工程，3-3 断面靠山侧右线中线的位置设置一排锚索抗滑桩	经整治，滑坡变形已基本稳定，隧道安全运营至今
三公箐隧道-滑坡	缓倾的软弱结构面	隧道开挖洞内坍塌而削弱了老滑坡的前部支撑，致使老滑坡复活，沿临空缓倾的软弱结构面滑移	进行了刷方减载，各级坡均以锚索框架或锚杆框架加固，每级坡上设有吊沟，每级平台设有截水沟	竣工后一年调查发现，治理结构无明显变形，坡体趋于稳定
精伊霍线小喀拉萨依隧道-滑坡	顺层砂岩夹砾岩上覆第四系坡积物，顺倾岩层倾角与坡面坡角基本一致	①受人为工程活动削坡，尤其是地震的作用，坡体沿软弱带滑动；②隧道端墙开裂并与衬砌脱离，隧道洞门左侧坡体垮塌，隧道拱顶产生纵向裂缝	①在裂缝处采用钢管桩群和预应力锚索进行加固，形成桩+锚加固体系；②钢管桩后对桩前松散坡体进行刷方，并对坡面采用预应力锚索防护；③临时遮盖坡体裂缝，在应急工程实施后夯填裂缝	治理后，坡体及进口洞身围岩均已稳定，隧道安全运营
襄渝线旗杆沟隧道-滑坡	切层岩石滑坡，且具有多层多级的特点	①拱部及边墙纵向或横向开裂、拱部掉块、渗漏水严重、水沟断裂，隧道出口右侧翼墙出现数条竖向及倾斜裂缝；②拱部与边墙已经错断，裂缝贯通	①隧道出口以外铁路路基相应位置设置一排预应力锚索抗滑桩；②隧道段路基设置一排埋入式的普通抗滑桩(上挡下托式抗滑桩)，同时采用一排仰斜排水孔疏干地下水	治理后，坡体及进口洞身围岩均已稳定，隧道安全运营

工程名称	地质条件	病害特征	工程措施	治理效果
襄渝线柴家坡隧道-滑坡	深层基岩型堆积体滑坡，上为黏土近期堆积层，下为强风化的岩石碎屑夹黏土，基岩为坚硬的片岩	①滑坡处于蠕动变形阶段；②新、老隧道拱圈部位产生大量裂缝，以纵裂为主，山侧裂纹多于河侧，部分挤压性剥落掉块	①对隧道围岩大量压浆，并在滑面缝隙中充填水泥浆，提高滑带的抗剪强度；②采取截、排水工程	经治理，坡体内各部分变形趋缓、趋稳。30 年来新、老隧道均未再出现新的变形
宝成线新明月峡隧道-滑坡	反倾、上软下硬结构，局部强烈褶曲，倒转，具顺坡缓倾结构面	①隧道施工中普遍塌方严重，地表相继出现纵向裂缝；②洞内衬砌亦相继开裂，拱圈局部下错，侵入净空限界	①采用预应力锚索进行加固，锚孔压浆处理；②隧道内注浆，特别是隧道掘进中发生严重塌方的地段	经治理，隧道顺利完成施工，山体已趋于稳定

6.1.2 隧道-滑坡治理工程总结

1. 隧道变形与坡体病害类型

坡体的病害与隧道变形，根据成因可分为四种类型：①工程引起的隧道变形；②坡体岩土长期流变引起的隧道变形；③自然环境恶化引起的隧道变形；④潜在坡体病害引起的隧道变形。其中因工程引起的隧道变形又可分为三类，即隧道自身开挖引起的变形、双隧道开挖引起的隧道变形和采矿引起的隧道变形。

2. 预防措施

(1) 群体性坡体病害地段隧道宜以长隧道绕避，避免傍山短隧道群穿过病害体或潜在病害体。如果必须穿越病害体而无法绕避时，则在掌握详细工程地质勘察资料的基础上，确定病害范围和性质以及预测今后可能发展的范围后，尽量将隧道设置于稳定地层中。同时，针对病害性质，设置必要的辅助措施，如河岸防护、地表排水等，以防坡体病害继续恶化。

(2) 对于拟设置隧道的坡体，如果存在古老病害体或潜在病害体，必须进行详细工程地质勘察查清病害性质，确定稳定程度，禁止"挖开再看"的盲目做法，以免隧道开挖中病害复活，加大投资和治理难度。

(3) 隧道通过破碎松散地层组成的坡体时，应遵循"短开挖、勤支护"的原则，或进行"预压浆、后开挖"改善围岩的完整性，以避免大量塌方和松动圈过大影响整个坡体的稳定性。随着山岭隧道施工新技术的大量应用，依据不同地质条件提高围岩自稳能力的工艺与方法，较好地解决了开挖与支护脱节的矛盾，减小了围岩暴露时间过长而松动圈过大的隐患。

（4）易形成偏压和存在老病害体或潜在病害坡体地段的新建隧道施工，对坡体应采用"预加固"措施，即在设计隧道位置上方进行坡体加固以稳定坡体和减小偏压，从而保证隧道开挖的顺利进行，如图 6-1 所示。

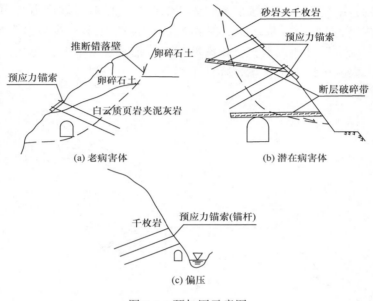

图 6-1　预加固示意图

（5）对于规模巨大、坡体高陡，由破碎及松散岩体特别是软变质岩(如片岩、千枚岩等)组成的坡体，其岩土在高围压作用下具有长期流变的特性，其中的隧道受影响而长期处于缓慢开裂变形中，因而最好跨河绕避或以长隧道绕避。例如，宝天线 K105 隧道跨河绕避，阳安线新渔坝隧道以长隧道绕避。否则，治理难度很大，投资很高。

3. 治理措施

既有线因坡体病害而导致的隧道变形，应根据坡体病害性质及其发展的不同阶段选用最佳的防治措施。治理宜以先稳定坡体、阻断作用于隧道的山侧滑坡推力，后加固隧道为治理原则。概括起来，稳定坡体、阻断作用于隧道山侧的滑坡推力和加固隧道的措施主要有减重反压、抗滑桩、锚固及提高隧道围岩自稳能力和增强衬砌强度等。

1) 减重反压措施

有些铁路隧道建于峡谷地段，山高坡陡，坡体病害多以后壁较高、主滑段较陡为特征，因此治理时，在滑坡后缘及主滑段采用刷方减载的措施，可大大减小滑坡推力，减缓下滑速度，甚至可使滑坡趋于稳定。若抗滑段较长，有反压条件，采用减重与反压相结合的措施，效果更佳。这种减重与反压相结合的措施，已在成昆线毛头马1号隧道坡体病害治理中得到应用，如图6-2所示。减重反压后，采用抗滑桩或预应力锚索来截断隧道山侧滑坡推力，一方面，因滑坡推力减小，抗滑桩根数减少或桩截面减小、锚索根数减少或锚索吨位减小；另一方面，减重后可使抗滑桩开挖深度减小，锚索长度缩短。总之，减重反压得当，可大大减少抗滑工程量，降低工程造价，节约投资。

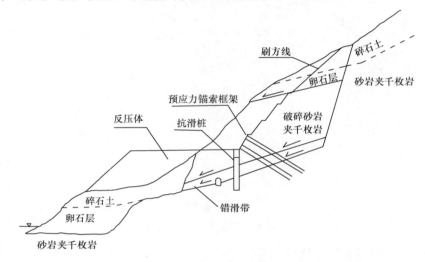

图6-2　成昆线毛头马1号隧道-滑坡病害治理断面图

2) 抗滑桩措施

抗滑桩是隧道坡体病害治理中广泛应用的措施之一。根据抗滑桩的埋设条件，可分为一般式和埋入式两种。

(1) 一般式抗滑桩。一般式抗滑桩，可细分为悬臂普通桩、悬臂锚索桩、全埋式普通桩和全埋式锚索桩(图6-3、图6-4)。这些类型的桩是根据布桩位置的具体地质条件、抗滑桩的越顶检算和滑坡推力的大小而定的。当采用全埋式桩而通过检算不会从桩顶剪出时，按全埋式桩考虑设计；否则，应加高桩顶，按悬臂桩考虑设计。如果桩后滑床为较完整岩体，能够提供较大锚固力，且滑坡推力较大而经比较采用普通抗滑桩不经济时，可采用锚索抗滑桩支挡。锚索抗滑桩因在桩头设置锚索改变了桩的受力性质，可减小桩截面、缩短桩长、减少桩的配筋数量，降低工程造价，节约投资。

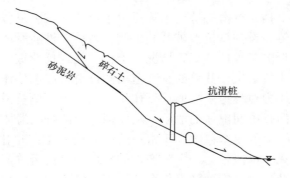

图 6-3　全埋上挡式普通抗滑桩

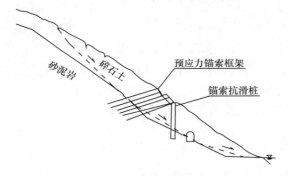

图 6-4　全埋上挡式锚索桩和锚索框架

根据桩与隧道的相对位置和所起的作用，分为"上挡式"(图 6-3、图 6-4)和"上挡下托式"(图 6-5)两种。上挡式抗滑桩，顾名思义，就是在隧道上方，即隧道山侧布设一排抗滑桩，其目的是截断山侧压力，消除山侧压力对隧道挤

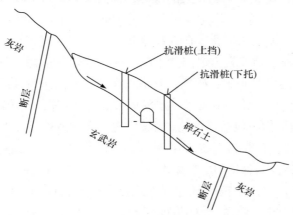

图 6-5　全埋上挡下托式普通抗滑桩

压产生的破坏。上挡式抗滑桩适用于隧道位于抗滑段或主滑段，且距离抗滑段较近，在隧道山侧布设一排抗滑桩截断山侧压力后，桩前滑体能够自身稳定而不再引起隧道变形的各种坡体病害情况。上挡下托式抗滑桩，就是在隧道山侧和河侧各布设一排抗滑桩，其目的是隧道山侧抗滑桩起上挡作用，以截断山侧压力，消除山侧压力对隧道产生的挤压作用，而隧道河侧抗滑桩起下托作用，阻止山侧、河侧两排桩间滑体的滑动，从而消除因两桩间滑体滑动而对隧道产生的影响，保证隧道的安全稳定和正常运营。上挡下托式抗滑桩适用于隧道位于主滑段，且距离抗滑段较远，在隧道山侧布设一排抗滑桩截断山侧来力后，桩前滑体不能维持自身稳定而隧道仍会变形破坏的各种坡体病害情况。

　　一般式抗滑桩已在南昆线平中 2 号、贵昆线 K296 隧道坡体病害治理和其他诸多滑坡整治中广泛应用，积累了一定的经验，具有成熟的设计理论，在此不再赘述。需要注意：在隧道坡体病害治理中，与一般滑坡整治抗滑桩稍有不同，上挡式抗滑桩在计算桩前滑面以上抗力时，既不能直接用桩前被动土压力，也不能直接用桩前剩余抗滑力，还应考虑桩前隧道结构所能承受的最大容许侧向荷载，取以上三者中最小值进行计算。

　　(2) 埋入式抗滑桩。埋入式抗滑桩，就是桩顶低于地表，桩身全部掩埋于地表以下的抗滑结构，也可以称为隐式抗滑桩或椔桩(图 6-2、图 6-6)。这种抗滑桩主要适用于滑坡体较厚、滑动面较深，采用一般全埋式抗滑桩时桩身较长、桩截面较大的情况，而对于具有多层滑面，抗滑桩施工后隧道以上浅层滑坡对隧道无影响或可以不予考虑的情况则更为适合。埋入式抗滑桩结构因滑面以上桩身较短，滑坡推力作用于抗滑桩的作用点较低，桩的受力条件得到了改善，因而与等截面全埋式桩相比能够承受较大的推力，同时节约投资。埋入式抗滑桩已在我国桑树坪专用线 7 号隧道-滑坡治理、成昆线林场隧道-滑坡治理(图 6-7)和毛头马隧道-滑坡治理中得到应用，前两者均取得了较好的治理效果。

　　(3) 锚固措施。随着岩土锚固技术的发展，锚索、锚杆及与其配合使用的其他锚固措施已在港口、码头、矿坑、巷道、深基坑、高边坡及滑坡的治理中广泛应用，积累了一定的经验，取得了一定的成果。近些年来，锚固措施也在隧道-滑坡治理中得到了应用(不包括锚索桩，因其已包含在抗滑桩措施中)，如图 6-2 所示的成昆线毛头马隧道-滑坡、图 6-4 所示的南昆线平中 2 号隧道-滑坡及图 6-8 所示的宝成二线老鸦岩隧道山体滑坡等。这三处隧道-滑坡的治理均采用了预应力锚索锚固技术，与锚索抗滑桩和埋入式抗滑桩配合或单独使用，起到了较好的治理效果。平中 2 号隧道-滑坡治理工程，抗滑桩施工一半，锚索全部施工完毕进行张拉后，隧道内位移变形停止，进行换拱及下导坑施工时山坡均无异常。

该隧道铺通近一半时，从锚索桩及坡面锚索测力计受力情况看，桩及锚索受力良好，已基本稳定，而隧道内观测结果表明，隧道衬砌完成后位移变形已经停止，隧道及山体完全稳定。锚索、锚杆这种锚固措施，按其在坡面提供反力的装置类型不同，分为锚索(锚杆)框架、锚索(锚杆)地梁和锚索墩等。目前，随着高强度低松弛预应力钢绞线的生产，在锚固段地层较好的情况下，锚索可承受较大的拉力并可节约钢材，同时隧道-滑坡治理中必须阻止滑坡的变形发展，预应力锚索框架、预应力锚索地梁及预应力锚索墩应用较多。

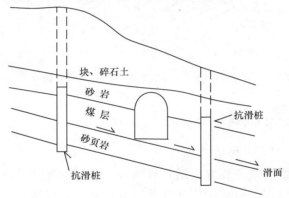

图 6-6 埋入式上挡下托抗滑桩

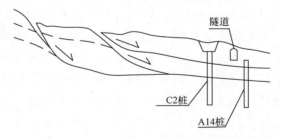

图 6-7 成昆线林场隧道-滑坡治理工程断面图

锚固措施适用于滑床较完整，能够提供较大锚固力而滑体为非软弱体的各种坡体病害，但是否经济尚需与其他工程措施比较。

锚固措施的优点有工程布设机动灵活，适用范围广，采用圬工量少，施工条件好，效率高，施工周期短，对坡体扰动少，施工安全等。但也存在预应力松弛等问题。隧道开挖、爆破对锚固力也会产生一定的影响，最好与其他刚性结构组合使用，"一劳永逸"。关于锚固措施的设计，国内已有规范、规定可循，不再赘述。

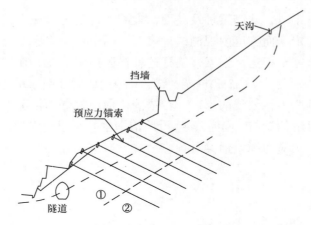

图 6-8　宝成二线老鸦岩隧道山体滑坡预应力锚索工程图

①为块、碎石土；②为页岩夹泥灰岩

4. 提高隧道围岩自稳和增强衬砌强度的措施

1) 提高隧道围岩自稳措施

对于坡体平缓、滑带斜穿隧道且坡体病害尚未发展到整体滑动，仅表现为局部蠕动挤压的情况，可采用提高隧道围岩自稳能力和增强隧道衬砌强度的措施，使隧道与一定范围的围岩形成整体结构，以抵抗蠕动段坡体推力。

提高隧道围岩自稳的措施有围岩固结注浆和锚杆锚固。隧道围岩固结注浆就是采用水泥浆、水泥砂浆及水泥-水玻璃或粉煤灰浆液，在隧道围岩一定范围内及滑动带进行注浆，通过浆液在破碎、松散岩土体和滑动带孔隙中的充填，将破碎、松散岩土体固结起来，提高其整体性，增强自稳能力；而滑动带通过注浆充填提高了滑动带物质的力学强度，从而减少了作用于隧道衬砌的滑坡推力。隧道围岩固结注浆措施已在襄渝线柴家坡隧道及宝中线堡子梁隧道病害治理中得到应用(图 6-9、图 6-10)。锚杆固结就是用锚杆将衬砌外已经松动的岩土体锚固于松动圈外较完整或稳定的地层中，从而使围岩自身稳定，减小衬砌压力的加固措施(图 6-10)。

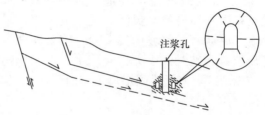

图 6-9　襄渝线柴家坡隧道围岩注浆加固

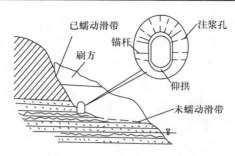

图 6-10　宝中线堡子梁隧道围岩注浆及锚杆加固

隧道围岩固结注浆措施较适用于围岩岩土体破碎、松散而形成的隧道病害，也适用于地下水丰富、水压力较大而造成的隧道病害，因为注浆措施可对地下水进行堵漏，从而减小作用于隧道的水压力，改善隧道衬砌的受力条件和隧道的使用环境。滑动带固结注浆较适用于滑动带埋深较浅、滑坡推力不大的隧道滑坡病害，因为采用此措施比较经济。滑动带固结注浆加固措施与减重反压等工程措施配合使用，效果更佳。

浆液水灰比一般采用 1∶1～1∶0.73，注浆压力视具体情况而定，不同的深度、不同的位置、不同的地层、不同角度的注浆孔及不同浓度的浆液采用不同的注浆压力，应通过试验确定。但需注意，在进行隧道围岩注浆加固时，应进行隧道变形跟踪监测，控制注浆压力，以防压力过大而造成隧道衬砌变形破坏加剧。

2) 增强衬砌强度措施

增强衬砌强度是通过增加衬砌厚度、嵌轨套拱、衬砌内配筋和合理地改变衬砌结构，被动地适应因围岩破碎松动和滑坡、错落造成衬砌内力增加的需要。但这种工程措施仅对滑动面位于隧道边墙中上部和隧道顶部的小型滑坡、错落起作用，对于滑动面位于隧道下部而使隧道"坐船"的滑坡不起作用，因为滑坡滑动同样引起隧道位移，隧道的变形是无法控制的。增强衬砌强度的措施，往往与治理病害的其他工程措施配合使用，才能起到较好的效果。

增强衬砌强度的措施主要有更换衬砌、增加衬砌厚度、嵌轨套拱、抽换边墙、衬砌内配筋、直墙改曲墙和增设仰拱等。这些措施已在工务部门的隧道病害治理中应用甚广，在这里不做深入描述。

6.2　宝兰客运专线隧道立体绕避王家墩大型滑坡群

案例所涉及的黄土高原沟壑、梁峁区域，自秦安县至兰州，长约 217km，占宝兰客专线路长度的 43.3%，是整条线路需要重点设计的区域。该区域地形地貌特点为黄土沟壑纵横，冲沟发育，沟深坡陡，主沟多切割至基岩。黄土梁峁蜿蜒起伏，地势由西南向东北倾斜，地面高差最高达 500m。由于该段黄土覆盖层下伏第三系泥岩，浸水软化后引起上覆黄土沿软弱结构面滑动，加之沿线地震烈度在七级以上，因此黄土滑坡很发育，具有明显继承性、广泛性和多期性，形成典型的大型黄土滑坡群地貌景观。

宝兰客运专线秦安站至郭嘉镇段线路经过秦安县兴国镇、叶堡镇和郭嘉镇，沿线村镇密布，天巉公路走行于葫芦河谷，客运专线在该段与天巉公路交叉两次。线路主要通过黄土梁峁、冲沟及河流阶地，地质条件异常复杂，滑坡等不良地质极为发育。控制线路方案的关键点为王家墩大型滑坡群及郭嘉河谷两侧大型滑坡群，工程地质条件极差。

王家墩滑坡位于秦安站出站端附近，处于葫芦河右岸，形成时代古老，后经多次活动、长期剥蚀，滑体上冲沟发育，滑坡地貌被改造严重。该滑坡为一巨型切层古滑坡，滑坡发育范围大，次生滑坡发育，目前整体处于基本稳定状态。

研究的区域位于秦安县县城附近，县城分布于葫芦河狭长的河谷地带，建筑物、水利设施和果园密集，天巉公路等国道、省道依山傍水而建，蜿蜒曲折走行于河谷阶地，起伏很大。葫芦河为渭河最大支流，自西北向东南由峡谷地带转为宽谷地带穿城而过。秦安叶堡水源地保护区位于郭嘉滑坡群与葫芦河之间，以上环境条件严重限制该段线路的平面位置选择。初步设计审查意见要求秦安站出站段线路，采用绕避王家墩滑坡体的线路方案。结合沿线地形、地质不良及滑坡体分布、路桥设置，进一步优化该段线路方案及平纵断面设计，确保线路安全、工程可靠[3;4]。

6.2.1　隧道绕避滑坡群方案

1) 线路走向及主要控制因素

宝兰客运专线在秦安县城西南设车站后，沿葫芦河西岸及天巉公路东侧向西北，上跨县城成纪大道后穿王家墩滑坡群向西沿天巉公路绕避郭嘉滑坡群。线路走向受王家墩巨型滑坡群和郭嘉巨型滑坡的控制。其中王家墩滑坡群为一巨型切层古滑坡，其形成时代古老并经多次活动，因此滑坡的范围很大(长约 2.7km，宽约 1.8km)，滑后残留滑体厚约 30m，前缘堆积体最厚达 90m，压埋Ⅰ～Ⅲ级阶地长达 600m。滑动可能与大地震有关，是高速远程的地震古滑坡。由于滑动后两侧沟谷深切 60～70m，造成两侧多块体向沟谷方向滑动而分解，因此次生滑坡发育。而且，长期的剥蚀使滑体上冲沟发育，工程地质条件极差，如图 6-11 所示。

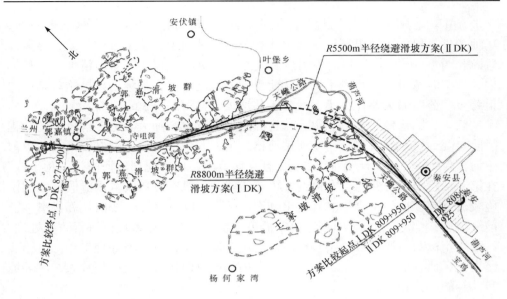

图 6-11　绕避王家墩滑坡群方案示意图[3,4]

2) 方案研究思路

传统的线路方案思路为尽量采用平面绕避滑坡。研究借鉴国内高速铁路已建成的狮子洋隧道和浏阳河隧道，依托大量翔实的地质勘察、外业调查资料和专题报告，结合河流防洪要求，提出以纵面绕避思路绕避王家墩滑坡群，并与平面绕避方案做了详细对比和研究[3]。

6.2.2　控制方案选择的因素比选

1) 工程地质条件比选

平面绕避 R5500m 半径方案：隧道进口位于葫芦河西岸黄土斜坡，地质钻探资料揭示，隧道洞身围岩以第三系泥岩及花岗岩为主，隧道地质条件较好。但隧道进口端引线有 50m 上跨王家墩滑坡堆积体舌部，且隧道出口端引线距离郭嘉河两岸滑坡群较近，地质条件较差。

纵面绕避 R8800m 半径方案：隧道进口位于葫芦河一级阶地后缘，隧道穿越第四系地层浅埋段和滑坡堆积体的下部第三系泥岩段落较长，隧道地质条件较差。但隧道内设置"凹"型坡度，使洞身完全绕避王家墩滑坡群，并且隧道出口端引线远离郭嘉滑坡群，地质条件相对较好。

2) 工程设置及合理性比选

平面绕避 R5500m 半径方案：①线路平面基本避开了王家墩滑坡，隧道施工、运营风险相对较小。隧道洞身全部位于 5500m 的曲线上，线路纵坡为"人"

字坡。由于隧道进口位于天巉公路东侧坡面上，洞口施工需经由天巉公路引入，场地条件一般。隧道出口位于紧邻天巉公路的坡面上，施工条件很差，另需设置总长为 927m 的横洞辅助施工。②线路有 6 处桥墩位于王家墩滑坡的堆积体内，施工时基坑开挖将产生扰动从而引起基坑坍塌，需加强防护措施。第一次上跨天巉公路的大跨连续梁主墩位于陡坡处，需刷方约 32m 才能设置桥墩，施工期间对公路运输安全影响很大，且高边坡刷方也会加大客运专线桥梁的工程风险。③约 900m 线路距葫芦河主河槽较近，其中 100m 线路左线距离葫芦河主河槽仅 13m，防洪评价难以通过，且在该范围与地方规划的河防工程相干扰。在第一次跨天巉公路前，右侧约 130m 线路距离既有渡槽及输水隧洞等水利设施较近，施工期间将会影响既有水利设施使用。④约 140m 线路从郭嘉滑坡群前缘穿过，桥墩位于滑坡体前缘中，需采用抗滑桩对该处滑坡体进行防护处理。⑤线路距离葫芦河较近的路基地段，需设置冲刷防护及地基处理工程。由于线路走行于河谷地段的长度较长，因此占用农田及建筑物拆迁面积较大，对环境和社会的干扰较强。

纵面绕避 R8800m 半径方案：①以纵面绕避形式避开了王家墩巨型滑坡，隧道洞身全部位于 8800m 的曲线上，下穿天巉公路处埋深约 24m，隧道内纵坡为"凹"型坡。因隧道进口以"凹"型坡下穿滑坡，洞口浅埋段较长。隧道出口距离天巉公路较远，施工条件大为改善。由于隧道最低点位于洞内且距离洞口约 700m，根据施工需要，兼顾运营期间排水，另需设置 40m 抽水竖井及总长为 2361m 横洞辅助施工。②隧道进口段为果园，水渠纵横分布，地层为细圆砾土等含水层，且与隧道相连的路基路堑长度约 200m，存在倒排水问题。研究采用以该处葫芦河百年洪水位加 1.5m 的安全值控制进口高程，并且设置截、排水沟及引水沟，将线路西侧山坡地表汇水引入其他排水系统中；设置雨棚防止降水进入路基本体；设置挡水堤防止葫芦河百年洪水涌入隧道中。③线路从郭嘉滑坡群前缘穿过长度约 120m，桥墩位于滑坡体前缘中，需采用抗滑桩对该处滑坡体进行防护处理。④由于线路距离葫芦河较远，不存在防洪评价问题，与地方规划的河防工程无干扰，也绕避了既有水利设施。

3) 对天巉公路干扰比选

天巉公路为汽车一级专用公路，为连接甘肃及西部与东部的交通主干道，汽车流量很大，且多为大型货车，稍有事故即会出现绵延数公里的堵车现象。因此铁路施工带来的公路运输影响，将严重控制公路的通行能力和安全。

平面绕避 R5500m 半径方案：两跨天巉公路，交叉处斜交角度小，均采用 (66+112+66)m 大跨连续梁跨越。第一次跨越处因距离葫芦河较近且公路与周围地形高差较大，无法设置公路临时便道过渡措施；第二次跨越处除上述问题外，铁路桥梁边坡刷方也会对公路运输安全产生很大影响。

纵面绕避 $R8800m$ 半径方案：下穿天巉公路处位于距葫芦河较远的河谷阶地，公路可采取较为安全的临时便道措施，上跨天巉公路处因交叉角度较大，可设置较小跨度(48+80+48)m 连续梁跨越，且铁路桥梁刷方较少，对公路运输安全影响较小。

4) 工程经济比选

平面绕避 $R5500m$ 半径方案：线路长度为 24.86km，静态工程投资为 32.425 亿元。纵面绕避 $R8800m$ 半径方案：线路长度为 24.11km，静态工程投资为 33.938 亿元。该方案运营期间需设置排水设备，运营成本增加。初步研究，需增加隧道排水设备及管道费用约 100 万元；增加供电负荷约 180kW·h/d，自 2017 年开通至 2020 年相应增加费用约 20 万元；增加运营期设备维护费用及人员工资约 75 万元。但该方案可减少列车运营费，至 2020 年预计可减少约 1083 万元。运营费按照设计列车对数，根据列车周转量进行计算。

5) 运营条件和舒适度比选

由于宝兰客运专线为国家高速铁路网中的"四纵四横"之一，根据列车开行方案，跨线列车近期 102 对、沿线列车 10 对，因此通过列车远多于站停列车；考虑预留发展条件，线路平纵断面及缓和曲线配置均按 350km/h 设置，因此对运营条件和舒适度按照 350km/h 标准分析。

平面绕避 $R5500m$ 半径方案：根据线路平纵断面条件和车站设置，参考列车按秦安站停车及通过 V-S 检算，在秦安站停车及通过的列车在该曲线处速度分别为 160km/h 左右和 320km/h 左右。曲线超高设置按满足通过列车的欠超高取良好值，站停列车通过该曲线的过超高仅满足一般值，低速列车的舒适度较差，曲线超高在根据通过列车实际速度确定情况下，在秦安站停车的列车通过时速度较低，过超高偏大，易引起旅客不适。该方案下行速度从 301km/h 变为 287km/h，运行时间 3.6min；上行速度从 336km/h 变为 344km/h，运行时间 3min，列车平均运行时间较长，速度损失较大。

纵面绕避 $R8800m$ 半径方案：曲线超高设置按满足通过列车的欠超高取良好值，站停列车通过该曲线的过超高满足良好值，低速列车的舒适度条件较好，但因采用较大坡度的"凹"型坡，在较短的范围内起伏较大，变换频繁，因此，在较短的时间内垂向加速度的变化率大，旅客的舒适度降低。该方案下行速度从 302km/h 变为 287km/h，运行时间 3.3min；上行速度从 336km/h 变为 332km/h，运行时间不到 3min，列车平均运行时间较短，速度损失较小。

6.3　重庆奉溪高速公路大坪滑坡治理工程

重庆奉溪高速公路位于三峡库区，地形复杂，地质条件不良，为地质灾害易发区域。大坪滑坡位于奉节县白帝镇桥湾村梅溪河左(东)岸，距长江与梅溪河汇合处约 2km，为前级浅层的堆积层滑坡和破碎岩石滑坡组合而成的大型复合型老滑坡。线路在该处以隧道(孙家崖隧道)和桥梁(黄果树中桥)的形式从滑坡的中前部通过，滑坡影响线路里程为 RK0+543～+934。2008 年设计单位在勘察期间发现大坪滑坡的存在，并进行了详细的工程地质勘察，查明了浅层滑坡的埋深，并采用抗滑桩对靠近隧道口的滑坡体进行了预加固，思路合理。但于 2010 年隧道施工时，深层滑坡出现变形，滑坡范围进一步扩大，坡体出现持续的变形。这主要是对滑坡的动态设计，即隧道开挖对老滑坡稳定性的影响考虑不充分。为此，2011 年下半年再次对大坪滑坡进行详细的工程地质勘察并进行治理工程方案设计，随后依据设计文件采用埋入式抗滑桩、锚索抗滑桩及排水隧洞等工程措施进行治理，在治理工程施工中依据开挖揭露的地质情况及变形情况对工程措施进行了优化调整。治理工程完成后，坡体未出现新的变形，确保了奉溪高速公路的正常通车和营运，达到了滑坡治理的目的。

6.3.1　滑坡的基本特征与变形原因分析

1. 滑坡基本特征

1) 滑坡的平面特征

整个滑坡两侧发育有较大的"U"形自然冲沟，后部为基岩陡坎，前部有一缓坡平台，滑坡平面呈簸箕状，沿线路宽约 390m，垂直线路长约 576.5m。滑坡剪出口在 195m 高程附近，滑坡后缘高程 425m 左右，整个滑坡前后缘高差 230m 左右。勘察期间滑坡地表裂缝整体走向为 NW42°～45°，坡面走向NW40°，隧道中可见滑面上擦痕指向为 SW48°左右。根据监测资料，滑坡整体向 SW40°～50°方向滑动。根据以上特征综合确定滑坡主滑方向 SW48°。

该处省道 S201 外侧有一明显的陡坎，陡坎以下地形较缓，约为 15°，省道后部斜坡坡度约为 20°，地形稍陡。坡度约为 70°的基岩陡坎为滑坡最后缘位置。根据以上地形特征综合分析，整个老滑坡外貌明显，分前、后两级，前级的后缘位于省道外侧的陡坎附近，后级位于 S201 线以上的斜坡。老滑坡上发育的三条近 SW45°"U"形自然冲沟，将滑坡分为东、西两个条块，东块地表裂缝密集，呈弧形分布；西块地表裂缝相对稀疏，呈直线分布。根据滑坡裂缝形态与滑坡滑动面埋深的内在关系综合分析，西块滑坡滑动面埋深较深；东块老滑坡前级复活后，裂缝向后发展形成弧形裂缝，且裂缝密集，判断东块滑动面埋深较浅。东滑坡主要影响隧道进口及黄果树中桥，西滑坡主要影响在建隧道，滑坡后级直接影响省道及前级滑坡的稳定性，如图 6-12 所示。

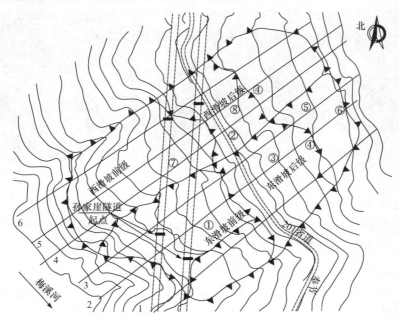

图 6-12　大坪滑坡工程地质平面图

1~6 为断面编号；①~⑧为块体编号

2) 滑体及滑面特征

(1) 滑体特征。根据勘察资料，滑坡总体积约 $5.91 \times 10^6 \mathrm{m}^3$，其中：①老滑坡前级浅层为堆积层滑坡，滑体主要为块碎石土，滑体平均厚度 16m，长 230m，宽度约 360m，体积约 $1.32 \times 10^6 \mathrm{m}^3$，滑动面倾角 22°~23°；②老滑坡前级深层为破碎岩石滑坡，滑体长 270m，宽度约 360m，平均厚度 23m，最大厚度达 26m，滑动面倾角约 22°，体积 $2.43 \times 10^6 \mathrm{m}^3$(包括浅层滑体)；③老滑坡深层复活后的牵引范围，滑体长 330m，宽度约 360m，平均厚度 30m，体积 $3.56 \times 10^6 \mathrm{m}^3$(包括前级浅层滑体，老滑坡前级深层滑体)；④老滑坡后级深层滑体长 210m，宽度约 330m，平均厚度 34m，体积 $2.35 \times 10^6 \mathrm{m}^3$。

(2) 滑带及滑床特征。滑坡滑动带组成物质由于岩土性质、滑坡类型差异有明显的区别：堆积层滑坡滑动带主要由黏土含量较高的碎石土组成，黄色，软塑~可塑、滑动带未固结，擦痕明显，厚度不一致，一般在 0.5~1.0m，各个钻孔均有揭露，部分钻孔可见明显滑动面，如图 6-13 所示；破碎岩石滑坡滑带主要在风化界线附近，滑动带主要由强风化泥岩、泥灰岩组成，岩体破碎呈碎石土状，可见明显的光滑镜面或轻微擦痕，厚度一般在 1.0～2.0m，滑动带附近含水量相对较高，滑动面未固结，与该滑坡可能一直处于蠕动挤压阶段相吻合。

图 6-13　钻孔中的滑动面

滑床主要为三叠系中统巴东组泥灰岩(T_2b^3)：青灰色，块状结构，中薄层状构造，钙质胶结，以黏土矿物为主，节理裂隙发育，质硬、完整。

(3) 滑坡的变形特征。滑坡本身处于间歇性蠕动变形，但其变形速率较小。隧道施工之前，设计东滑坡前级布设三排抗滑桩对滑坡进行预加固。由于抗滑桩较短，深入浅层滑面以下长度不足，且未深入深层滑面以下，隧道开挖后形成新的临空面，加之放炮振动，滑坡变形呈加速趋势。施工单位布设监测孔进行监测，发现滑坡仍然处于活动状态，2010 年 10 月变形加剧，地表裂缝明显，变形速度加快，最终导致滑坡体后缘多处出现拉张裂缝，整个滑坡体处于欠稳定状态，如图 6-14 和图 6-15 所示。

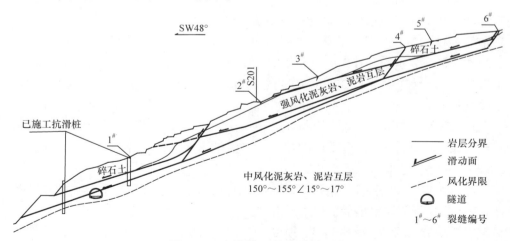

图 6-14　东滑坡工程地质剖面图

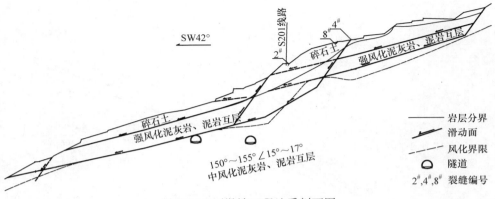

图 6-15　西滑坡工程地质剖面图

2. 坡体变形原因分析

1) 坡体变形性质

2008 年勘察期间发现了老滑坡的存在，2010 年开挖隧道仰坡时，浅层滑坡出现变形。随着隧道掘进深度的变化，深层滑坡出现蠕动变形，导致隧道靠山侧出现 4 条裂缝，长度 100～150m，宽度 10～30cm，说明滑坡滑动导致隧道靠山侧出现开裂变形。2012 年隧道开挖冒顶，致使地表塌陷，形成直径约 6m、深度约 10m 的塌陷坑。隧道冒顶一般形成漏斗型的变形体，变形范围受隧道截面大小、隧道围岩类别的控制。大坪滑坡隧道围岩为中至强风化的泥灰岩，强度中等，同时结合岩体内发育的节理面倾角等综合分析，隧道左洞冒顶，地表可能出现最大直径 27m 的塌陷范围，裂缝不可能发展到隧道山侧以上 80～180m 的范围。因此，综合分析地表裂缝和塌陷的时间次序及滑坡变形和隧道冒顶塌方的变形机理、特征，可知整个变形过程是老滑坡体→隧道仰坡开挖及隧道掘进到深层滑动面附近→松动圈扩大→新的临空面→滑坡出现变形失稳→挤压隧道→衬砌开裂。地表裂缝不是隧道冒顶引起的，而是滑坡滑动变形导致的，如图 6-16 所示。

监测的变形深度与勘察结论基本一致，均为地层突变、有滑动擦痕及地层软弱的位置，同时依据监测资料确定滑面深度。

从深孔位移监测资料分析，勘察期间变形比较严重的是隧道靠山侧坡体，隧道靠河侧监测孔变形均不明显，表明隧道开挖是诱因，而且后级变形量稍小于前级，具牵引性质。

治理工程实施后，整个滑坡变形速率明显下降，虽然受施工影响，部分钻孔变形量有反复，但变形速率基本上呈下降趋势，坡体变形趋于稳定。

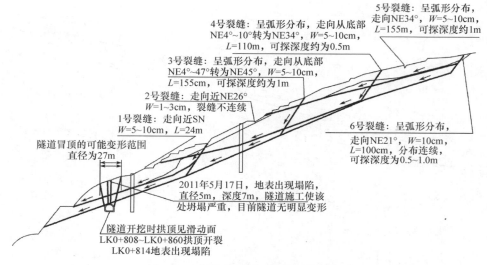

图 6-16　滑坡与隧道冒顶的变形特征

2) 滑坡变形原因分析

梅溪河两岸地质构造发育，岩性主要为中薄层泥灰岩，其北岸岩层顺倾，是滑坡易发地区，尤其是强风化岩体分布区更容易发生滑坡。大坪滑坡滑动的主要原因如下：

(1) 该处地层为三叠系中统巴东组泥灰岩(T_2b^3)，层间夹有泥岩，岩体为薄层状构造，矿物成分主要为碳酸盐矿物和黏土矿物，加之该处汇水面积比较大，地表水下渗加速了岩体风化，强度降低，整个滑体处于强风化岩体内。

(2) 受地质构造影响，岩层顺倾向梅溪河，倾角 5°～12°，为滑坡的滑动创造了有利条件，在梅溪河下切形成了老滑坡。

(3) 汇水面积较大，组成滑体物质泥岩、泥灰岩风化严重，岩体破碎，加之坡体上居民较多、生活用水量大，且滑体上有多个已开裂池塘，大气降水和地表生活用水下渗后滑带软化，滑带土强度降低，滑坡在自重作用下逐渐蠕动，即大坪老滑坡自身不稳。

(4) 由于滑坡本身稳定性差，隧道开挖扰动滑动面附近岩体，削弱支撑，导致滑坡稳定度进一步降低而复活。

6.3.2　治理工程措施

1. 治理方案的考虑

该滑坡为堆积层滑坡和破碎岩石滑坡组成的复合型滑坡，目前变形主要是隧道开挖切断了滑面，使得滑坡前部抗力削弱，从而引起滑坡产生滑动。首先考虑刷方减载的治理方案，但由于滑坡体积巨大，滑面很深，且滑体上有大量居民及民房，201 省道也从滑坡体中部通过，刷方减载一方面征地拆迁费用太高，另一方面会使 201 省道断道，造成很大的经济损失，因此不可行，考虑采用强支挡的治理方案。

由于滑坡滑面深、规模大，治理工程措施以抗滑桩为宜。经计算滑坡推力大，一排抗滑桩难以抵挡巨大的滑坡推力，因此采用多排抗滑桩进行支挡。设置工程的目的是保护高速公路隧道的安全稳定，因此将重点防护工程设置于隧道附近，一是截断滑坡推力，使隧道不受偏压；二是确保隧道及其外侧整体稳定，不"坐船"。

滑坡地下水丰富，排除滑体内部分地下水对滑坡的稳定非常有利，因此设计采用抗滑桩结合排水隧洞的治理方案。

2. 滑带指标取值及推力计算

在计算滑坡推力前，根据反算资料，结合试验及经验数据确定滑带土的强度参数，计算结果见表 6-2，参数取值：天然工况重度 $\gamma = 20\text{kN/m}^3$，暴雨工况重度 $\gamma = 21\text{kN/m}^3$。

表 6-2　主滑带强度指标

断面	滑面	主滑段倾角/(°)	自然工况			暴雨工况		
			稳定度	c/kPa	φ/(°)	稳定度	c/kPa	φ/(°)
1-1	前级深层	28.0	1.10	20	27.71	1.08	19.00	27.56
2-2	前级浅层	18.0	1.00	20	15.42	0.98	19.00	15.42
	后级浅层	20.0	1.06	20	19.72	1.02	19.09	19.09
	前级深层	20.0	1.08	20	19.89	1.06	19.00	19.77
	后级深层	23.0	1.06	20	22.22	1.04	19.00	21.98
3-3	前级浅层	19.0	1.00	20	16.01	0.98	19.00	15.94
	前级深层	15.0	1.12	20	16.11	1.10	19.00	15.97
	后级深层	23.0	1.12	20	22.98	1.05	19.00	22.93
4-4	前级浅层	16.1	1.10	20	15.29	1.08	19.00	15.23
	前级深层(河侧)	12.0	1.13	20	14.08	1.10	19.00	13.82
	前级深层	15.0	1.08	20	14.34	1.05	19.00	14.17
	后级深层	15.0	1.12	20	33.44	1.05	19.00	32.18
5-5	前级深层(河侧)	12.0	1.12	20	13.68	1.10	19.00	13.60
	前级深层	15.0	1.08	20	17.61	1.05	19.00	17.15
	后级深层	12.0	1.12	20	27.90	1.05	19.00	27.47

根据确定的滑面强度指标，计算桩位处滑坡推力，并据此进行治理工程结构计算，见表 6-3。

表 6-3　桩位处滑坡推力计算结果

断面	滑面	计算位置	天然工况				暴雨工况				抗滑桩计算采用值/(kN/m)	备注
			安全系数	计算推力/(kN/m)	桩前抗力/(kN/m)	桩承担推力/(kN/m)	安全系数	计算推力/(kN/m)	桩前抗力/(kN/m)	桩承担推力/(kN/m)		
1-1	深层	上排桩位	1.2	2204.65	250.00	1725.85	1.15	2090.92	250.00	1625.43	1725.65	天然控制
2-2	后级浅层	上排桩位	1.2	2430.68	0.00	2284.09	1.15	2339.39	0.00	2198.31	2316.39	天然控制(不考虑原桩承担的推力,直接作用至下排抗滑桩)
	前后级整体		1.2	4456.43	1940.00	2316.39	1.15	3658.69	1200.00	2263.24		
	前级浅层	原桩位(上排)	1.2	841.80	0.00	800.60	1.15	708.82	0.00	674.13	3062.44	
	前级深层		1.2	2092.08	0.00	1965.92	1.15	1766.16	0.00	1659.65		
	前后级整体		1.2	3258.98	0.00	3062.44	1.15	1926.09	0.00	1809.94		
	前级浅层	下排桩位	1.2	880.87	0.00	837.75	1.15	729.48	0.00	693.78	2790.30	
	前级深层		1.2	2105.90	0.00	1978.90	1.15	1742.60	0.00	1637.51		
	前后级整体		1.2	3269.37	300.00	2790.30	1.15	1908.50	180.00	1624.26		
	前级浅层	原桩位(下排)	1.2	118.60	0.00	112.80	1.15	132.39	0.00	125.91	428.38	天然控制
	前级深层		1.2	155.87	0.00	146.47	1.15	-63.10	0.00	-59.30		
	前后级整体		1.2	455.87	0.00	428.38	1.15	67.45	0.00	63.38		
3-3	前后级整体	上排桩位	1.2	7423.54	5000.00	2230.88	1.15	5863.68	4000.00	1715.52	2230.88	
	前级深层	中排桩位	1.2	3046.25	1000.00	1976.52	1.15	2805.64	800.00	1937.30	2724.36	
	前后级整体		1.2	4870.46	2050.00	2724.36	1.15	3578.61	1800.00	1718.01		
	前级浅层	下排桩位	1.2	2809.46	0.00	2656.39	1.15	2414.17	0.00	2282.65	2656.39	
	前级浅层	原桩位	1.2	892.58	0.00	843.95	1.15	431.68	0.00	408.16	843.95	
4-4	前后级整体	上排桩位	1.2	8605.28	6000.00	2209.41	1.15	8695.29	6000.00	2285.74	2285.74	暴雨控制
	前级浅层	中排桩位	1.2	2587.67	1000.00	1525.40	1.15	2254.98	800.00	1397.92	2041.68	
	前级深层		1.2	6247.30	4200.00	1977.54	1.15	5651.56	4200.00	1402.10		
	前后级整体		1.2	7199.30	4500.00	2607.32	1.15	6113.70	4000.00	2041.68		
	前级浅层	下排桩位	1.2	97.01	0.00	93.61	1.15	-305.81	0.00	-295.11	1105.76	
	前级深层		1.2	1256.19	0.00	1228.74	1.15	809.88	0.00	792.18		
	前后级整体		1.2	2223.17	0.00	2174.59	1.15	1130.46	0.00	1105.76		

续表

断面	滑面	计算位置	天然工况				暴雨工况				抗滑桩计算采用值/(kN/m)	备注
			安全系数	计算推力/(kN/m)	桩前抗力/(kN/m)	桩承担推力/(kN/m)	安全系数	计算推力/(kN/m)	桩前抗力/(kN/m)	桩承担推力/(kN/m)		
5-5	前后级整体	上排桩位	1.2	13352.01	10900.00	2079.42	1.15	13845.01	12000.00	1564.66	2079.42	天然控制
	前级深层	中排桩位	1.2	8629.62	6000.00	2629.62	1.15	8328.22	6000.00	2248.88	2629.62	
	前后级整体		1.2	8279.68	6000.00	2202.00	1.15	8115.92	6000.00	2043.82		

3. 主要工程措施

由于大坪滑坡规模巨大，滑面埋深最深达 49m，且不具备反压及减载条件，因此设计强支挡辅以排水的工程措施进行综合治理。支护工程布置平面图见图 6-17，断面图见图 6-18 和图 6-19。排水工程设计采用地表排水沟截排地表水，设置于滑坡周界以外及滑坡体上，同时采用排水隧洞截排地下水。排水隧洞设置于 201 省道上部，出口位于小里程省道下部自然冲沟内，隧洞纵坡 2%～3%，总长 390.75m，共设检查井 8 座，渗井 50 孔。

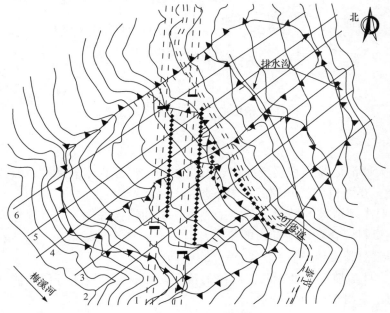

图 6-17　大坪滑坡治理工程平面图

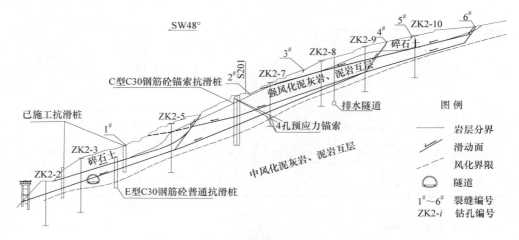

图 6-18　治理工程断面图(东滑坡主断面)

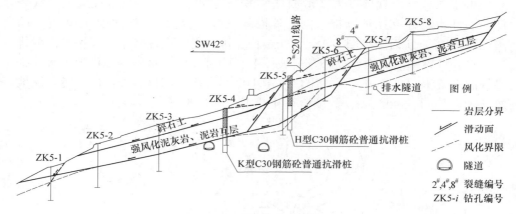

图 6-19　治理工程断面图(西滑坡主断面)

6.3.3　结论

(1) 大坪滑坡为堆积层及破碎岩石组成的大型复合型老滑坡，规模巨大、性质复杂，在隧道施工开挖的影响下复活。

(2) 对大坪滑坡的勘察，不但采用了传统的钻探方法，而且还结合物探资料、监测资料综合确定滑动面的位置，5-5 断面 ZK5-5 深 46m、ZK5-6 深 49m 处滑动面就是根据监测资料判断确定的。

(3) 大坪滑坡一直处于时滑时停的持续变形状态。隧道开挖形成新的临空面，加速了老滑坡的复活变形。

(4) 大型滑坡治理工程不但要进行强有力的支挡，还要进行地表水、地下水的疏排，大坪滑坡采用排水隧洞进行地下水疏排，效果很好。

(5) 埋入式抗滑桩施工，尤其是很深的抗滑桩施工(大坪滑坡最大挖深71m)，安全防护、通风排水及垂直运输方面都给施工带来了很大的困难，大坪滑坡的施工组织方法及现场施工经验值得大型复杂滑坡治理工程借鉴。

(6) 2013 年底滑坡治理工程全部竣工，包括应急工程、一期与二期治理工程以及截排水工程，效果良好，坡体未见新的变形迹象。

6.4　竹林坪隧道出口滑坡治理工程

6.4.1　工程概况

沪蓉国道主干线支线重庆境分水岭(鄂渝界)至石柱段高速公路竹林坪隧道位于重庆市石柱县境内，斜穿竹林坪山脉，如图 6-20 所示。竹林坪隧道设计为单向两车道双洞公路专用隧道。隧道左线起止桩号为 ZK6+705～ZK8+140，洞长1435m，设计路面标高 1388.76m(进口)～1348.58m(出口)；隧道右线起止桩号为K6+745～K8+145，洞长 1400m，设计路面标高 1387.64m(进口)～1348.44m(出口)。隧道坡度–2.80%，隧洞净宽 12.25m，净高 7m。竹林坪隧道穿越竹林坪山脉后于正河左岸斜坡出洞，隧道出口高出正河 90m 左右，而且出口段(K7+730～K8+100)位于竹林坪滑坡体范围内，其纵断面如图 6-21 所示。《竹林坪隧道地质勘察报告》(2004 年)认为，该段隧道为松散堆积体内开挖的土洞。出口段 2006 年初开工以来，由于地质条件不良和连续降雨等原因发生了出口仰坡滑坡病害，隧道开挖一直处于挖挖停停的状态。2006 年 9 月原线路设计单位对竹林坪滑坡进行了勘察，对滑坡的稳定性进行了评价，认为滑坡处于稳定状态，可以进行隧道施工[6,7]。

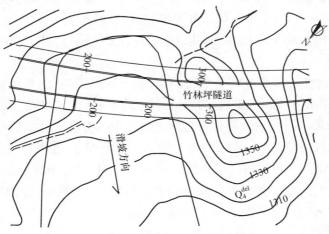

图 6-20　竹林坪隧道-滑坡平面图(单位：m)

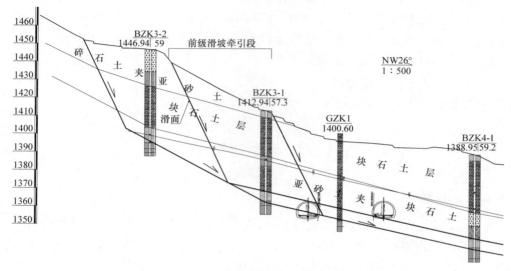

图 6-21　竹林坪隧道纵断面图(单位：m)

BZK*i-j* 为钻孔编号；钻孔编号下左边数字为钻孔口标高，右边数字为钻孔深度

6.4.2　滑坡性质与稳定性评价

1. 滑坡的稳定性评价及计算分析

1) 滑坡整体稳定性评价

通过详细的工程地质勘察工作可知，竹林坪滑坡形成的原因主要为侏罗系地层组成的缓坡上堆积了大量的崩坡积物——碎石土夹亚砂土，下伏基岩为砂泥岩相对隔水，加之该区地下水丰富，在正河下切的过程中逐渐形成滑坡。滑坡分两条(Ⅰ号滑坡、Ⅱ号滑坡)，Ⅰ号滑坡分为前后两级(Ⅰ$_1$块、Ⅰ$_2$块)；Ⅱ号滑坡亦分前后两级(Ⅱ$_1$块、Ⅱ$_2$块)，前级滑坡上次生一级小滑坡(Ⅲ块)。

(1) 在目前情况下竹林坪滑坡是稳定的，依据如下：①各块滑坡宏观上无变形迹象，仅残留了老滑坡的许多特征，老滑坡形成的"滑坡湖"残留在Ⅱ$_1$块滑坡后缘，前缘Ⅲ块滑坡使正河异常弯曲的特征依然存在。②据调查，当地近50年内没有出现过滑动反映，仅1982年发生特大暴雨时Ⅰ$_2$块滑坡后缘上部较陡的斜坡体曾发生了局部范围的浅层松散堆积物滑塌，且伴有滚石下落现象，然而竹林坪滑坡整体上没有出现滑动变形。③稳定性计算结果显示，利用传递系数法，天然工况下滑坡的稳定系数 K=1.22，暴雨工况下 K=1.14；有限元计算，天然工况 K=1.20，暴雨工况 K=1.18。

(2) 隧道开挖后，Ⅱ号滑坡的后级是否稳定应引起足够重视。后级滑坡基岩顶面坡度较陡，隧道开挖必然引起隧道周围一定范围的土体松动，最严重的情况是隧道塌方冒顶，后级滑坡在隧道位置出现临空面。由于该段地下水丰富，当隧道开挖形成临空面后，地下水必然向临空方向汇集，滑带土强度将进一步降低，加之后级滑坡体厚度达 50 余米，且滑面比较陡，因此隧道开挖对滑坡的稳定不利。当地年降雨量高达 1000mm 左右，长时间的降雨必将加剧滑坡的滑动变形，故应采取必要的工程治理措施，保证其稳定和今后公路的顺利运营。

2) 隧道开挖及滑坡的稳定性评价

(1) 基本条件。竹林坪隧道位于滑坡区后部：Ⅱ号前级滑坡的后缘位置，通过前级滑坡后缘拉裂带，堆积层厚 42～51m，隧道埋深 36～39m。滑坡范围内隧道大部分埋入堆积层中，2-2 断面隧道左线位于滑床内，隧道右线位于岩土交界面(滑带)位置，3-3 断面隧道左线位于岩土界面(滑带)，隧道右线位于滑体中，3-3 断面大里程一侧隧道左右线基本全部位于堆积层中，在滑坡边界位置，隧道多穿过滑带——隧道洞身部分在滑床、部分在滑体内，因此隧道开挖将切断后级滑坡(Ⅱ$_2$块)的部分滑带，对后级滑坡的稳定不利。

(2) 隧道与滑坡的相互作用关系。由于组成滑体的物质主要是块石土夹亚砂土，透水性较好，隧道位于Ⅱ$_2$滑坡后缘拉裂带位置，土体相对松散，地下水丰富，隧道开挖后，地下水会向隧道一线汇集、渗流，隧道周围的土体出现松弛，对隧道产生挤压，且向隧道压密，在衬砌的支护下，土体逐步压密。同时，开挖隧道导致地下水向隧道开挖临空面附近汇集、排泄，地下水带走细颗粒的土，块石等粗颗粒的物质逐步被架空，可能出现塌方变形。塌方一旦出现，大多会直接塌方至地面。

隧道开挖，一方面在洞体周围产生 1～2 倍隧道直径的应力松弛区。应力松弛区与隧道围岩的等级有关，围岩级别越高，应力松弛区范围越小，反之亦然。竹林坪隧道通过的前级滑坡后缘位置堆积层是Ⅴ级围岩，甚至更低，属于级别较差的围岩，因此在此类松散的堆积层内开挖隧道，可能出现的应力松弛区很大。滑体内出现的松弛区和隧道临空区，如果范围逐渐扩大，可能引起滑坡土体变形。另一方面，隧道开挖后形成一定临空面，滑带土强度在地下水不断浸润等作用下逐渐降低，随着滑坡稳定度的不断减小，滑坡很可能向隧道临空部位出现失稳变形。但是滑坡失稳是逐步发展的，不一定马上对已经成形的隧道产生破坏。首先变形的是Ⅱ号滑坡前级后缘部分，可能是逐渐对隧道结构产生挤压，在滑带附近出现应力集中，尤其是滑带位于隧道洞身的情况最为严重，对隧道衬砌产生局部剪切破坏，威胁隧道的安全。如果出现大范围的塌方冒顶，可能牵引后级滑坡整体对隧道产生长期的挤压威胁。

（3）总体评价。基于以上认识，由于隧道穿越松散饱水的滑坡体，隧道开挖会削弱上部滑坡的支撑力，但是因滑体厚40～50m，隧道开挖仅9～10m，若能采取科学的施工方法，不造成过大的松弛区和减少塌方冒顶，不会造成滑坡的失稳。若出现多处塌方冒顶，严重削弱滑坡的支撑力，则有可能造成上部滑坡逐级复活。国外有资料表明，削弱滑坡支撑力的5%～10%，即可造成滑坡复活；国内也有因隧道施工塌方冒顶使滑坡复活的例子，如成昆铁路东荣河1号隧道、宝中铁路堡子梁隧道。因此，在开挖隧道的过程中滑坡稳定度是变化的，难以计算准确的滑坡稳定性。为保证隧道施工安全，建议：①科学施工，加强隧道支撑和注浆加固，确保不产生较大的松弛区，使得隧道顺利通过滑坡段；②在隧道山侧设泄水洞和洞顶渗管降低地下水位，这样既对滑坡稳定有利，又对隧道顺利施工有利，是最有效的办法；③可以考虑在Ⅱ号滑坡后级适当减载，提高滑坡稳定性，减小滑坡下滑力，或者采取在隧道山侧设置埋入式抗滑桩的方案。

3）隧道-滑坡的稳定性计算分析

隧道开挖后Ⅱ号前级滑坡对隧道洞身的推力计算。

一般认为滑坡推力是梯形分布，推力的作用点位于滑体厚度的3/7高度处，滑坡变形产生的推力由隧道和松动圈上部土体承担，而隧道承受的推力是洞身和6m高的松动圈范围内的推力。因为松动圈被认为是不承受推力的，所以据此计算滑坡对隧道产生的推力，如图6-22和图6-23所示。

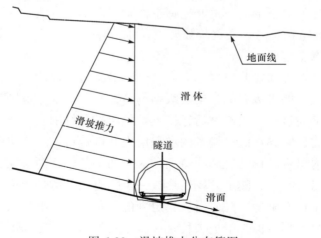

图 6-22　滑坡推力分布简图

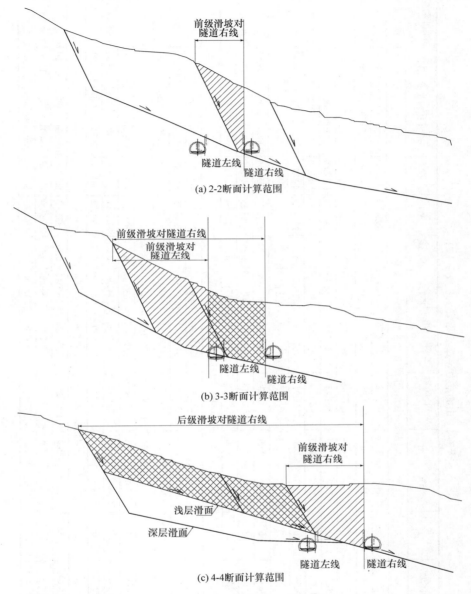

(a) 2-2断面计算范围

(b) 3-3断面计算范围

(c) 4-4断面计算范围

图 6-23　各断面滑坡推力计算范围

滑坡推力基于极限平衡理论的传递系数法计算，2-2 断面、3-3 断面、4-4 断面的计算结果见表 6-4。

表6-4　山侧推力计算结果(安全系数 $k=1.2$)

分块	滑块重量/kN	滑面长度/m	滑面倾角/(°)	c/kPa	φ/(°)	$N=W_i\cdot\cos\alpha$ /kN	$T_i=W_i\cdot\sin\alpha$ /kN	$K\cdot T_i$/kN	$f=\tan\varphi_i$/kN	$f_i\cdot N_i$/kN	$c_i\cdot l_i$/kN	ψ_i	$E_{i-1}\cdot\psi_i$	E_i/kN	作用于洞身的滑坡推力
2-2断面前前级滑坡后缘右线隧道山侧处推力计算														
1	16628.77	76.2	65	24.0	35.0	7027.62	15070.78	18084.94	0.70	4920.79	1828.80	0.0000	0.00	11335.35	
2	4695.11	4.94	20	24.0	20.0	4411.96	1605.82	1926.99	0.36	1605.82	118.56	0.4497	5097.97	5300.57	2112.91
2-2断面后级滑坡后缘右线隧道山侧处推力计算														
1	8427.1	52.2	65	24.0	35.0	3561.43	7637.52	9165.02	0.70	2493.74	1252.80	0.0000	0.00	5418.48	
2	102267.2	116.1	24	24.0	20.0	93425.70	41595.80	49914.96	0.36	34004.17	2786.40	0.5159	2795.52	15919.91	
3	7832.3	8.24	20	24.0	20.0	7359.93	2678.79	3214.55	0.36	2678.79	197.76	0.9722	15476.94	15814.93	6304.57
3-3断面前前级滑坡后缘左线隧道山侧处推力计算														
1	14844.91	73.06	65	24.0	35.0	6273.73	13454.06	16144.87	0.70	4392.91	1753.44	0.0000	0.00	9998.52	
2	19552.89	22.9	28	24.0	20.0	17264.18	9179.53	11015.43	0.36	6283.65	549.60	0.5796	5795.07	9977.25	
3	16192.80	17.72	13	24.0	15.0	15777.78	3642.59	4371.10	0.27	4227.64	425.28	0.8966	8945.36	8663.54	2982.01
3-3断面前前级滑坡后缘右线隧道山侧处推力计算														
1	14844.91	73.06	65	24.0	35.0	6273.73	13454.06	16144.87	0.70	4392.91	1753.44	0.0000	0.00	9998.52	
2	19552.89	22.9	28	24.0	20.0	17264.18	9179.53	11015.43	0.36	6283.65	549.60	0.5796	5795.07	9977.25	
3	51434.86	59.57	13	24.0	15.0	50116.59	11570.33	13884.39	0.27	13428.70	1429.68	0.8966	8945.36	7971.37	3135.29
4-4断面前前级滑坡后缘右线隧道山侧处推力计算														
1	7034.28	40.8	65	24.0	35.0	2972.82	6375.23	7650.27	0.70	2081.59	979.20	0.0000	0.00	4589.48	
2	8390.95	12.15	17	24.0	15.0	8024.30	2453.93	2943.93	0.27	2150.11	291.60	0.4700	2157.08	2659.31	
3	18434.72	22.71	16	24.0	15.0	17720.59	5081.30	6097.56	0.27	4748.22	545.04	0.9952	2646.47	3450.77	1420.48
4-4断面后级滑坡后缘右线隧道山侧处推力计算														
1	4512.93	35.44	65	24.0	35.0	1907.25	4090.11	4908.13	0.70	1335.47	850.56	0.0000	0.00	2722.10	
2	80891.95	166.52	17	24.0	15.0	77357.35	23650.52	28380.62	0.27	20727.84	3996.48	0.4700	1279.40	4935.70	
3	18434.72	22.71	16	24.0	15.0	17720.59	5081.30	6097.56	0.27	4748.22	545.04	0.9952	4911.87	5716.17	2338.90

2. 隧道-滑坡稳定性有限元模拟分析

1) 计算参数的选取(表 6-5)

表 6-5 模型材料参数

材料	重度/(kN/m³)		弹性模量/MPa	泊松比	黏聚力/kPa		内摩擦角/(°)	
	天然	饱和			天然	饱和	天然	饱和
基岩	26	—	1×10⁴	0.13	47.4	—	41	—
滑体	—	20	1×10⁴	0.3	34	34	25	22
滑带	20	—	1×10⁴	0.3	—	26	—	15

2) 计算工况及对应的安全系数(表 6-6)

表 6-6 不同计算工况下的安全系数

计算工况		安全系数
未开挖稳定性	天然状态	1.20
	饱和状态(高值)	1.18
	饱和状态(低值)	1.06
隧道开挖稳定性	隧道顶部全部坍塌(高值)	0.66
	隧道顶部全部坍塌(低值)	0.60
	隧道顶部未坍塌,只有滑面以上 13m 范围侧面临空(高值)	0.87
	隧道顶部未坍塌,只有滑面以上 13m 范围侧面临空(低值)	0.83
隧道运行稳定性	隧道顶部到地面的土体全部松动(高值)	1.12
	隧道顶部到地面的土体全部松动(低值)	1.07
	只有隧道顶部以上 10m 土体松动(高值)	1.21
	只有隧道顶部以上 10m 土体松动(低值)	1.08
	只有隧道顶部以上 10m 土体松动与部分滑带土同时松动(高值)	1.18
	只有隧道顶部以上 10m 土体松动与部分滑带土同时松动(低值)	1.06

3) 未开挖稳定性分析

天然状态时,滑坡的安全系数为 1.20。饱和状态且采用滑带土体抗剪强度高值时,原始边坡在折减系数为 1.18 时,有限元计算不收敛。根据有限元强度折减法原理,此时的折减系数就是边坡的稳定系数。计算分析认为,目前老滑坡处于稳定状态。有限元计算得到的滑面如图 6-24 所示。

饱和状态且采用滑带土体抗剪强度低值时,安全系数为 1.06,滑坡处于欠稳定状态,滑面如图 6-25 所示。

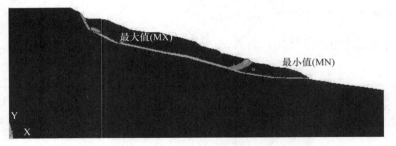

图 6-24 折减系数为 1.18 时的等效塑性应变图

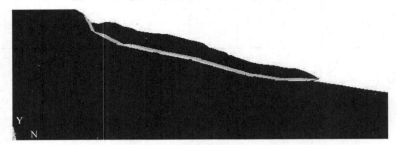

图 6-25 折减系数为 1.06 时的等效塑性应变图

4)隧道开挖稳定性

(1)考虑隧道顶部完全坍塌,并坍塌至地面,滑坡上部滑体沿滑带滑出,滑带土参数取高值时安全系数为 0.66,取低值时为 0.60。计算中未考虑土体的空间效应,如图 6-26 所示。

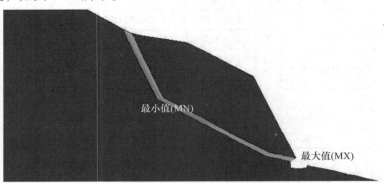

图 6-26 等效塑性应变图(未考虑土体空间效应)

(2)改善隧道开挖时的施工工艺,考虑隧道顶部未坍塌,只有滑面以上 13m 范围侧面临空。为了保证临空面发生整体滑动,但不发生侧壁局部坍塌,对侧壁中间单元 9m 范围内的土体加强。同时为了防止侧壁 13m 以上土体冚塌,计算中约束其水平方向的位移,限制了土体的变形,可能使计算结果偏于不安全,如图 6-27 所示。

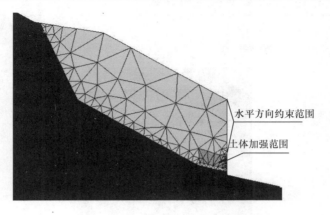

图 6-27　改善工艺条件下的计算模型图

计算中滑带土参数取高值时安全系数为 0.87，取低值时安全系数为 0.83。取高值计算得到的滑面如图 6-28 所示。

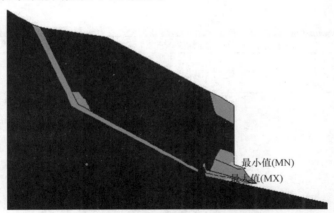

图 6-28　等效塑性应变图(改善工艺条件下滑带土参数取高值)

(3) 隧道开挖时所受的推力。计算中在 13m 的临空面处设置一抗滑桩来承担隧道侧壁所受的滑坡推力，抗滑桩按线弹性材料处理。抗滑桩在滑面以上的高度分为 7m 和 10m 两种情况进行计算，见表 6-7。

表 6-7　隧道开挖时所受的推力

安全系数	1		1.1		1.2	
抗滑桩高度/m	7	10	7	10	7	10
推力/(kN/m)	870	1210	960	1350	1100	1460

安全系数为 1 时计算得到的推力值如图 6-29 和图 6-30 所示。

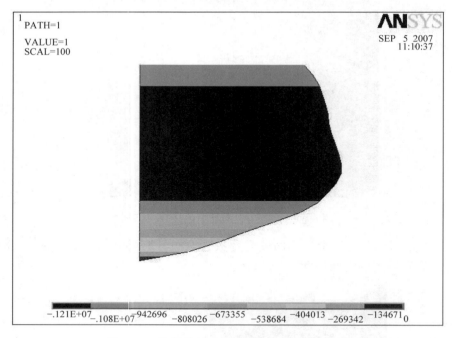

图 6-29　抗滑桩桩长为 10m 时的推力计算值

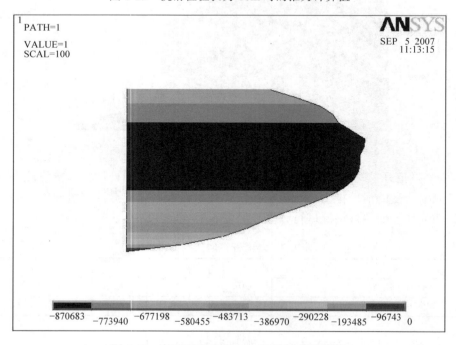

图 6-30　抗滑桩桩长为 7m 时的推力计算值

　　隧道侧壁所受推力的计算没有考虑空间效应的作用。隧道施工人员应考虑推力对隧道施工的影响，有空间作用可以利用，当空间作用丧失时，隧道有可能发生坍塌。隧道运行时侧壁所受的推力不存在空间作用，可使隧道出现横向变形或衬砌开裂。

　　5) 隧道运营稳定性

　　(1) 隧道开挖有支护，同时隧道顶部土体全部松动，将全部滑体的黏聚力降低 2/3，内摩擦角降低 1/3。

　　计算时滑带土参数取高值时安全系数为 1.12，计算得到的滑面如图 6-31 所示。

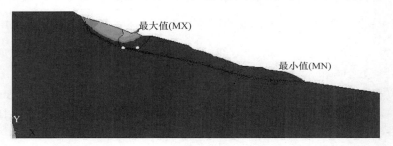

图 6-31　等效塑性应变图(隧道顶部土体全部松动，滑带土参数取高值)

　　计算时滑带土参数取低值时安全系数为 1.07，计算得到的滑面如图 6-32 所示。这种情况下得到的滑面位置没有从滑体中滑出而是又回到了原来的滑面上，因为取低值时，滑带的参数仍比降低后的滑体参数低。

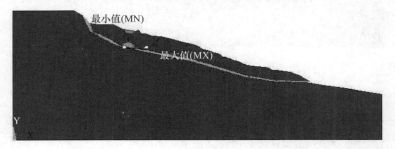

图 6-32　等效塑性应变图(隧道顶部土体全部松动，滑带土参数取低值)

　　(2) 隧道开挖有支护，同时隧道顶部土体部分松动，松动范围为隧道顶部以上 10m，左右各 3m，同时将其黏聚力降低 2/3，内摩擦角降低 1/3。计算时滑带土参数取高值时安全系数为 1.21，取低值时安全系数为 1.08。此时安全系数比原始滑坡安全系数高是因为隧道隔断了滑面，但由于隧道进行了支护，相当于在滑面处进行支护，因此安全系数提高。取高值时有限元计算不收敛的等效塑性应变如图 6-33 所示。可以看到，滑动面在隧道顶部穿过但没有从滑体中滑出，而是又回到了原滑面上。

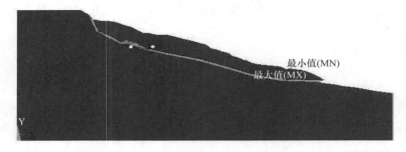

图 6-33　等效塑性应变图(隧道顶部土体部分松动，滑带土参数取高值)

(3) 隧道开挖有支护，隧道顶部土体部分松动，松动范围为隧道顶部以上 10m，两隧道之间和左右各 3m，将其黏聚力降低 2/3，内摩擦角降低 1/3，同时考虑隧道下部滑带土体松动，松动范围为两隧道之间和右隧道右侧 3m，滑带参数(黏聚力降低 1/3，内摩擦角降低 1/4)计算取高值时安全系数为 1.18，取低值时安全系数为 1.06。计算得到的滑面如图 6-34 和图 6-35 所示。

图 6-34　等效塑性应变图(隧道顶部土体部分松动，隧道下部滑带土松动，
滑带土参数取高值)

图 6-35　等效塑性应变图(隧道顶部土体部分松动，隧道下部滑带土松动，
滑带土参数取低值)

6) 有限元验算结果分析

(1) 竹林坪滑坡是大型、深层堆积层老滑坡。隧道在滑坡体后缘拉裂带通过，隧道的选址不够理想，隧道后面是较陡的滑带，隧道侧壁所受的推力很大，对隧道的施工与运营造成威胁。

(2) 稳定安全系数的大小取决于滑带和滑体强度，因而在计算中对滑带的强度提供低值和高值两种情况。对于老滑坡，应选取饱和残值强度，但根据库区多年滑坡设计经验，采用饱和强度是合适的，也比较符合反算结果。基于小型试件的测试，取黏聚力 c=24kPa，内摩擦角 φ=14°，考虑土体碎石作用，提高 15%左右，参数取 c=28kPa，φ=16°。滑体强度对计算结果也有一定的影响，勘察中没有进行这方面的试验，按经验与反算确定。三峡库区碎石土滑体饱和强度一般比滑带强度大，故取 φ=22°，不宜再大。天然状态约在 30°，考虑滑体约有一半在水位以下，故取平均值 φ=25°。经计算，隧道开挖时断面安全系数为 1.06~1.18，在最不利情况下处于稳定与基本稳定状态，滑坡不会产生较大变形。

(3) 在隧道运行期间，如果结构有足够的强度，安全系数在 1.06~1.18，滑坡处于稳定与基本稳定之间。隧道在运行期间将承受 1100~1460kN/m 的推力，推力可能造成隧道横向变形和衬砌开裂，隧道设计者应予以重视。

(4) 施工时，隧道至地面冒顶，安全系数为 0.60~0.66，如不考虑空间作用滑坡必然失稳。当隧道未冒顶且只有隧道顶上 7~8m 的土体松动坍塌，在不考虑空间作用时，安全系数为 0.83~0.87，滑坡体仍不稳定。若考虑空间作用，安全系数会有所提高，施工中滑坡体可能会保持稳定，但风险很大。若施工者稍有不当，就会造成较大的坍塌，导致滑坡失稳，造成严重的工程事故。

(5) 隧道上部堆积层强度较低，含水量大，其围岩级别低于 V 级，因此必须精心施工，否则发生坍塌、突水，造成严重的工程事故，施工单位不能掉以轻心。同时，施工过程中应充分利用开挖中的空间作用，确保工程安全。

(6) 隧道设计单位应充分考虑隧道运行时的侧向压力，确保结构安全，减少隧道横向变形，确保隧道运行安全。

根据地质勘探分析，竹林坪滑坡目前整体处于稳定状态，但隧道处于前级与后级滑坡的交界段，地下水特别发育，如果不采取特殊措施，隧道开挖后，肯定会引起上级滑坡的复活，滑坡处于不稳定状态。如果采取科学的施工方法和合理支护措施，隧道顺利通过滑坡区也是可能的。

6.4.3 处治原则及方案

1. 处治原则

采取截排和降水措施，防止地表水流入滑体，疏干坡体内地下水；对山体采取注浆加固措施，以确保滑坡稳定和防止隧道开挖坍塌；采取切实有效的辅助措施和施工工艺，确保隧道开挖过程中围岩的稳定性；加强结构的强度和刚度，确保结构安全。

2. 处治方案

1) 地表深孔预注浆

由于滑坡体较为松散，地下水丰富，根据计算可知隧道开挖后必将引发山体失稳，滑坡体对隧道施加很大的推力，因此必须从地表对隧道周边滑坡山体进行深孔垂直预注浆加固，如图 6-36 所示。具体的注浆加固参数：①采用 $\varPhi$76mm×4.5mm 钢管，钢管间距为 150cm×150cm，呈梅花形布置，横向布置范围为左洞左侧 27m、左洞右侧及右洞两侧 13.5m，隧道两侧钢管穿过滑面嵌入基岩不小于 5.0m。②注浆加固范围为隧道开挖轮廓以上 10m 至钢管底部，注浆浆液采用水泥单液浆。

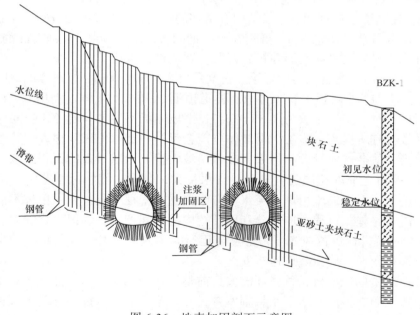

图 6-36　地表加固剖面示意图

2) 加强超前支护系统

考虑隧道开挖过程的风险及防止隧道塌方，为加快隧道施工，应加强超前支护系统。

(1) 采用 D51 自钻式锚杆作为超前支护的主要措施，以保证支护刚度。

(2) 采用斜向小导管超前注浆加固地层。为减小隧道初期支护荷载，防止隧道掌子面发生坍塌和涌泥砂现象的发生，隧道开挖轮廓线外施作 $\varPhi$42mm×4mm 超前小导管进行注浆加固。具体参数：拱部及边墙位置超前小导管长 5m，环向间距 40cm，纵向间距 180cm，外插角 45°；仰拱位置小导管长 3.5m，环向间距 40cm，纵向间距 120cm，外插角 30°。

3) 施工方法选择

根据目前所掌握的资料，隧道必须采用 CRD 法进行开挖，并且需保证每部开挖时对临空面进行支护，同时建议隧道每个循环进尺后采用锚网喷混凝土对掌子面进行封闭。施工工序如图 6-37 所示。

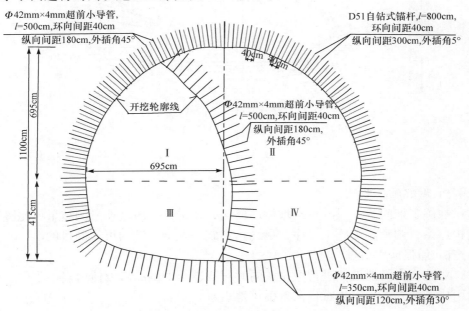

图 6-37　超前支护及开挖断面示意图

4) 加强初期支护及二次衬砌

由于隧道所承受的荷载很大，并且荷载在开挖后初期即已形成，随着时间的推移荷载还将继续增大，因此需增强初期支护强度和刚度，具体如下：

(1) 初期支护。C25 喷射混凝土厚 35cm，同时采用 Φ8mm 双层钢筋网；钢架采用 I22b 工字钢，间距 60cm；系统锚杆采用 42 注浆导管，长 450cm，间距 80cm×60cm，全断面布设；为防止隧道变形过大侵入二次衬砌，预留变形量 30cm，并在施工过程中结合现场情况进行调整。

(2) 二次衬砌。二次衬砌应采用 80cm 厚的钢筋混凝土结构，为增强结构的强度，混凝土标号采用 C30；二次衬砌环向主筋为 Φ25mm 钢筋，内外双层布置。为提高衬砌结构的整体强度，可在内层主筋之间设 I18 工字钢(纵向间距 50cm)，或在基岩和碎石土交界处增加抗剪钢筋网片，如图 6-38 所示。

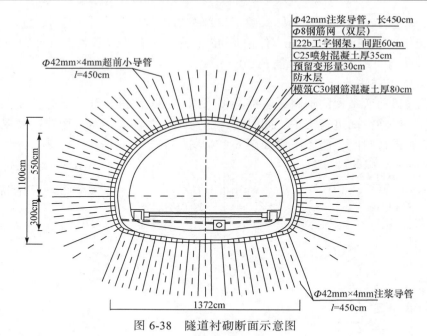

图 6-38　　隧道衬砌断面示意图

5) 做好施工监测

在施工期间建立对隧道滑坡体的监测，并结合洞内监控量测结果优化隧道支护体系、调整隧道施工工序，最终达到施工安全、结构可靠的目的。

6) 加强地表引排

对地表水沿滑坡体进行截排，同时对隧道靠山侧的滑坡体地表水采取合理的引排措施，如采用碎石盲沟群引排地表水。

参 考 文 献

[1] 铁道部科学研究院西北分院. 坡体病害地段隧道变形机理及其防治技术[R]. 兰州: 铁道部科学研究院西北分院, 1998.

[2] 吴红刚. 隧道-滑坡体系的变形机理及控制技术研究[D]. 北京: 中国铁道科学研究院, 2012.

[3] 郭俊奇. 高速铁路在黄土高原沟壑区绕避滑坡方案分析[J]. 铁道工程学报, 2014, 31(4): 36-40, 80.

[4] 兰新铁路甘青有限公司, 中铁西北科学研究院有限公司, 等. 长大隧道穿越大型滑坡的工程安全性分析与监控技术研究[R]. 兰州: 中铁西北科学研究院有限公司, 2015.

[5] 中铁西北科学研究院有限公司. 重庆奉节-巫溪高速公路 EI 合同段大坪滑坡治理工程勘察设计报告[R]. 兰州: 中铁西北科学研究院有限公司, 2015.

[6] 中铁西北科学研究院有限公司. 重庆石忠路竹林坪滑坡工程地质勘察报告[R]. 兰州: 中铁西北科学研究院有限公司, 2007.

[7] 温泉, 张杰, 陈斌. 竹林坪隧道出口滑坡段施工技术[J]. 隧道建设, 2008, 28(2): 221-224.